山西省重点智库——山西财经大学"六新"研究智库资助

米 俊◎著

# 应急管理体系数字化建设理论与实践

YINGJI GUANLI TIXI SHUZIHUA JIANSHE
LILUN YU SHIJIAN

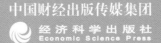

中国财经出版传媒集团
经济科学出版社
Economic Science Press

**图书在版编目（CIP）数据**

应急管理体系数字化建设理论与实践／米俊著. --

北京：经济科学出版社，2023.9

ISBN 978 – 7 – 5218 – 5202 – 8

Ⅰ. ①应…　Ⅱ. ①米…　Ⅲ. ①数字技术 – 应用 – 突发

事件 – 公共管理 – 研究 – 中国　Ⅳ. ①D63 – 39

中国国家版本馆 CIP 数据核字（2023）第 179063 号

责任编辑：杜　鹏　郭　威
责任校对：刘　娅
责任印制：邱　天

### 应急管理体系数字化建设理论与实践

米　俊◎著

经济科学出版社出版、发行　新华书店经销
社址：北京市海淀区阜成路甲 28 号　邮编：100142
编辑部电话：010 – 88191441　发行部电话：010 – 88191522
网址：www. esp. com. cn
电子邮箱：esp_bj@ 163. com
天猫网店：经济科学出版社旗舰店
网址：http://jjkxcbs. tmall. com
固安华明印业有限公司印装
710 × 1000　16 开　15.25 印张　250000 字
2023 年 9 月第 1 版　2023 年 9 月第 1 次印刷
ISBN 978 – 7 – 5218 – 5202 – 8　定价：88.00 元
（图书出现印装问题，本社负责调换。电话：010 – 88191545）
（版权所有　侵权必究　打击盗版　举报热线：010 – 88191661
QQ：2242791300　营销中心电话：010 – 88191537
电子邮箱：dbts@ esp. com. cn）

# 注重实操　交叉融合*

## ——山西财经大学应急管理学科与专业建设小记（代序）

当前，如新冠疫情等公共卫生事件及河南暴雨洪涝等自然灾害，对经济社会秩序造成冲击，也对国家应急管理水平提出更高要求。突发事件应对不力暴露出基层应急管理专业人才不足的问题，公共危机治理的必要性和紧迫性，催动着管理科学与工程学科担起新使命。山西财经大学以学科建设为引领，发挥管理科学与工程研究团队优势，目前已形成本—硕—博完整的应急管理人才培养体系，在应急管理、灾害风险、人工智能、应急安全管理、智慧决策理论等方面形成了学科融合度广、职称结构合理的师资队伍。山西财经大学面向和服务于区域及国家应急管理，以"学科交叉融合、优势资源互补、产研融合培养"为思路，努力培养出拥有高度社会责任感，具备国际视野、创新精神，德智体美劳全面综合发展的高素质应急管理人才。

第一，注重交叉性学科融合，引领应急管理人才培养。

在风险防范与应急管理学科建设和人才培养方面，山西财经大学2004年在管理科学与工程一级学科下设置应急与风险管理二级学科方向，开始招收硕士研究生。2006年发起成立了全国第一个省级风险管理研究实体——山西省风险管理研究会，开展区域与企业层面风险管理课题研究。2020年在系统优化与智能决策二级学科博士点下设置应急管理工程研究方向，并在同年经教育部批准，成为全国首批开设应急管理本科专业高校。

应急管理作为新兴的融合性专业学科，涉及管理学、法学、工学、理学等多个学科领域，探索建设完整的应急管理学科体系和科学的人才培养体系，培

* 冯双剑. 注重实操　交叉融合——山西财经大学应急管理学科与专业建设小记 [J]. 中国应急管理，2021（9）：78－79.

1

养具有多领域专门知识和较系统专业技能的复合型人才，有效应对各种风险挑战，对山西省应急管理事业高质量发展有重要意义。

紧密围绕习近平总书记提出的总体国家安全观的顶层要求，坚持产学研一体化的专业建设基本原则，通过合理的课程体系设计，培养具有全球视野、科技人文素养及跨学科知识，具备扎实的应急分析与协调处置能力，掌握现代应急管理理论、技术与方法，具有应急管理、安全科学方面的专业特色知识与技能，具备开放性思维、决策分析和实践协调能力，能在城市应急管理、政府应急管理、企业应急管理等领域，从事应急政策制定与分析、应急指挥与决策、应急资源管理、应急救援等方面的研究与实操工作，满足新时代中国特色社会主义建设应急管理工作的高素质人才。

第二，落实立德树人根本任务，构建应急管理育人体系。

应急管理是国家治理体系和治理能力现代化的重要组成部分。其实战性强、建设复杂、系统庞大，带有鲜明的时代特色，科学技术以及人文精神的引领作用突出。山西财经大学经教育部批准设立应急管理本科专业，作为全国首批开设该专业的 20 所高校之一，积极面向国家公共安全重大战略和应急产业发展的重大需求，基于学科交叉加快建成优势学科的迫切需要，落实立德树人根本任务，构建育人体系，培养德智体美劳全面发展的应急管理专业人才。

先期课程为高等数学、安全学原理、应急物流管理、管理信息系统、决策理论与方法等基础课程，通过该阶段的学习对专业和学科发展情况有所了解，对于后期需要使用的数学知识及专业理论打好基础。专业主干课程为运筹学、安全管理与经济学、应急预案编制与管理、应急工程管理与方法、应急响应管理与方法等，通过主干课程的学习考核后，学生可以深入了解专业细分领域的理论，构建知识体系，此阶段引入企业导师教学模式，安排学生进行产业实践，使学生深入了解产业实践的需要，从而具备问题导向思维。在主干课程之后，安排专业课程的实践环节，如真实应急预案的撰写、运筹优化方案设计等课程，使学生通过运用前期理论知识亲自发现问题、解决问题并锻炼研究文本撰写能力。

此外，使学生在学习过程中注重选修课的修读，对与本专业相关的化工、采矿等理工科专业课程有所涉猎，丰富对应急科学与工程专业的多维度认知。

在课堂学习的基础之上，鼓励学生积极参加学院、学校组织的国内、国际学术交流和实践活动，如暑期社会实践、数学建模大赛、挑战杯大赛、大学生创业、创新项目及各类学术会议等，扩展知识面、提高专业素质，为就业做好准备。培养过程中突出理论教学、实践训练和应急管理规划与设计相融合，为学生搭建"学科竞赛＋科研项目＋应急演练"三位一体的个性化育人平台。

第三，推进产学研互动协同，凸显应急管理办学特色。

2006 年，山西财经大学管理科学与工程学院发起设立山西省风险管理研究会，这是当时全国第一个省级层面的风险管理研究机构，研究会在推进企业全面风险管理体系建设、地方政府和部分应急管理规划编制方面发挥了智库作用，承担各级政府、企业委托多项课题，每年均举办国际性风险管理年会，出版的会议论文集被各大检索机构收录，搭建起重要的风险与应急管理产学研合作平台。2020 年 10 月，山西财经大学承办管理科学与工程学会年会暨第十八届中国管理科学与工程论坛，7 名中国工程院院士与来自全国各地的 900 余名学界和企业界精英齐聚，围绕"后疫情背景下管理科学与工程学科新发展"这一主题共议管理科学与工程理论和实践前沿问题，大会特邀中国工程院卢春房院士、郑静晨院士分别以"川藏铁路建设安全风险及控制""人工智能时代的医学救援机器人"等应急管理重大专题进行大会报告，年会还设置应急管理分论坛，为国内外研究机构和应急管理企业提供了交流平台。

近年来，山西财经大学应急管理学科团队围绕灾害与应急管理、供应链断层风险管理、能源与环境管理工程研究方向，在灾害与应急管理领域处于全国先进行列，聚焦于城市防灾减灾、煤矿安全风险识别与应急预案设计，结合地方经济社会特殊性，形成独具特色的研究方向。

在科学研究和人才培养过程中，注重学科交叉融合，运用社会学、危机管理、精益管理等相关理论和方法，揭示政府、社会、公民等行为主体的关系及规制，通过理论研究功能与现实应用功能双元融合，为能源安全与供应链风险管理提供可操作的工具方法。先后完成了"基于多源数据城市火灾风险评估及消防布局优化研究""我国城市暴雨内涝灾害形成机理、韧性评估与防治对策研究""基于 QFD 的非常规突发事件政府应对能力评价研究""重大疫情防控背景下健全社区管理和服务机制研究——智慧物业普及的视角""基于情景—应对的非常规突发事件应急响应风险对策及救援路径优化""山西省城市灾害管理能力综合评价研究"等研究。

面向新一轮科技革命和产业变革，山西财经大学坚持立足于服务区域应急管理体系建设，凸显办学特色和优势，按照"宽口径、厚基础、重实践、强能力"的人才培养规格总体要求，努力培养能够综合运用管理学、经济学、社会学、应急科学等多学科交叉理论，对突发事件和灾害进行风险预警、应急管理、损失评估和减灾优化的专业人才。

# 前 言

党的二十大报告要求坚持安全第一、预防为主，建立大安全大应急框架，《数字中国建设整体布局规划》明确提出要强化数字中国关键能力，健全网络数据监测预警和应急处置工作体系。2023 年 3 月，中共中央、国务院印发了《党和国家机构改革方案》，组建国家数据局，负责协调推进数据基础制度建设，为应急体系构建提供了很好的基础。应急管理工作关系人民安全，关系人情冷暖，关系人心向背，是贯彻落实以人民为中心的发展思想、体现中国特色社会主义制度优越性、夯实党的执政基础的一项不容有失的重大政治责任，必须加强党对应急管理工作的集中统一领导。《"十四五"国家应急体系规划》指出，到 2035 年，建立与基本实现现代化相适应的中国特色大国应急体系。统筹数据资源整合共享和开发利用，通过数字化驱动实现应急管理组织规则、结构和关系的系统重塑，考虑"多灾种""大应急"的复杂性、复合性和跨界性，超前谋划数字化驱动下的中国特色应急体系，成为新时代亟待解决的重大课题。

习近平总书记在 2019 年 11 月 29 日第十九次中央政治局集体学习时指出，新中国成立后，党和国家始终高度重视应急管理工作，我国应急管理体系不断调整和完善，应对自然灾害和生产事故灾害能力不断提高，成功应对了一次又一次重大突发事件，有效化解了一个又一个重大安全风险，创造了许多抢险救灾、应急管理的奇迹，我国应急管理体制机制在实践中充分展现出自己的特色和优势。① 近年来，随着互联网、大数据、云计算、人工智能、区块链等技术

---

① 习近平在中央政治局第十九次集体学习时间强调充分发挥我国应急管理体系特急和优势 积极推进我国应急管理体系和能力现代化［EB/OL］. 共产党员网，https：//www.12371.cn/ 2019/11/30/ ARTI/575/03627283730. shtml，2019 － 11 －30.

加速创新，数字技术融入我国经济社会发展各领域全过程，已成为重组全球要素资源、重塑全球经济结构、改变全球竞争格局的关键力量。我国应急管理建设迎来了千载难逢的历史机遇期，要主动适应数字化变革，优化整合各类科技资源，推进应急管理科技自主创新，依靠数字化提高应急管理的科学化、专业化、智能化、精细化水平。要适应科技信息化发展大势，以信息化推进应急管理现代化。

科学技术、数字经济和全球化的浪潮冲击着人类的生存方式，数字中国战略促使一个饱经风霜的民族以刻不容缓的速度拥抱变革。面对一个急剧变化的未来、一个充满挑战的未来、一个满怀希望的未来，会让我们更有胸怀和信心，理性审视我国应急体系建设中存在的问题，学习借鉴一切先进国家应急管理的好经验，古为今用，洋为中用，不为眼前利益所惑，不被国际风潮所动，保持定力，坚守中国特色社会主义的核心价值观，不忘初心，牢记使命，顺应变革，引领未来。未来要求我们要精益学习和奋力赶超、增强信心和勇气，走出一条数字化驱动的中国特色应急之路。

近年来，山西财经大学应急管理学科团队围绕灾害与应急管理、供应链断层风险管理、能源与环境管理工程研究方向，在灾害与应急管理领域处于全国先进行列，聚焦于城市防灾减灾、煤矿安全风险识别与应急预案设计，结合地方经济社会特殊性，形成独具特色的研究方向。本书正是我和我的研究团队多年来在应急管理领域取得的阶段性成果。

本书的部分理论研究成果已经先后发表或投稿在《中国地质大学学报（社会科学版）》《经济问题》《灾害学》《供应链管理》等国内学术期刊。本书文稿的撰写也得到了我的团队和研究生的大力支持。王迪、张琪、刘箫、郝李静、乔海霞、曲国华、张玥、李超、徐雅琼、崔菊敏、李明乐等先后参与了国家社科基金项目和省级重点项目的研究，合作发表了多篇论文。

本书在写作过程中得到山西财经大学校长田祥宇教授、中国社会科学院黄速建教授、中央财经大学张苏教授、天津大学刘伟华教授、东北财经大学韵江教授的指导与帮助，在此表示感谢。本书在写作过程中，也得到了中国宝武山西太钢不锈钢精密带钢有限公司等企业对实证调研工作的支持与帮助，在此一并表示感谢。

数字化是我国应急管理的必由之路，本书的撰写是国家社会科学基金一般项目"军民融合深度发展研究"（项目编号：19BGL295）的后续延伸研究，是国家社会科学基金一般项目"区块链背景下重大突发事件应急物资保障体系构建与效能提升研究"（项目编号：22BJY173）的前期阶段性研究，本书的出版得到了山西省重点智库——山西财经大学"六新"研究智库的资助，在此一并感谢。作为对我国应急管理理论与实践的粗浅探索，本书必然存在疏漏与不足之处，敬请各位专家和读者批评指正。

本书可作为管理科学与工程专业、应急管理专业、物流工程与管理专业的本科生、研究生教学参考资料，也可作为智慧应急相关课程的教学参考书，对应急管理领域的管理人员和技术人员也有一定的帮助。

二〇二三年五月二十日于太原

# 目录

# 第一章　绪　　论

## 第一节　研究背景

近年来，全球自然灾害、事故灾难、公共卫生事件、社会安全事件等突发事件呈增多加剧之势，2008 年"5·12"汶川地震、2015 年天津港"8·12"特别重大火灾爆炸事故、2020 年席卷全球的新冠疫情、2021 年河南"7·20"暴雨洪涝灾害……这些突发事件不仅给人民生命财产安全造成了巨大损失，也给生产生活带来了严重影响。无疑，突发事件已经成为全球经济与社会有序发展的最大威胁，是对各国政府公共安全治理能力的一次又一次大考。提升应急管理能力，推进国家公共安全治理体系的现代化，是顺利开启全面建设社会主义现代化国家新征程的内在需要，这不仅需要政府、企业与社会公众等多元主体共同参与、紧密协作，更加需要依靠科技、管理和文化三足鼎立（薛澜等，2008；范维澄，2020）。

对于我国而言，2003 年非典疫情暴发使得应急管理真正开始成为全国各界的关注焦点，此后，我国正式按照应急预案、应急体制、应急法制的次序，全面构建以"一案三制"为核心的应急管理体系。党的十八大以来，以习近平同志为核心的党中央高度重视应急管理工作，推动我国应急管理事业取得历史性成就、发生历史性变革。2014 年 4 月 15 日，习近平总书记提出"总体国家安全观"重大战略思想，强调要准确把握国家安全形势变化新特点新趋势，坚持总体国家安全观，走出一条中国特色国家安全道路。[①] 此后，习近平总书记多次强调要坚持总体国家安全观，把安全发展贯穿国家发展各领域和全过

---

① 习近平：坚持总体国家观 走中国特色国家安全道路［EB/OL］. 新华网，http：//www. xinhuanet. com//politics/2014－4/15/C_1110253910. htm，2014－4－15.

程。统筹发展与安全是党治国理政的重大原则，习近平总书记提出，坚持统筹发展和安全，坚持发展和安全并重，实现高质量发展和高水平安全的良性互动，既通过发展提升国家安全实力，又深入推进国家安全思路、体制、手段创新，营造有利于经济社会发展的安全环境，在发展中更多考虑安全因素，努力实现发展和安全的动态平衡，全面提高国家安全工作能力和水平。[①] 2018 年，我国启动了新一轮党和国家机构改革，此次改革以国家治理体系和治理能力现代化为导向，以推进党和国家机构职能优化协同高效为着力点，应急管理是此次改革的"重头戏"（钟开斌，2020）。2018 年 4 月 16 日，国家应急管理部挂牌成立，正式成为国务院组成部门，全面负责我国应急管理和减灾救灾工作，基本形成应急管理体系。应急管理部成立五年来，坚持党的集中统一领导，将"人民至上、生命至上"作为价值遵循，攻坚克难，全国年均因灾死亡失踪人数、倒塌房屋数量、直接经济损失均有所减少；2022 年全国生产安全事故总量和死亡人数比 2017 年也有所降低，因灾死亡失踪人数创新中国成立以来年度最低。

从新中国成立面向单灾种分类管理的应急管理 1.0 阶段，到如今面向全灾种、全过程、多主体的应急管理 4.0 阶段，在应对突发事件的过程中，我国应急管理体系建设与时俱进，不断完善，应急管理水平和巨灾应对能力持续提升。《"十四五"国家应急体系规划》提出：到 2025 年，应急管理体系和能力现代化建设取得重大进展，形成统一指挥、专常兼备、反应灵敏、上下联动的应急管理体制，建成统一领导、权责一致、权威高效的国家应急能力体系，防范化解重大安全风险体制机制不断健全，应急救援力量建设全面加强，应急管理法治水平、科技信息化水平和综合保障能力大幅提升，安全生产、综合防灾减灾形势趋稳向好，自然灾害防御水平明显提升，全社会防范和应对处置灾害事故能力显著增强。到 2035 年，要建立与基本实现现代化相适应的中国特色大国应急体系，全面实现依法应急、科学应急、智慧应急，形成共建共治共享的应急管理新格局。

应急管理体系建设不同于西方模式，首先，坚持中国共产党领导是应急

---

① 坚持系统思维构建大安全格局 为建设社会主义现代化国家提供坚强保障［N］. 光明日报，2020 – 12 – 13（01）.

体系建设的根本保证和最大优势，在党中央、国务院的统一领导下，各级党委、政府负责做好本区域的应急管理工作，依托集中统一的中国特色党政治理结构，能够发挥强大组织动员能力，实现军民深度融合，建立"共识整合—利益整合—规则整合"的复合型结构和"统一指挥、专常兼备、反应灵敏、上下联动"的应急管理体制（钟开斌和邱倩婷，2021；单册，2022；宁超和吴茜，2022）。其次，在我国，面对多重目标选择情境下的应急处置，"以人为本，减轻危害"是应急管理突发事件处置工作的第一原则，2020 年 5 月 22 日，习近平总书记在参加十三届全国人大三次会议内蒙古代表团审议时强调坚持以人民为中心的发展思想，体现了党的理想信念、性质宗旨、初心使命，也是对党的奋斗历程和实践经验的深刻总结。① 人民至上，生命至上，保护人民生命安全和身体健康可以不惜一切代价。② 与此同时，通过军民深度融合可以实现有力的应急协调联动，是应急管理体系建设的强大保障力量。军民融合战略是习近平新时代中国特色社会主义思想的重要组成，是贯彻总体国家安全观的重要保障，打破军民双方封闭系统，实现军地一体应急协同，这一优势在我国应对突发事件的应急救援响应、应急物资保障等环节得到了充分凸显。最后，面对百年未有之大变局，以及保护主义上升、世界经济低迷、全球市场萎缩的外部环境，未来构建以国内大循环为主体、国内国际双循环相互促进的新发展格局成为关键。以国内大循环为主体，旨在通过供给侧改革，推动实现中国产业链供应链现代化，这也是推进中国式现代化的必由之路，目前，我国从生产供给和消费需求两个角度，均已经具备以国内经济循环为主的基础条件，完善关口前移的高质量应急管理体系建设是实现国内经济大循环畅通无阻、以新安全格局保障新发展格局的重要保障，这不仅需要持续完善应急管理体系的"一案三制"三制建设，同时还需要高度关注应急管理的保障要素，包括应急物流与供应链体系建设、支撑高效应急响应的军民深度融合体系建设等"关节点"任务，因此，本书在分析应急管理效能提升、治理

---

① 连续 4 年参加内蒙古代表团审议，习近平总书记这样强调［EB/OL］. 求是网，http：//www. qstheory. cn/zhuanqu/202203/c_1128431580. htm？eqid = ffe6a2740007196f000000036477f989，2022 – 3 – 4.

② 保护人民生命安全和身体健康可以不惜一切代价［EB/OL］. 人民网，http：//politics. people. com. cn/n1/2021/1227/c1001 – 32318063. html，2021 – 12 – 27.

优化的同时，也关注了应急物资保障中的应急物流体系建设、应急物流能力提升、军民深度融合等相关议题，旨在为建设应急管理体系提供多视角、多维度的理论参考，丰富和拓展相关领域的研究体系。

根据《数字中国发展报告（2022 年）》可知，2022 年我国数字经济规模达 50.2 万亿元，总量稳居世界第二，占国内生产总值（GDP）比重提升至 41.5%，数字技术已经成为推动中国经济高质量发展的强劲动能。在《中华人民共和国国民经济和社会发展第十四个五年规划和 2035 年远景目标纲要》中，"加快数字化发展 建设数字中国"单独成篇，足见建设数字中国的重要地位，党的二十大报告明确提出"建设现代化产业体系。坚持把发展经济的着力点放在实体经济上，推进新型工业化，加快建设制造强国、质量强国、航天强国、交通强国、网络强国、数字中国"。中共中央、国务院印发《数字中国建设整体布局规划》，其中也明确提出要强化数字中国关键能力，健全网络数据监测预警和应急处置工作体系。数字技术是加快国家治理体系和治理能力现代化进程的重要推动力，一方面，数字技术具备数据采集快速、异构数据整合高效等优势，在突发事件应急处置过程中，通过实现多层信息主体与多维信息内容的海量数据汇聚，使得实时、精准地掌握信息成为可能；另一方面，数字技术在强化治理"工具箱"的同时，也必将对传统公共管理理念与模式形成巨大冲击（江小涓，2020；郁建兴和陈韶晖，2022）。因此，考虑到新时代应急管理体系建设和能力提升具有复杂性、复合性和跨界性等多维特征，无论是政府层面的应急管理，还是企业层面的应急管理，都迫切需要准确剖析数字经济时代的应急管理问题，聚焦数字赋能的决策情境，围绕数字化背景下的应急管理体系开展深入研究。举例来说，在提升政府应急管理效能的实践中，数据资源与应急管理效能融合之间存在错位匹配问题，从而展现出应急信息交流机制匮乏、应急数据安全保障薄弱和"数据鸿沟"危机等（赵祚翔和胡贝贝，2021；郁建兴和陈韶晖，2022），本书第三章拟从系统角度全面分析数字赋能政府应急管理效能提升的影响因素，科学研究效能提升的组态路径，能够为应急管理领域学者以及相关部门决策者提供理论支撑。再如，城市是聚集区域人口、产业和要素资源的复杂系统，在多重灾害叠加的风险社会背景之下，城市面临着与日俱增的不确定性，构建韧性城市的目标成为共识，应急管理能力是反映现代化城市治理水平和安全系数的重要指标，而应急物流体系则是应急管理体系的"生命线"，本书第四章根据韧性城市的多样性、冗余性、适应性、稳健性、互依性和协调性要求，细化智慧应急物流体系的功能要求，进而设计智慧应急物流体系，厘清其运行模式，为应急管理体系建设提供坚实支撑。除此之外，在数字经济时代，数字技术的广泛应用还将对企业应急物流能力、军民融合产业集群的数字化创新及知识共享等维度产生重要影响，本书旨在聚焦数字化背景之下的应急管理体系建设，从不同视角切入，厘清数字赋能对不同环节应急决策情境所带来的工具变革和理念变革，清晰揭示数字赋能应急管理效能提升和创新发展的机理、路径、模式、影响及保障，通过理论和实践紧密结合，科学阐明应急管理体系的数字化建设思路，有助于弥合应急管理实践与理论研究体系之间的知识鸿沟，助推实现数字经济时代中国特色大国应急管理体系的数智重塑。

## 第二节　研究内容

本书共包括 8 章，研究思路如图 1 - 1 所示。

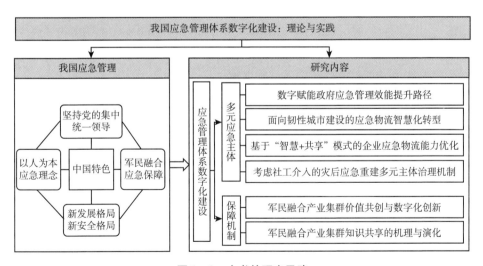

图 1 - 1　本书的研究思路

各部分的主要研究内容如下。

第一章：绪论。本章先基于新时代应急管理体系建设和能力提升的复杂性、复合性和跨界性，提出数字化背景下深入探究应急管理体系的研究背景，在此基础上，基于理论和实践紧密结合，阐述应急管理体系数字化建设的研究内容并构建研究框架。最后，从理论层面和实践层面总结本书的重要意义，为应急管理体系建设与应急管理协同发展提供理论支撑与科学指导。

第二章：数字化背景下我国应急管理体系的研究现状。本章通过文献分析法对应急管理体系建设、数字经济时代的应急管理体系、我国应急管理体系建设的研究现状开展系统综述，主要内容包括：回顾我国应急管理体系从 1.0 阶段到 4.0 阶段的发展历程，综述数字赋能风险研判、数字赋能应急响应处置、数字赋能治理结构优化的既有研究，凝练应急管理体系建设的基本特征，为后续研究奠定研究基础。

第三章：数字化背景下政府应急管理效能提升路径。本章通过质性研究提取数据赋能政府应急管理效能提升的驱动因素，在此基础上引入以集合理论为构建方式的模糊集定性比较分析方法，探索政府应急管理效能提升的运作机理、联动效应和组合路径，丰富数据赋能政府应急管理效能提升的相关研究，实现政府应急管理效能驱动因素与组合路径的智能响应。此外，基于价值共创理论，引入创新环境、创新投入和创新产出三大目标层指标，构建军民融合产业集群数字化创新效能评价指标体系，选取广东、山西和四川等 16 个省份的有效样本数据进行实证检验。通过测度军民融合产业集群数字化创新效能，揭示价值共创活动对军民融合产业集群的影响机理，为形成军民深度融合发展格局提供重要借鉴。

第四章：面向韧性城市建设下的应急物流智慧化转型。本章基于已有文献对韧性城市的内涵界定与评价标准，从韧性城市建设视角切入，分析与韧性城市发展目标相匹配的智慧应急物流体系的功能要求，提出面向韧性城市建设的智慧应急物流体系功能，基于此设计支撑相应功能的五层级应急物流系统架构，并从组织结构、运行环节和保障措施三大维度提出智慧应急物流运行模式，为韧性城市建设以及应急物流智慧化转型的相关研究者和实践者提供思路，以期为有关部门提供决策参考，以提高整体应急物流运作效率，增强城市面对不确定性的稳健性。

第五章：基于"智慧＋共享"模式的企业应急物流能力优化。本章考虑重大突发事件背景下数字经济时代应急物流新特征，基于已有文献，探索性构建"智慧＋共享"现代应急物流模式，试图搭建"智慧＋共享"现代应急物流模式与物流企业应急物流能力之间的关系桥梁，探讨"智慧＋共享"模式推动应急物流能力提升的作用机制。综合运用问卷调查法、实证分析法等研究方法，具体从"智慧＋共享"模式、价值共创体系、环境动态性、应急物流能力等方面进行理论模型构建以及实证研究分析，探究重大突发事件背景下"智慧＋共享"现代应急物流模式对新时代物流企业应急物流能力的作用效果与影响机理，旨在以"智慧物流"系统提升应急物流效能与水平，以"共享物流"系统加强应急物流互动与共享，助推现代应急物流系统实现可持续发展，提升大数据时代物流企业应急物流效率与能力。

第六章：考虑社工介入的灾后应急重建多元主体治理机制。为阐述社工主体在灾后重建治理中的作用，本章将其作为一个子系统（以下简称社工多元主体系统）与传统的"政府主导、社会参与"模式下的灾后重建治理子系统（以下简称传统多元主体系统）共同组成"灾后重建多元主体治理系统"，基于耗散结构理论，借助经典系统熵模型对该系统进行了建构，并进一步利用化学反应布鲁塞尔模型（Brusselator）模型对其进行了原理解释、条件判据。在此基础上，通过调研 S 省 A、B 两市的系统指标进行了实证研究，对研究结论进行了原理性解释，说明了在社工主体参与下，灾后重建多元主体治理系统在应急管理建设中具有有效性和科学性。最后，总结灾后重建多元主体介入灾后重建的主要启示和实践路径。

第七章：军民融合产业集群数字化创新发展研究。本章基于价值共创理论，研究数字化背景下军民融合产业集群的数字化创新效能测度，基于数据赋能和 GE－FSS 模型，构建"价值共创—数据赋能—军民融合产业集群—科技创新协同—军民知识和价值共享共创—军民深度融合发展"的链式知识传递机理，设计军民融合产业集群数字化创新效能评价指标体系，采用改进 TOP-SIS 方法客观研判广东、山西和四川等 16 个省份的数字化创新效能，并提出相关决策参考。以军民融合产业中的医疗仪器设备及仪器仪表制造业为行业选择，以军民融合示范基地的典型代表广东、山西和四川等 16 个省份为主要评价对象，以 2010 ~ 2019 年为测度时间，在遵循科学性、规范性、可比较性的原则基础上，测度了军民融合产业集群数字化创新效能，助推军民融合产业集群数字化创新效能的提升。

第八章：军民融合产业集群知识共享机理探究与演化分析。本章基于军民融合发展战略，聚焦军民融合产业集群，运用演化博弈的思想探究军民融合知识共享的稳定因子，结合系统动力学仿真模拟，考虑政府监管下军民融合主体间的知识共享策略，研究政府监管下军民融合产业集群知识共享机理的决策演化过程。同时，系统地考察地方政府与军民融合产业的行为交互及其影响因素，构建政府、"军转民"企业、"民参军"企业三方知识共享演化博弈模型，并通过构建 SD 模型对其进行仿真模拟分析，从而构建科学合理的军民融合创新模式，以期为我国推进军民深度融合发展提供实践依据和决策参考，全面促进军民融合深度发展，构建多领域、全要素、高效能的军民融合深度发展框架。

## 第三节　技术路线

本书按照"研究现状系统综述—多元主体参与应急管理体系建设—军民融合助推应急管理体系"的研究思路展开，首先，系统综述国内外学者关于应急管理体系建设、数字经济时代的应急管理体系以及应急管理体系建设的既有文献。其次，分别从政府、企业、社区等多元主体参与应急管理体系建设的视角切入，探讨应急管理效能提升、应急物流体系构建、应急物流能力提升以及应急治理机制优化等问题。最后，关注军民融合产业集群的价值共创、创新发展和知识共享等议题，为实现军民融合助推应急管理体系建设提供理论参考。本书的技术路线如图 1 – 2 所示。

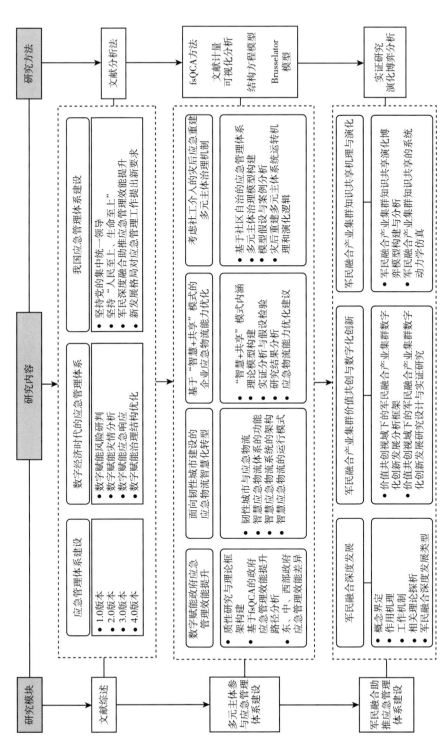

图 1-2　本书的技术路线

# 第四节　研究意义

应急管理体系建设是一项复杂的系统工程，涵盖预防与准备、监测与预警、处置与救援、恢复与重建多个阶段，融合相关领导体制、价值目标、制度规范、资源保障、技术方法、运行环境等诸多要素，数字经济时代为应急管理体系建设带来新机遇和新挑战。近年来，相关研究集中在应急情报预警、应急预案制定、应急实时决策和区域联动等方面，而在应急管理体系建设研究现状、应急管理多元主体参与协同机制、军民融合产业集群融入应急管理发展过程等方面研究较为薄弱。据此，本书以我国应急管理体系独特优势为研究视角，以应急管理多元主体参与协同机制为重要支撑，以应急管理能力建设、保障环境、机制创新为基本维度，深入分析数字化背景下我国应急管理体系的研究现状，探讨政府应急管理效能、韧性城市建设、企业"智慧＋共享"物流能力优化、社区多元治理机制等多元主体推动完善我国应急管理体系的协同机制，研究军民融合产业集群通过价值共创、知识共享助推应急管理协同发展的基本路径，在理论层面和实践层面具有一定的研究意义。

## 一、理论意义

### （一）丰富数字化背景下我国社会应急管理体系研究基础

我国传统的应急管理体系研究集中在应急管理体系框架设计、基本构成、制度保障、演进历程、发展阶段、实现路径等层面，结合数字经济时代的全新发展要求，本书通过综述应急管理体系建设、数字经济时代的应急管理体系和我国应急管理体系建设，突出智慧应急，采用数字化转型赋能国家应急管理体系，重点论述我国应急管理体系的独特优势，具体包括坚持党对应急管理工作的全面领导，发挥领导、党政干部、基层党组织、广大党员在应急管理工作中的组织优势；搭建应急信息共享的网络平台，把实现好、维护好、发展好最广大人民根本利益作为出发点和落脚点；加强提升军民融合式应急保障能力建设，充分发挥军队应急管理执行和建设的有机协同，实现军民应急管理从单一力量向综合力量的转变；新发展格局下，高效的应急物流保障体系是现代流通体系中的重要环节，为缓解供应链中断风险提供重要支撑，推动应急管理体系建设理论内容不断丰富。

### （二）明确数字化背景下应急管理多元主体参与协同机制

传统的应急多元主体协同力量集中在政企联合储备、军地救援应急联动、社会动员等应急物资运输过程，涉及数字赋能多元应急主体协同机制的研究内容较少。本书从政府、城市、企业和社区等多元主体出发，提出数据赋能政府应急管理效能提升的发展路径，研究面向韧性城市建设下的应急物流智慧化转型发展道路，探讨"智慧＋共享"模式对企业应急物流能力的影响，形成考虑社工介入的灾后应急重建多元主体治理机制，从应急管理过程中的应急决策、应急物流体系数字化转型、应急治理多元参与机制等方面厘清多元主体协同推动应急体系建设的数字化转型之路，为破解当前多主体无序参与应急管理过程和机构衔接不畅的双层断裂问题、形成数字化背景下的多元应急主体协调机制设计提供理论借鉴。

### （三）拓宽军民融合助推应急管理机制创新的研究领域

以军地物资需求应急物资保障、应急物资采购保障、国民经济动员和地方应急保障等为重要依托，统筹军民融合产业集群人力、物力、财力、技术、信息等资源应急保障，深入探索军民融合产业集群与应急救援关联的体制机制、标准规范、内容科目、方式方法和保障条件，为构建军民融合式应急物流信息资源平台提供前提保障。具体而言，在军民融合产业集群与价值共创方面，通过建立军民融合产业集群产业和技术互动、多方协同创新、数字生态网络，实现军民融合应急知识共享、增值和再创造，丰富军民融合的实证研究内容。在军民融合产业集群与知识共享方面，构建政府、"军转民"企业、"民参军"企业三方知识共享演化博弈模型，并通过构建 SD 模型对其进行仿真模拟分析，深度发挥军民融合产业集群的主导作用，鼓励军民融合企业积极参与知识共享，缩小军民融合企业间的知识势差，推动军民融合在应急管理过程中的重要机制保障，为高效开展应急管理工作决策、增强应急管理多层次协同保障意识、提升军民融合应急保障综合效益提供理论指导。

## 二、实践意义

### （一）为高效构建应急管理体系建设提供理论支撑

我国应急管理在领导制度、管理理念、体制机制、法治体系、预案管理、能力建设等方面取得了进步，本书基于数字经济的时代背景，凝练了应急管理体系的显著特征：一是深化党领导应急管理决策协调和指挥机制，发挥基层党组织在基层应急指挥系统、基层应急救援、基层群众中的"主心骨"作用，展现广大党员迎难而上的奋斗意识；二是发挥人民群众在应急救援中的社会动员力量，广泛动员群众、组织群众和凝聚群众，有效衔接"防"和"救"的责任链条；三是充分发挥军队在应急管理职能中的补充力量，为应急管理卫勤任务、军队物资资源在灾害事故灾后恢复、军队技术项目在应急管理物资装备提供有效保障；四是在新发展格局下，不断提升战略性应急物资的供应保障能力。在此基础上，从政府应急、企业应急、社区应急等不同角度开展系统探究，能够为构建应急管理体系提供理论参考。

### （二）从多元主体视角为完善应急管理体系数字化建设提供决策建议

在数字经济时代，发挥政府、城市、企业和基层社区在应急管理指挥中心、应急信息平台门户、应急突发事件可视化、数字化应急科普和应急预案、应急事件模拟演练、应急场景数字化监管等中的多元主体保障作用，具有重要的现实意义。政府层面，数字赋能政府应急管理效能提升，数据要素和政府应急能力、数字化市场环境通过发挥组合效应，以"殊途同归"方式提升应急仓储建设、应急物分配借给决策能力、应急物资配送能力、应急物资回收再利用效能。城市建设层面，数字赋能城市应急物流智慧化转型，形成数字技术赋能指挥应急物流系统数据采集层、数据存储层、数据分析层、业务逻辑层和服务应用层的系统架构。企业层面，"智慧+共享"应急物流模式对企业应急能力提升具有正向影响，物流企业通过组合智慧物流系统与共享物流系统，促进应急企业间的互动合作与资源共享，有利于提升物流主体价值创造能力，推动物流行业应急能力提升。基层社区治理层面，以多元主体自主发展阶段、多元主体双重排斥阶段、多元主体信任合作阶段、多元主体互嵌与共生阶段特征，推动政府、专业应急管理主体、专业社会工作者、心理工作者、社会组织、专业应急队伍加入灾后重建工作，提升灾后重建发展的共建共享水平，发挥多元主体全过程联动优势，促使政府、企业、社区、非政府组织和普通民众都成为防灾抗灾的中坚力量。

## （三）为优化基于军民深度融合的应急管理体系建设提供科学指导

军民融合深度发展是国际治理体系现代化的必然要求，对提升国家应急体系和治理能力具有重要的战略支撑。通过建立军民融合应急物资储备体系，建立军民融合的运输保障机构，探索军民融合应急物流的保障模式，可以发挥军民融合产业集群在应急治理中的保障作用。军民融合产业集群数字化体系为建设协同发展模式提供重要基础，通过应急信息共享、知识共享、价值共创方式探索军民融合应急物资保障新模式，为推动军民融合深度发展提供科学指导。

# 第二章 数字化背景下我国应急管理体系的研究现状

## 第一节 应急管理体系建设

应急管理体系建设是国家治理体系和治理能力的重要组成部分。我国地域辽阔、地理形势复杂。新中国成立以来，面对各类不确定性社会风险，我们成功地战胜了一次又一次重大危机，逐步建立起综合、高效、完备应急管理体制机制，充分将我国的制度优势转化为国家应急管理治理效能。党的二十大报告将国家应急管理体系纳入国家安全体系，这是党的重要决策部署，凸显了应急管理体系建设在维护国家安全和保障人民生命财产安全等方面的重要作用，是推进国家治理体系和治理能力现代化的必然要求。

我国应急管理体系建设的起步与发展完善主要得益于国家及政府政策的完善性与制度的优越性（钟开斌，2009）。按照时间划分，我国应急管理体系建设主要经历了四个阶段的迭代发展：2003 年之前是偏重于单一灾种应急管理的 1.0 阶段；2003~2008 年是 2.0 阶段，此阶段基本建成以"一案三制"① 为核心的应急管理体系；2008~2018 年是以构建综合化应急管理体系为特点的 3.0 阶段；2018 年之后，我国应急管理体系建设步入 4.0 阶段（王宏伟，2021；李明，2021；李清彬等，2021；王郅强等，2020）。

1.0 阶段（1949~2003 年）：相较于国外，我国在较长的一段时间内并未建立系统的应对各类突发事件的应急管理体系。贺银凤（2010）提出，新中国成立后，尽管政府对于我国的应急管理工作十分重视，但应急治理缺乏科学高效的体制和模式，相应的法律法规保障也十分滞后。这个时期应急管理的主

---

① "一案三制"即应急预案、应急管理体制、应急管理机制和法制。

14

要特点：一是偏重于单一灾种的防灾减灾和应急处置，例如在20世纪50年代，建立了国家地震局、水利局、气象局等专门性防灾减灾机构，特别重视对洪水、地震等自然灾害的预防和救援；二是应急管理注意考虑事件的综合影响，在当时的严峻国际形势下，我国以军事安全为首要目标，建立了以军事服务为目的的平战结合应急管理体系，并辅之相应的资源配置（李明，2021）。

改革开放后，我国面临的国际形势相对缓和，国家的政治、经济与社会生活等方面发生了巨大变革，面对日益凸显的社会风险的不确定性和复杂性，我国的应急管理工作重心也逐渐向内部转移，各种灾害事故推动着应急管理体系的快速发展。例如，1988年上海发生流行性甲肝，我国于1989年正式颁布《中华人民共和国传染病防治法》；1976年唐山7.8级地震、1995年中缅边界7.3级地震以及1996年云南丽江7.0级地震等地震灾害先后发生，1997年，全国人民代表大会常务委员会通过了防震减灾的综合性法律——《中华人民共和国防震减灾法》。一系列法律的颁布为我国应急管理体系建设奠定了扎实的法律保障基础。1998年，民政部、财政部依照国家通行惯例，建立了救灾物资储备制度；2001年，中国国际救援队成立，这是我国第一支专业国家地震灾害救援力量。

2.0阶段（2003~2008年）：2002年底~2003年5月，我国爆发了非典（SARS）事件，这是21世纪后我国面临的首个严重突发公共卫生事件，对我国的应急管理体系提出了严峻考验，也促使我国的应急管理体系建设步入快车道。薛澜等（2003）提出，非典从最初的公共卫生事件逐步演变波及了经济、政治、外交等多个领域；钟开斌（2009）认为，2003年抗击"非典"事件是我国应急管理体系建设的起点；王郅强等（2020）提出，"非典"事件暴露了单灾种的应急管理模式难以应对新型复杂性的社会，我国应急管理体系建设也由此正式起步；单珊（2022）提出，2003年"非典"后，国家正式开始应急管理体系建设，逐步建立以"一案三制"为核心主体的应急管理体系。在应急预案方面，2004年是我国应急管理预案编制之年，截至2005年底，全国应急预案编制工作已基本完成，包括国家总体应急预案、25件专项应急预案、80件部门应急预案，共计106件，基本覆盖了中国经常发生的突发事件的主要方面，其中大多数都是根据经济社会发展变化和客观形势的要求新制定的，形成了"横向到边，纵向到底"的预案体系（钟开斌，2009）。在应急管理体制方面，从国务院到地方都设立了各级应急管理办公室，实行国家统一领导、综合协调，如2005年12月，成立国务院应急管理办公室，负责应急值守、信息汇总等工作。在应急管理机制方面，2005年7月7～8日召开的第二次全国应急管理会议上提出：构建统一指挥、反应灵敏、协调有序、运转高效的应急管理机制，实行由一个部门牵头，多个部门参与的组织协调机制，按照突发事件的种类和所处周期，在不同阶段形成程序化、制度化的应急处置措施和管理办法。在应急法制方面，2007年8月30日颁布《中华人民共和国突发事件应对法》，于2007年11月1日正式实施，这标志着我国应急管理建设在法治化的道路上迈出重要一步。在应急管理体系建设的2.0阶段，重点打造综合应急管理体系，这种增量式改革在《中华人民共和国突发事件应对法》中被表述为"统一领导、综合协调、分类管理、分级负责、属地管理为主"（张海波和尹铭磊，2016）。在此阶段，我国的应急管理体系建设经历从无到有的过程，实现了由单灾种救灾向综合应急管理、单主体向多元主体参与的转变。"一案三制"应急管理体系基本框架虽然在多次重特大突发事件中发挥了重要作用，逐步迈向成熟，但是这一应急管理体系也在一定程度上仍然存在各级应急政府办综合协调能力不足、专业知识欠缺等问题（王郅强等，2020；王宏伟，2021）。

3.0阶段（2008～2018年）：2008年，我国接连遭遇南方低温冰雪灾害和汶川地震，这一年是我国应急管理的大考之年。2008年5月12日，四川汶川发生里氏8.0级特大地震，国务院于2008年5月12日紧急启动了I级救灾应急响应，由时任国务院总理温家宝任总指挥，指挥部由有关职能部门、军队、武警部队和地方党委、政府主要负责人参加的救援组、预报监测组、医疗卫生组、生活安置组、基础设施组、生产恢复组、治安组、宣传组8个抗震救灾工作组组成，分别指挥相关领域的救援与处置工作。四川省迅速成立了省级抗震救灾指挥部，下设总值班室、医疗保障组、通信保障组、水利监测组、救灾物资组、宣传报道组、国际救援协调组，在受灾最严重的6个市（州）成立重灾区前线指挥部。时任总书记胡锦涛在2008年10月8日全国抗震救灾表彰大会上指出，汶川地震救灾是中国历史上救援速度最快、动员范围最广、投入力量最大的抗震救灾活动，总结了"万众一心，众

志成城，不畏艰险，百折不挠，以人为本，尊重科学"的伟大抗震救灾
精神。[①]

在3.0阶段，我国应急管理体系在应对突发事件的处置方面更加成熟。
2008年，国务院为了切实维护群众利益与安全，改革增设社会管理服务职能；
2010年，我国成立了首个救灾及装备领域的国家级科技平台，助力应急管理
信息化与现代化发展；自党的十八大以来，以习近平同志为核心的党中央高度
重视国家应急管理体系建设工作，依据发展的新形势和新要求，推行体制改
革，不断提出新思想、新理念、新方法，党和国家站在新的历史方位，着力推
进我国应急管理体系和能力现代化，努力建设具有中国特色的应急管理体系；
2013年，国家安全委员会成立，同年11月，党的十八届三中全会通过了《中
共中央关于全面深化改革若干重大问题的决定》，再次强调我国防灾、减灾、
救灾体制的建设问题，提出从救灾向减灾、从减轻灾害向减轻风险转变；
2014年，"总体国家安全观"被提出，标志着我国开始从国家战略的高度安
排部署应急管理工作，应急管理体系的"一案三制"得到进一步深化和完
善，为后续的应急管理体系建设从思想上、法治上、法律上奠定了坚实的基
础。单珊（2022）指出，自党的十八大以来，我国应急管理体系建设取得
长足发展：管理模式得到升级、组织结构得以优化、应急能力得到提升、法
治建设得以完善。总体而言，在此阶段，应急管理体系不断完善，应急管理
机制逐步向信息化、精准化发展，符合我国国情的新型应急管理体系基本
建立。

4.0阶段（2018年至今）：2018年，在新一轮的国务院机构改革中，以提
升应急治理效能、优化协同为目的，国家整合国务院办公厅、国土资源部、水
利部等11个部门有关应急、消防、救灾等13项职责，组建应急管理部，全面
负责我国应急管理和减灾救灾工作。根据《深化党和国家机构改革方案》，应
急管理部的成立对我国应急管理体系发展而言意义深远，实现了应急工作的综
合管理、全过程管理和优化管理。通过充分发挥党中央总揽全局、协调各方的
领导核心作用和地方的主体作用，"党委领导、政府主导、社会力量和市场机

---

① 胡锦涛在全国抗震救灾总结表彰大会上的讲话全文［EB/OL］.中国政府网，https://
www.gov.cn/ldhd/2008-10/08/content_1115568.htm，2008-10-8.

制广泛参与"的应急管理新格局正式形成，全面提升了应对突发事件的统筹协调能力和专业救援能力。高小平等（2018）提出，应急管理部门是基于我国国情、应对我国主要矛盾的产物，也是党和国家加强政府公共服务智能的成果，体现了优化、高效、协同的理念，顺应应急管理体系建设发展。2019年11月29日，习近平总书记在中央政治局第十九次集体学习时明确提出，要发挥我国应急管理体系的特色和优势，借鉴国外应急管理有益做法，积极推进我国应急管理体系和能力现代化。[①]

2019年末，新冠疫情暴发，这是新中国成立以来在我国发生的传播速度最快、感染范围最广、防控难度最大的一次重大公共卫生事件。以习近平同志为核心的党中央坚持把人民群众的生命财产安全放在第一位，始终坚持"人民至上、生命至上"，全面加强对新冠疫情防控的集中统一领导。习近平总书记亲自指挥、决策、部署，结合我国具体国情，采取科学、切实有效的防控措施，形成了良好的疫情防控形势，彰显了党的领导和中国特色社会主义制度的显著优势。不仅为打赢疫情防控攻坚战提出了要求、指明了方向，也为构建好新时代公共卫生应急管理体系提供了科学指南。

当前，世界正经历百年未有之大变局，不确定性风险日渐增多，国际国内新问题、新挑战层出不穷，尽管经过近20年的实践探索，我国的应急管理体系建设已见成效，但在应对重特大突发事件上，仍然存在应急管理体制适配性不强、应急管理机制反应迟缓，应急法律法规不健全、应急预案实操性不强等问题，有待从国家层面和基层层面积极构建多元主体共同参与的重大突发公共卫生事件应急管理体系（单册，2022）。赵祚翔等（2021）提出，为应对不确定性社会风险和挑战，政府应当积极推动应急管理体系的数字化治理转型，加快顶层设计，将城市应急管理数字化转型融入智慧城市建设和"城市大脑"建设中，推动大数据整合与共享，促使数据、信息、网络与系统安全建设同步规划和运行；张海波（2022）认为，应急管理体系建设作为国家治理体系的重要组成部分，需要不断迎接新挑战，担当新使命。

---

① 习近平在中央政治局第十九次集体学习时强调 充分发挥我国应急管理体系特色和优势 积极推进我国应急管理体系和能力现代化［EB/OL］. 共产党员网，https://www.12371.cn/2019/11/30/ART115751036272837 30. shtml，2019－11－3.

## 第二节　数字经济时代的应急管理体系

自进入 21 世纪以来，以数字技术为代表的信息技术迅猛发展，在不断强化公共部门治理"工具箱"的同时，也对传统公共管理理念与模式形成了巨大冲击（郁建兴和陈韶晖，2022）。党的十九届五中全会强调，加强数字社会、数字政府建设，提升公共服务、社会治理等数字化智能化水平。《中华人民共和国国民经济和社会发展第十四个五年规划和 2035 年远景目标纲要》提出要迎接数字时代，激活数据要素潜能，推进网络强国建设，加快建设数字经济、数字社会、数字政府，以数字化转型整体驱动生产方式、生活方式和治理方式变革。数字化发展正成为加快国家治理体系和治理能力现代化进程的重要推动力，引领全方位、系统性的制度重塑（郁建兴和陈韶晖，2022）。

乌卡时代下，全球性风险日益增多，严重威胁着人类生存和发展，传统应急管理体系的应对模式可能难以实现有效的应急监测预警和有效控制，这对社会各部门风险预测、协同调度、信息共享等方面的能力提出了新的更高的要求，作为经济社会重要组成部分和国家治理能力集中体现的应急管理体系的数字化转型被提上日程（张伟东等，2021）。在应急管理领域，数字赋能可以解释为借由数字技术和数字化手段，赋予组织或个人特定的能力，或为其创造必要的条件来实现更有效、更创新和更智能的工作方式。对于数字技术的融合应用研究主要集中于对某项具体数字技术的应用上，例如，已有学者考察大数据（宋劲松和夏霆，2022）、人工智能（AI）（高文勇，2021）、区块链技术（王赢，2022）等在应急管理领域中的具体应用，提高应急反应速度、应急资源配置效率、应急处置效果的举措等。郁建兴等（2022）研究提出，当前关于数字技术如何影响应急管理的研究大多从技术赋能视角出发，普遍认可数字技术作为一项新兴治理工具能够显著提升应急管理能力。宋劲松和夏霆（2022）的研究表明，在党的领导和新时代中国特色社会主义的制度优势下，应急管理需求推动了大数据技术创新，大数据技术在监测预警、应急处置和恢复重建方面促进了应急管理效能的提升，两者的相互促进建立在数据安全的基础上。高文勇（2021）的研究表明，人工智能的技术手段契合突发事件衍生集聚的风险特质，是实现突发事件精准治理的关键之策。王赢（2022）研究发现，引入区块链技术，利用灰色关联故障树分析法编制智能合约，利用分布式账本、共识机制、非对称加密等核心技术链接起突发事件监测预警多元主体，可以形成数据信息协同共享，实现自动监测预警，具有信息收集覆盖面广、信息分析精准、信息传递高效等优势，有助于提升全社会防灾减灾能力。

按照数字赋能应急管理的具体环节，既有研究主要包括四大细分研究领域：数字赋能风险研判、数字赋能灾情分析、数字赋能应急响应、数字赋能治理结构优化。

## 一、数字赋能风险研判

风险研判在应急管理工作中至关重要，准确的监测预警可以将突发事件的影响最大化控制和降低在萌芽状态。薛澜（2020）指出应对公共卫生突发事件最难的就是如何及早地捕捉到风险信号，深入开展科学分析及研判，并在此基础上作出预警决策。在传统的应急管理风险研判和监测预警过程中，存在着数据利用不充分、无法有效整合和利用大量信息、思维惯式等的问题，由此造成的预警能力不足一直是制约应急管理效率提升的重要因素。翟羽佳等（2021）指出风险研判在实际应急响应的过程中无法将大量信息有效整合与利用，大多与突发公共卫生事件应急管理与应急响应过程相关的信息和知识存在于非结构化数据中。郁建兴和陈韶晖（2022）指出，风险预警能力不足是应急管理实践的重大短板，该问题源于传统应急管理对突发公共事件发生机制和演化规律的执着探求，这样的思维习惯与事件本身的偶发性、复杂性存在天然张力，现有知识难以精确解释的危机被视为无法预防的偶发事件，导致忽视早期风险预防与减缓。

数字技术在数据识别、分类等方面具有难以比拟的优势。事实上，数字赋能风险研判在突发公共卫生事件中早已有诸多实践。例如，谷歌流感趋势（Google flu trends，GFT）能够根据流感样疾病（influenza-like illness，ILI）或流感相关的搜索查询来估计 ILI 的发生（陆殷昊等，2019）。已有学者开展数字赋能风险研判的相关研究，都伊林和马兴（2017）通过城市应急业务的大数据智能分析的"精加工"处理，构建"一条主线、二个维度、三个保障"

三位一体的城市应急预测预警体系，提升城市应急管理领域的现代化治理水平。许丽媛等（2021）指出合肥市融合物联网、云计算、大数据、移动互联、BIM/GIS等现代信息技术，透彻感知桥梁、燃气、供水、排水、地下管廊等地下管网城市生命线运行状况，分析生命线风险及耦合关系，深度挖掘城市生命线运行规律，打造智能化城市安全运行管理平台，实现了城市生命线系统风险的及时感知、早期预测预警和高效处置应对，确保了城市安全的主动式保障。郁建兴和陈韶晖（2022）指出，新兴数字技术可以捕捉到大量依靠人力难以识别的细节，由数据模型判定是否存在风险，实现机器代替人力的自动化监测，破解传统模式下依靠人力摸排的成本与持久性困境。周利敏和罗运泽（2023）指出，现代计算机技术能有效识别突发事件风险与评估紧急状况，智能推演因人类认知能力限制而无法识别的风险，还能模拟自然灾害、暴力袭击及事故灾难等各类突发事件，克服有限理性与有意识忽略等缺陷。

## 二、数字赋能灾情分析

在应急管理工作中，及时、准确的灾情分析可以提高应急管理工作的处置效率，有效降低突发事件的损失，明确各个受灾点对应急物资的需求情况并对各受灾区域所需物资进行准确预测，可以更加合理地安排各类物资，从而制定科学的应急物资保供方案（彭琪，2022）。突发事件发生后，在极短的时间内应急资源的需求将呈现爆发式的非常规增长（詹承豫，2023）。在传统应急管理体系之下，在需要综合分析、信息不对称、信息受阻、时间紧急的情况下对突发事件完成全面分析是极大的挑战。张新等（2020）指出重大突发性公共卫生事件的应急防控是一个全国"一盘棋"的系统工程，需要多类、多部门、多行业数据的综合分析与研判，才能作出最科学的决策。郁建兴和陈韶晖（2022）指出，应急管理不同于常态化治理的显著特征在于，紧急状态下的政策回应具有极大的不确定性，在信息不对称状况下往往只能依据应急指挥者的经验与情势推演来开展应对。彭琪（2022）指出，灾害发生后，由于信息和道路的受阻，使得应急救援部门通常难以在第一时间获取准确的需求信息。

数字技术具备数据采集快速、异构数据整合高效的优势，与危机情势下的治理能力需求相契合，在突发公共事件处置过程中，多层信息主体与多维信息内容的海量数据得以汇聚，实时、精准地掌握信息逐步成为可能（郁建兴和陈韶晖，2022）。周芳检和何振（2018）指出随着互联网 Web 2.0 的出现，大数据平台使城市动态人口数量及空间分布的获取成为可能。朱晓鑫等（2019）基于人工智能的不同路径，总结了应急物资需求预测的国内外理论动态并划分研究方法，提出传统的需求预测方法和人工智能的动态预测方法相结合将是应急管理的必经之路。李珍（2019）利用时空大数据，获取人口动态数据，对受灾人口动态时空分布特征信息进行提取，同时基于多层感知器（MLP）神经网络进行应急物资需求量估算，构建了应急物资需求量估算模型。吴浩等（2020）提出了一种基于百度大数据统计动态人口数量的方法，解决了传统人口普查无法反映动态人口数量和空间分布的难题，运用极限学习机构建了应急物资需求量估算模型，通过均方根误差、模型有效性系数和决定系数进行检验，表明模拟精度较高。李攀等（2023）通过大数据分析统计，进行救灾物资调配、人员工作协调、应急事件判断，并通过前后端分离的分布式架构的系统，快速融合各行业数据，利用扩展算法接口，对各地区不同灾情进行预测和统计分析。2013 年，纽约遭受特大飓风"桑迪"的袭击，造成 420 亿美元损失，在飓风期间，纽约创建了社交媒体大数据创新合作团队，由公共组织与民间企业组成，这一团队通过抓取与分析推特摘要数据、推文标签、飓风照片、特定区域疏散率及非结构化信息关键词，利用数字技术快速评估灾害损失，同时绘制灾民群体与灾区地图，最终实现了将救灾资源精确分配给最需要的地区与群体的目标（Shelton et al. , 2014）。

## 三、数字赋能应急响应

应急管理的核心任务是挽救生命和财产，而应急响应是落实上述目标的关键环节，其是指突发事件爆发后的处置、响应及救援活动和过程（张美莲和佘廉，2015）。灾前的应急准备与减缓，灾中及时的应急响应、处置与救援，灾后进行可持续的应急恢复重建与总结，上述三个阶段工作环环相扣，共同构成应急管理工作的完整流程，及时采取合理的应急响应处置措施，对于减轻损失、保障人民生命财产安全具有至关重要的意义。在传统的应急管理体系下，受制于效率优先、信息缺失以及风险规避，应急决策者可能会采取不合理的应急响应措施，出现应急响应"失灵"现象（林雪，2020；冯敏良，2022）。此外，在传统的应急救援过程中，决策者往往由于难以准确把握灾情与资源的需求情况，导致应急物资分配不均，影响整个应急救援行动的效果（彭琪，2022）。

数字技术对于应急响应效率和决策科学性的重要意义及其显著赋能作用受到了学者关注，彭琪（2022）指出，通过大数据快速准确掌握各个受灾点的受灾情况，以及通过成熟的模型算法快速评估受灾点的需求状况，在满足时效性与公平性的前提下，提升应急物资分配的精准化能力，最大限度发挥物资的效用。冯敏良（2022）指出，运用大数据，引入案例推理技术，辅助智慧决策系统可以根据紧急事件的关键性信息进行检索和匹配，并将与本事件相似度最高的应急管理案例推送给应急决策者，为决策提供有益参考。李瑞昌和唐雲（2022）指出在理想情况下，针对跨域、复合的突发事件，通过形成最小管理单元整合、众多数字孪生体融合的应急生态，可以实现覆盖全域、迅速响应、虚实联动、流程闭环的综合应急管理。周利敏和罗运泽（2023）提出，应急响应具有紧急性、压迫性与复合性等特点，通过构建智慧城市平台，可以提供应急队伍、应急资源与实时位置的智能服务，以便在最短时间内实现快速有效的应急响应，大量传感器和物联网等产生了巨量数据，能够帮助人们更迅速、准确与科学地进行应急决策，通过人工智能与数字技术抓取、分类与分析，促进城市应急管理决策数字化与智能化。2020 年，深圳在应对台风"海高斯"的应急响应过程中，通过智慧应急系统不断追踪、更新灾害监测数据，及时预警、报送应急信息，同时通过内置预案和应灾案例帮助科学决策，通过"应急一键通"平台和市区三防决策微信群，能够实时向全市 5.3 万名三防成员单位，市、区、街道、社区四级和重点企事业单位的防灾责任人发布预警服务图文信息，实现了政府内部各个相关部门的实时对接（巩宜萱等，2022）。王俊秀和应小萍（2020）指出，在应急响应过程中，信息管理是重要环节，信息公开可以避免谣言引起的风险认知偏差，大型互联网平台可以把与个人生活相关的人、财、物、信息联结在一起，提供全新的数字化社会治理模式。

## 四、数字赋能治理结构优化

随着突发事件的增多加剧，多灾种叠加应急管理能力成为必需，单一治理部门已经难以对复合的突发事件进行有效处置，多主体协同治理迫在眉睫。传统应急管理结构难以有效应对复杂综合的突发事件，周志忍等（2013）指出，当前在跨部门协同方面，我国实行的是以权威为主导的等级制纵向协同模式，呈现出典型的强制性官僚制协调格局。郁建兴和陈韶晖（2022）指出，传统应急管理强调以政府为主导的"关门决策"模式，存在治理主体单一、部门合作欠缺的明显缺陷。

数字技术的应用有助于打破信息孤岛。数字技术所建构的开源生态结构表征着平等、开放、合作的治理思维，这与超越传统官僚模式，以网络化、协作性实现政府重塑的根本目标相呼应（郁建兴和陈韶晖，2022）。张桂蓉等（2022）指出，在风险社会和大数据时代中，推进应急信息协同是提高多主体应急管理效能的重要方式。廖楚晖（2020）研究认为，在应对突发公共事件的跨部门协同治理中，可在顶层设计基础上建立健全突发公共事件治理的信息资源共享体系和机制，通过大数据信息集成，形成自然资源配置方案，以便及时对国家治理规则、法律法规体系机制进行优化，亦可为实现公共管理跨部门的协同治理目标提供方案。在国家治理体系和治理能力现代化的时代背景下，李利民等（2022）以信息化平台为抓手，整合分散的部门信息，进一步建立信息技术支持下的跨部门协同社会管理体系，为解决跨部门协同问题提供了新的思路和方法，是提升政府管理能力的重要途径。张桂蓉等（2022）在研究中提出"大数据驱动＋应急信息协同"是实现智慧应急管理的可行方法，健全和完善大数据驱动应急信息协同的动力机制、运行机制和作用机制能加快推进高效应急信息协同，提高应急管理效能。

## 第三节　我国应急管理体系建设

《"十四五"国家应急体系规划》提出，到2025年，应急管理体系和能力现代化要取得重大进展，形成统一指挥、专常兼备、反应灵敏、上下联动的应急管理体制，建成统一领导、权责一致、权威高效的国家应急能力体系，安全生产、综合防灾减灾形势趋稳向好，自然灾害防御水平明显提升，全社会防范和应对处置灾害事故能力明显增强。到2035年，要建立与基本实现现代化相适应的大国应急体系，全面实现依法应急、科学应急、智慧应急，形成共建共治共享的应急管理新格局，具体从深化体制机制改革、夯实应急法治基础、防范化解重大风险、加强应急力量建设、强化灾害应对保障、优化要素资源配置、推动共建共治共享等方面发力。目前，我国应急管理体系研究主要集中在党的统一领导、以人为本：人民至上、生命至上的理念，军民融合特色，国内大循环下产业链供应链的应急物流等方面。

## 一、坚持党的集中统一领导

党的十九大报告指出："统筹发展和安全，增强忧患意识，做到居安思危，是我们党治国理政的一个重大原则"，把防范化解重大风险摆在三大攻坚战的首位，并把"增强驾驭风险本领"作为增强执政本领的八个方面之一。根据《应急管理部职能配置、内设机构和人员编制规定》，应急管理部负责"贯彻落实党中央关于应急工作的方针政策和决策部署，在履行职责过程中坚持和加强党对应急工作的集中统一领导"（钟开斌，2020）。党的二十大报告中提出了前进道路上必须牢牢把握的五个重大原则，其中首要原则是坚持和加强党的全面领导。此外，党的二十大报告还提出，提高公共安全治理水平。坚持安全第一、预防为主，建立大安全大应急框架，完善公共安全体系，推动公共安全治理模式向事前预防转型。推进安全生产风险专项整治，加强重点行业、重点领域安全监管。提高防灾减灾救灾和重大突发公共事件处置保障能力，加强国家区域应急力量建设。

在既有文献中，中国共产党的集中统一领导地位得到了众多学者的关注，学者们对党在应急管理体系发展中的领导进行研究（钟开斌，2020；单册，2022；钟开斌和薛澜，2022；王宏伟，2022）。自新中国成立以来，国家应急管理体系经历了四个阶段的演变，形成了四个版本的国家应急管理体系，党的领导也从一元化领导、间接领导，逐步演进为集中统一领导、直接领导，并且始终处于核心地位（钟开斌，2020）。党总结以往处理重大突发公共卫生事件的经验，建立了"国家—省—市—县"四级疾病预防控制体系。抗击"非典"疫情获得胜利后，党深刻认识到构建突发公共卫生事件应急管理体系的重要性，立足国情，借鉴国外应急管理的成功经验，逐步确立了我国突发公共卫生事件应急管理体系的框架结构，形成了以"一案三制"为基本框架的突发公共卫生事件应急管理体系。自党的十八大以来，中国特色社会主义进入新时代，提出了"完善和发展中国特色社会主义制度、推进国家治理体系和治理能力现代化"的全面深化改革总目标，以习近平同志为核心的党中央将突发公共卫生事件应急管理体系作为国家治理体系和治理能力的重要组成部分，对应急管理体系进行整体性改革重构。在党的统一领导下突发公共卫生事件应急管理体系的建设、完善到转型都得到了实现（钟开斌，2022b；单姗，2022）。钟开斌和薛澜（2022）运用"理念—体系—能力"分析框架研究发现，自党的十八大以来中国应急管理事业发展过程是一个以理念变革带动体系和能力变革，进而迈向应急管理理念、体系和能力三重现代化的过程。其中，在体系现代化方面，形成更加成熟的应急管理制度体系。王宏伟（2022）提出坚持党的全面领导是完善应急管理体系的必由之路，中国共产党在中国人民战胜重大风险挑战中起到了"定海神针"的作用。党的组织形成"横向到边，纵向到底"的网络，能够突破藩篱与界限。加强党在应急管理工作中的领导作用，是战胜任何艰难险阻的法宝。

在应急管理制度体系方面，张铮和李政华（2022）指出，建设应急管理制度体系，必须立足于中国特色社会主义制度优势，其制度优势在于中国共产党的全面集中统一领导。中国共产党对突发事件处理和公共安全治理的领导始终体现出中国独有的制度特色，因此中国共产党对突发事件的处理能够取得显著的效果。龚维斌（2020）提出，中国共产党对应急管理工作的介入体现为党全面领导，并且具有结构性特点。不同情况下，党对应急管理的介入方式和过程会有所不同。在应急治理风险方面，防范化解重大风险必须发挥党集中统一领导的优势，整合各方力量资源，为此要健全党的领导制度体系，完善组织网络，在防范化解重大风险的各个领域、各个方面、各个环节贯彻党的领导（李季，2020）。在"一核主导、多元共治"的城市风险治理中，中国共产党以其强大的政治势能和庞大严密的组织体系，通过全面领导等运作机制，构建起高效的城市应急管理体系，治理效能优良（唐皇凤和杨婧，2021）。

## 二、坚持"人民至上、生命至上"

《"十四五"国家应急体系规划》提出坚持以人为本，坚持以人民为中心的发展思想，始终做到发展为了人民、发展依靠人民、发展成果由人民共享，始终把保护人民群众生命财产安全和身体健康放在第一位；全面提升国民安全素质和应急意识，组建国家综合性消防救援队伍，支持各类救援队伍发展，加快构建以国家综合性消防救援队伍为主力、专业救援队伍为协同、军队应急力量为突击、社会力量为辅助的应急救援力量体系。应急管理中的以人为本原则是坚持以人民为中心的发展理念，保障人民群众生命财产安全是其根本要求，温志强（2022）解读了以人为本：人民至上、生命至上的理念，主要包括两层内涵：一是坚持人民至上、生命至上、安全第一，切实保护人民群众生命财产安全是我国应急管理体系建设的核心价值所在；二是应急管理工作更好的发展需依靠人民力量，创新体制机制，促进广大人民群众在维护公共安全中广泛参与，形成社会合力，推进国家治理体系和治理能力现代化建设。

针对突发事件，专家、学者从不同角度进行了系统研究，并提出了相关建议。在应急管理坚持"以人为本"的研究中，张海波等（2016）提出社会力量是疫情防控的有效合力，但在面对多重灾难风险时，仅依靠科层体制的动员力量是不够的，还需要重视社会动员机制。钟爽等（2020）借助政策文献计量的研究方法，在顶层设计理念的基础上，深度挖掘与应急管理相关的重要政策文本，分析应急管理体系的顶层设计，在价值导向上主张以人为本，并在策略选择上将科学技术继续广泛地引入各类应急管理中，促进了应急管理科技化水平的不断提高。李昌林等（2020）总结了我国突发环境事件的特点，系统分析了应急体系的法律法规体系、预案体系、管理体系、科技体系和保障体系，提出加强突发环境事件应急人才的培养等完善突发环境事件应急体系的政策建议。周素红等（2021）提出缺乏对"人"的考虑将无法精细化和动态化地应对突发事件，从而难以真正有效地处理各种问题。因此，在坚持"以人为本，减轻危害"的基本原则情景下，构建和创新"党委领导、政府主导、社会协同、公众参与、法治保障"下的应急体系，是有效应对各类突发事件的重要前提。李继伟等（2021）提出在坚持"以人民为中心"工作理念的前提下，更好地完善公共卫生法规体系、设立综合应急管理机构、强化资源供给、提升公共卫生管理体系的智能化程度，以不断健全我国公共卫生应急管理体系。朱荟等（2021）强调从单一主体包办向多元主体协同的方式转型，旨在构建以"政府力量为主导、市场力量为支撑、社会力量为依托"的实践路径，是危机应对下的中国之治与中国方案，复合型的多样人才支撑是政府、市场与社会多元主体得以构成应急联动体系，以及这项联动机制能够有效运转的重要条件。单册（2022）从我国突发公共卫生事件应急管理体系建设的重大成就和重要经验中指出，党始终把人民群众健康利益作为出发点和落脚点，始终把以人民为中心的初心使命和"一切为了人民健康"的价值理念体现在突发公共卫生事件"一案三制"应急管理体系建设的全过程。宋宗宇等（2022）通过法规检索与案例梳理提出应当坚持以人民为中心的顶层理念，在保障措施中坚持权力与责任均衡，强化行政主体的责任配置，建立多元征用监督机制，设计梯次征用救济程序。王燕青和陈红（2022）指出，我国的应急管理体系已经完成了由政府管控、分类管理、经验管理到多元共治、统筹协调、科学管理的转型，应急管理能力与专业化水平快速提升，极大地保障了人民群众的生命财产安全。王丛虎（2022）认为，以人民为中心的政党及服务型政府建设重视服务需求建设并强调服务需求的精准供给。程万里（2022）从人员的维度提出在基层应急管理工作中，要更加注重发动群众、依靠群众，加强应急管理队伍建设，提高群众应急处理技能，营造全民关注并参与、安全发展的良好氛围。张海波（2022）按照使人民群众获得感、幸福感、安全感更加充实、更有保障、更可持续这一目标，提出公众是否满意是检验应急管理成效的最终标准。

围绕以人为本这一核心，安全生产和应急管理工作丰富展开，生动实践，扎实落实，每一个法律法规、每一个方针政策、每一个措施目标都贯穿着保障人民生命和健康的理念。

## 三、军民深度融合助力应急管理效能提升

习近平总书记在党的十九大报告中指出："坚持富国和强军相统一，强化

统一领导、顶层设计、改革创新和重大项目落实，深化国防科技工业改革，形成军民融合深度发展格局，构建一体化的国家战略体系和能力。"① 这是以习近平同志为核心的党中央着眼新时代坚持和发展中国特色社会主义，着眼国家发展和安全全局作出的重大战略部署。2019 年 3 月 14 日，《2019 年中国军民融合白皮书》正式发布。此后，党的十九届四中全会公报提出要"建立健全军民融合的军事力量建设政策制度体系"，党的二十大再次强调要"巩固军政军民团结"（袁超越，2021）。

军民融合就是把国防和军队现代化建设与经济社会发展深度融合，在经济、科技、教育、人才等领域推进军民融合，为实现国防和军事现代化提供资源，两者资源共享，协调发展、平衡发展、兼容发展，充分利用和配置资源，增强可持续发展的实力，实现效益最大化，形成全要素、多领域、高效益发展的国家战略，构建军民一体化的战略体系和能力，增强国家安全和发展的全面协调，建设军民融合的国家战略体系与国防能力（游光荣，2018；袁超越，2021）。杜人淮（2013）提出军民融合通过打破"军"与"民"分割的封闭系统，促进"军"和"民"之间物质和信息交流与渗透，从而形成一个军民兼容、协调互动的开放对流系统，使一次性资源投入获得双重利益产出，并解释了中国特色军民融合式发展的内涵：从国家安全与发展战略角度来看，顺应国家安全与发展利益的需要，立足于中国特殊的国情与军情，形成国防与经济社会动态开放、交互协调的国家建设系统的发展模式。

突发事件具有极强的复杂性和不确定性，且呈现出显著的非正规特性，在此背景下，很难对其进行准确预判。训练有素、装备精良的军队响应迅速，可以在短时间内将人员和装备远距离投送到预定地点，成为政府应急的得力助手。此外，军队拥有可靠的医疗工作者和工程技术人员以及健全的后勤保障系统，储存了大量的应急物资和运输工具，在人力物力方面，为参与应急管理提供了有利条件。另外，军队组织结构高度严整，统一指挥、统一制度、统一编制、统一纪律、统一训练，快速反应能力、应急机动能力优秀，能够在处突应

---

① 习近平：决胜全面建成小康社会　夺取新时代中国特色社会主义伟大胜利——在中国共产党第十九次全国代表大会上的报告［EB/OL］. 中国政府网，https：//www.gov.cn/zhuanti/2017 - 10/27/content_5234876. htm，2017 - 10 - 27.

急方面大有作为（王宏伟，2019）。既有研究中，已有学者聚焦于军民融合助推应急管理效能的显著优势，开展相应研究，主要包括以下类型。

部分学者研究了军民融合驱动应急体制改革的模式，方炜和冯启良（2021）在梳理100年来在中国共产党领导下军民关系从萌芽阶段上升为军民融合国家战略的五次历史性飞跃的基础上，提出新发展格局下军民融合要以更深层次改革、更高水平科技创新为产业结构调整提供根本动力。应急产业驱动力除了包括政府主导型、龙头企业带动型和中介组织协调型三种模式外，还包括军民融合这一能为产业发展提供稳定需求的发展模式，军民联合下的准军事化模式是应急物流发展模式之一（黄定政和王宗喜，2013；徐建华等，2020）。

在军民融合式应急体系发展对策研究方面，国际应急管理学会（TIEMS）中国委员会第七届年会中杨彬用"散、乱、小、低"概括了目前国内应急产业发展的现状，[①] 提出应急产业发展要坚持军民融合发展，将我军后勤保障工作中成熟、规范的应急救援发展成果应用到社会应急救援工作中，弥补行业缺少标准规范、制约产品质量提高等问题。李信仰等（2011）就军民融合式应急物流联合训练分析其基本要求，探索开展思路，明确提出加强理论研究、科学编制预案、加强基础建设的对策措施。李卫海和刘瑞强（2019）从立法视角进行研究，提出现代应急管理与国民经济动员这两大危机管理体系的军民融合式发展需要遵循强制性、必要性、比例和被动性原则。

在军民融合式应急体系构建方面，张姣芳和陈晓（2011）提出建立健全平时、战时转换机制以更好构建军民融合应急物流体系。从物流发展的角度来看，军事应急物流军民融合分为三个层级：点融合、线融合和面融合，分别为军事应急物流基本要素、基本环节和应急物流供应链的融合，通过研究各层级的运行机制，根据军民协同科研体系成果转化规律，运用动态闭环螺旋模型，阐述了军民科研协同体系应急成果转化机制（刘俊等，2013；惠娟和谭清美，2022）。军民科技协同创新有助于解决应急产业发展中的问题并促进应急产业健康发展，而且在军民融合供应链中利用信息共享平台进行信息整合，可以缩

---

① 国家应急救援体系2020年有望形成 军民融合大有可为［EB/OL］. 央视网，http://news. cctv. com/2016/11/04/ARTIM13lybBLoZzN57s4EEoZ161104. shtml，2016–11–4.

短响应时间，提高供应链的效率和响应能力，确保迅速满足物资需要，为此对应急产业中的军民科技协同创新平台进行了设计（古贞和谭清美，2019；郝玉龙和刘泽琴，2020），姜玉宏等（2013）为基于 Agent 技术建立完善高效的应急物流军民协同管理系统设计框架提出思路，系统由军队和地方各级政府主导，以军队物流系统和地方物流企业以及应急物资生产企业为主体，其中军队和地方各级政府的应急管理部门为决策者，其他各军民组织为成员。

## 四、新发展格局对应急管理工作提出新要求

2020 年 4 月 10 日，习近平总书记指出：“国内循环越顺畅，越能形成对全球资源要素的引力场，越有利于构建以国内大循环为主体、国内国际双循环相互促进的新发展格局，越有利于形成参与国际竞争和合作新优势。”① 牢牢把握扩大内需这一战略基点，依托国内市场实现良性循环。新发展格局是我国在百年未有之大变局、中美经贸摩擦、逆全球化、后疫情下国际产业竞争加剧等多重时代特征重叠的背景下提出的，此时全球产业链供应链体系的“拔河”博弈成为国家争夺核心能力的主要表现形式，新一轮经济全球化、区域一体化也成为世界经济发展的主流趋势。在全球经济模式发展的交汇点上，中国参与经济全球化的优势正在逐渐消退，转向国内经济全球化是面对新一轮全球化提出的重要战略研判，也是新时代通向中国特色社会主义的必由之路。其中，以国内大循环为主体的新发展格局对突发事件之下高效的应急管理，提出了诸多挑战。

应急物流与供应链作为应急管理工作的“生命线”“先行官”，保障货畅其流，具有重要意义。对于这次新冠疫情防控，医用设备、防护服、口罩等物资频频告急，反映出国家应急物资保障体系存在突出短板。要尽快健全相关工作机制和应急预案，优化重要应急物资产能保障和区域布局，建立国家统一的应急物资采购供应体系，推动应急物资供应保障网更加高效安全可控。由此可以看出，应急物资保障体系建设是强化应急管理体系的重要组成部分（王丛虎，2022）。作为我国应急物资保障体系的重要组成部分，应急物流体系在各

---

① 习近平. 国家中长期经济社会发展战略若干重大问题［J］. 求是，2020（21）.

类突发公共事件中发挥着举足轻重的作用（陈文秀和陈洪波，2022）。

既有学者面对新发展格局下应急管理体系的构建从理论研究与实践研究两个层面对现有文献进行了研究。在理论研究层面，现有文献分别从顶层设计、理论内涵和基本特征三个视角出发探讨了新发展格局下应急管理体系。徐一帆（2021）提出双循环背景下的物流业在后疫情时代的两大重点工程：一是优化应急物流；二是建立智能物流生态体系。王宏伟（2021）提出新发展格局将带来我国经济社会发展模式与发展局面的系统性更新，给应急管理事业发展带来新机遇，对应急管理工作提出新挑战。汪鸣等（2022）提出新发展阶段对物流业发展的基本要求就是为现代化经济体系建设提供战略性现代服务系统保障，为构建新发展格局提供网络化设施和运行服务基础支撑，为产业链供应链协同提供先导性服务组织和技术、业态、模式创新引领。陈欣（2022）指出新发展格局下中国政府高度重视应急管理工作，全面强化应急工作的综合管理、全过程管理和力量资源的优化管理，应急管理体制实现了系统性、整体性重构，应急管理事业取得历史性成就、发生历史性变革。祝合良（2022）提出双循环新发展格局更加注重国内大循环的主体地位，更加注重经济循环的畅通无阻，更加强调产业链供应链安全稳定，加强现代流通运行、保障、规制体系建设。杨林（2022）提出新发展格局是构建物资储备体系的基础条件和有利环境。坚持贯彻系统观念，积极探索构建物资体系、保障体系、治理体系和支撑体系思路举措，有利于充分利用和发挥市场机制功能作用，加快构建物资储备体系。温志强（2022）提出在新发展阶段，以新发展理念为指导，以系统观念、战略思维引领应急管理事业发展方向，站在建立大安全—大预防—大应急框架的高度，把应急战略作为推进应急管理体系和能力现代化的最为重要的着力点，超前谋划我国应急管理体系建设，提升应急管理综合能力。黄剑雄（2023）提出加快构建一体化调度、专业化救援、标准化保障、综合化管理的现代化应急管理体系，以新安全格局保障新发展格局。

在实践研究层面，现有文献则从核心问题和实现路径两个视角出发对新发展格局下应急管理构建问题加以阐释。谢泗薪和贺明娟（2021）以后疫情时代的双循环格局为研究背景，从系统力、平衡力、复原力三个维度构建了航空物流发展韧性的评价指标体系对其发展较差的问题予以诊断，提出了提升航空物流发展韧性的策略。赵娴等（2021）指出内循环视角下现代流通体系的构建，需要供应链体系的创新与赋能，形成与现代流通体系相匹配的三大能力，因此供应链的赋能创新应从内在机制、运行模式、功能深化以及社会责任等方面找寻现实路径。薛潇雅（2022）分析"双循环"新发展格局下物流发展存在的缺乏韧性、与跨境电商协同度不高、服务保障体系有待提升以及信息化建设不足四个方面的问题，并结合发展现状提出站稳新格局、拓展新阶段、重视供给侧和引领新科技的重要发展路径。福建省2023年应急管理工作实施"安全应急效能提升年"行动，着力完善体系，拧紧责任链条，提升应急能力，全力推进应急管理工作开新局上水平，以新安全格局保障新发展格局。余海燕和郑鈜（2023）提出新发展格局下应急产业具备常态化发展的逻辑，应在发展初期发挥政府的强主导作用，通过制度构建解决产业发展的不持续性问题。

# 第三章　数字化背景下政府应急管理效能提升路径

## 第一节　政府应急管理效能

深化数据赋能应急管理体系，全面提升政府应急管理效能，是防范化解重大突发事件安全风险、开展应急物资高效调度、提升基层应急社会动员能力的有力抓手。政府应急管理效能作为国家治理体系的重要内容，以政府能力和政府效能为基础，以反思学习和压力传导机制为支撑，集合应急管理发展目标、多元结构和管理过程，有助于将政府的制度优势转变为治理效能（李宏，2021；张海波和童星，2022；王永明和郑姗姗，2023）。《"十四五"国家应急体系规划》提出，形成应急管理体制，加强依法应急、科学应急、智慧应急能力建设具有深远意义。伴随着区块链等数字技术与社会治理融合日益紧密，政府应急管理呈现科学化、专业化、智能化和精细化的发展态势，催生了跨界融合的智慧应急新模式（Wang and Chen，2022；Dubey et al.，2020），当前数据赋能政府应急管理效能的研究遵循"现状剖析—问题成因—实现路径"的逻辑主线，聚焦于政府公共卫生、煤矿风险预警与公众安全、应急情报等现实场景（陶克涛等，2021；冯东梅等，2022；李阳和孙建军，2022），但是，数据资源与应急管理效能融合之间存在错位匹配，如应急信息交流机制匮乏、应急数据安全保障薄弱和"数据鸿沟"危机等（赵祚翔和胡贝贝，2021；郁建兴和陈韶晖，2022），缺乏具有复杂性、系统性和动态性的分析框架。

各国政府形成不同的应急管理模式，美国以规范性应急管理文件为支撑，形成应急准备工作的基本战略，号召社区参与应急管理过程。日本通过安全保障会议和应急政策，协调各部门防灾减灾工作的调度与实时救援。德国建立决策指挥、救援信息共享、资源配置和联合办公综合系统，利用灾害评估数学模型为应急决策提供参考。中国牢固树立灾害风险管理和综合减灾观念，强化地方政府在自然灾害防治中的主体作用，将逐步建立中国特色大国应急体系。学术界关于政府应急管理效能的研究集中在四个方面：第一，政府应急管理效能基本内涵和参与主体研究。政府应急管理效能以协同能力、结合能力、统筹能力、超稳定能力为基础，发挥政府、基层组织、非营利组织和社会公众多元主体协同推动作用，近年来形成大数据决策支持下的"数据—智慧"决策模型和应急情报管理范式的深刻转换（雷晓康和周文光，2019；李宏等，2020；周芳检，2021；狄鹤等，2021）。第二，政府应急管理效能驱动因素研究。大数据资源和大数据技术通过数据平台提升应急决策指挥效率，融合线上可视化和线下智慧结合新模式，应急信息公开主体、应急信息本身、应急信息技术和社会环境对应急信息公开质量产生重要影响（孙俐丽和巫超，2020；张桂蓉等，2022）。第三，政府应急管理效能过程管理能力研究。政府应对重大突发事件能力评估成为政府绩效评估的重要内容（Pinto et al.，2017），学者研究集中在应急管理综合能力、应急指挥能力、应急信息协同能力和应急物资保障能力等方面（金卫健等，2019；Xu et al.，2019）。第四，政府应急管理效能评价指标体系研究。其聚焦于应急综合管理体系、情报服务能力、应急管理绩效和应急管理监督评价等指标设计与测度（余华茂，2019；张永领和刘梦园，2020；卢丙杰和朱立龙，2020）。

上述研究充实了政府应急管理效能的基础内容，但仍然存在以下局限，一方面，既有研究集中在交通运输、医疗卫生等行业，缺乏政府应急管理效能提升的复杂性、系统性和动态性研究；另一方面，尚未关注到政府应急管理效能提升的因果复杂性，数据赋能下政府应急管理效能联动效应的深层次研究内容有待丰富。由此，本书通过质性研究提取数据赋能政府应急管理效能提升的驱动因素，在此基础上尝试引入以集合理论为构建方式的模糊集定性比较分析方法（fsQCA）（Ragin，2008），探索政府应急管理效能提升的运作机理、联动效应和组合路径，丰富数据赋能政府应急管理效能提升的相关研究。

# 第二节　数字赋能对政府应急管理效能提升的
# 质性研究

## 一、质性研究方法

按照研究主题、收集相关材料、对数据材料提取编码、编码收集和整合的扎根理论研究基本过程，确定政府应急管理效能提升的驱动因素。确定研究主题为"政府应急管理效能"，样本数据包括：（1）中国知网数据库中文献资料，选取 2017 ~ 2022 年 CSSCI、北大核心期刊文献，检索主题关键词为"应急管理效能""应急管理影响因素""重大突发事件影响因素""政府应急""应急绩效"。（2）《人民日报》《中国日报》以及新华网等主流网络媒体报刊资源，收集 2017 ~ 2022 年有关"应急管理""智慧应急"的新闻内容，选取浏览量和关注度较高的文章。（3）研究人员与地方应急管理部门、街道办人员的半结构化访谈记录。截至 2022 年 5 月 9 日，共收集并转换文本 126 份，剔除主观意愿过强、内容侧重有偏倚的文本，最终筛选有效样本 80 份，数据分布呈现均衡特征。

## 二、词频分析

使用 NVivo11 软件进行数据处理和分析，形成词汇云（如图 3 - 1 所示）。其中不同词语体积的面积表示词语出现的频次，两者呈现正相关，除"应急（7334 次）""管理（6375 次）""信息（3431 次）""政府（2585 次）"等与研究主题相关的词语外，"数据（2392 次）""系统（2121 次）""情报（1486次）""公共（1452 次）""协同（1223 次）""物资（914 次）"出现频率均超过 900 次，证明相关研究内容是样本数据中的重点。

**图 3-1　应急管理效能样本数据的词汇云**

"信息、数据、情报"等词汇表示应急信息和数据资源在应急管理活动中的重要作用，以大数据和智能技术为基础的应急活动管理模式，形成数据获取、数据使用、数据价值和数据保护等多个环节的价值转换过程（李桂华和林思妍，2022），构成数据基础设施和数据管理能力，连通数据平台和数据形式变换的数据管理能力。"政府、系统、物资"等词汇表示政府组织管理能力驱动应急管理活动高效运转，组织规模、制度安排和资源能力，政府信息公开满意度、政府数据开放全生命周期安全管理等对应急活动产生作用（Walker，2014；孙振杰，2020），政府参与应急管理活动的管理过程和政府信息公开成为应急活动组织优化的关注重点。"管理、公共、协同"等词汇表明环境支撑和社会力量统筹等外部条件，适应市场化改革发展趋势，发挥应急管理组织协同中的市场作用（徐选华和余紫昕，2022），健全数字经济支撑体系，推动应急响应能力和应急决策效率提升。

## 三、数据编码与分析

通过对 80 份材料的梳理归纳，最终得到 3 个一级编码（主影响因素）和 9 个二级编码（子影响因素），数据赋能、组织优化和环境支撑为影响应急管理效能的一级关键因素，数据管理能力、数据基础设施、注意力分配、政府信息公开、政府资源、政府应急建设、市场化水平、数字经济发展水平、多元主体保障为二级因素。表 3 − 1 展示了节点、子节点、出现的规范数、具体出现次数和部分编码示例，其中出现次数越多表明影响力越大，反之则表明影响力越小。"数据管理能力"和"数据基础设施"是数据赋能中影响力较大的节点，"注意力分配"和"政府信息公开"是组织优化中较为重要的因素，"市场化水平"和"数字经济发展水平"是环境支撑中的重要节点，"政府资源""政府应急建设"和"多元主体保障"融入其他相关因素内，协调互动推动政府应急管理效能提升，因此不再单独列出。

表 3 − 1　　　　　　　　　　　　节点层次与编码示例

| 节点 | 子节点 | 出现的规范数（N = 80） | 具体内容出现次数 | 编码示例 |
|---|---|---|---|---|
| 数据赋能 | 数据管理能力 | 30 | 47 | 探索运用大数据技术开展对重大突发公共卫生安全事件的桌面推演和仿真模拟，提升政府运用大数据监测、预测、预警、响应、协同和沟通能力 |
| | 数据基础设施 | 24 | 35 | 探索运用大数据、人工智能、区块链等智慧化技术，以数据共享、信息公开为抓手，推动跨区域性重大突发事件应急管理的协调性、协同性、系统性 |
| 组织优化 | 注意力分配 | 32 | 53 | 基层政府不但要认识到其自身的重要地位，还需充分发挥自身优越的社会基础和制度优势，可以考虑使用"点线面体"的应急工作方法 |
| | 政府信息公开 | 26 | 36 | 政府多主体应在专家组的支持下作出精准判断，由应急管理部门统一发布权威信息，及时公开抗洪、安置、救援、医疗、减灾等方面情况，确保信息的及时性、真实性和可靠性 |
| | 政府资源 | 12 | 15 | 政府所拥有的权力资源、权威资源、信息资源等也都在很大程度上影响着政府应急能力的发挥 |
| | 政府应急建设 | 10 | 11 | 检查内容包括应急管理组织体系建设、应急救援队伍建设、应急救援物资装备配备、执行应急预案管理规定、组织开展应急演练、应急管理教育培训和事故应急处置七个方面情况 |
| 环境支撑 | 市场化水平 | 25 | 43 | 以市场为导向、企业为主体，深化应急管理科教产教双融合，推动安全应急产业向中高端发展 |

续表

| 节点 | 子节点 | 出现的规范数（N = 80） | 具体内容出现次数 | 编码示例 |
|---|---|---|---|---|
| 环境支撑 | 数字经济发展水平 | 13 | 26 | 新一轮数字技术以云计算、大数据、移动互联网、物联网、人工智能等为代表，在驱动商业创新和社会创新中发挥作用 |
| | 多元主体保障 | 19 | 26 | 必须将政府、军队、企业、社会组织和公民个人的力量有机地整合起来，形成全社会共同治理、协同应对的局面 |

# 第三节　数字赋能对政府应急管理效能提升的理论框架

引入模糊集定性比较分析方法（fsQCA），探究数据赋能、组织优化和环境支撑三类因素对政府应急管理效能提升的驱动效应，分析框架如图 3 - 2 所示。

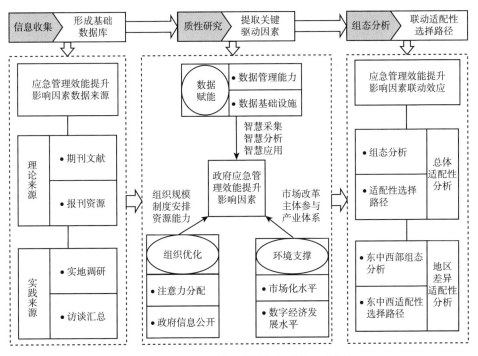

**图 3 - 2　政府应急管理效能提升路径研究框架**

## 一、数据赋能因素

数据赋能因素包括数据管理能力和数据基础设施两个二级条件。资源基础观认为，组织拥有的独特资源可作为持久竞争优势的源泉（Barney，2011）。在数字经济时代，海量数据汇聚在新媒体平台和数据仓库，信息和数据通过资源、结构和心理赋能与外部场景等产生关联，提升危机应对能力（Gunther，2017；孙新波，2020），政府利用大数据平台对应急数据进行真实可靠的管理，如充分了解受灾点现状和应急物资调配程度可提升应急资源调度效率。数据基础设施是政府开展数据化、智能化治理的重要支撑，按照"数据—信息—知识—价值"过程转变为政府治理价值，融合数据资产内核和数字经济外延，丰富政府应急管理体系的技术理性和价值理性。

## 二、组织优化因素

组织优化因素包括注意力分配和政府信息公开两个二级条件。注意力分配包括组织环境、制度环境和社会环境，制度环境对组织和个人产生深远影响（Grimmelikhuijsen et al.，2017），政府高度重视应急管理决策问题，如何在时间紧迫、决策高效的目标下，将有限注意力集中在应急物资分配和应急车辆调度中，将对应急决策效率产生影响。地方政府信息公开的非及时性、不对称性、不确定性等问题，造成了政府信息公开反馈效果的差异性，增加了公民对政府信息的搜索成本和监管成本，互联网平台的互联互通提升了政府应急信息的共享性，发挥多元主体协同治理作用（山少男和段霞，2022），有助于增强应急管理效能的科学性和系统性。

## 三、环境支撑因素

环境支撑因素包括市场化水平和数字经济发展水平两个二级条件。动态能力理论认为组织通过整合、构建、重新配置内外部资源形成全新的发展能力，提升环境适应能力和实现可持续发展（Teece et al., 1997; Oliveira and Martins, 2011），应急管理社会环境虽然不能直接参与政府应急管理效能过程，但是影响政府应急管理系统内外部的相互作用。市场化是一种制度改革，发挥多个主体协同作用，进一步完善政企联合储备能力，统筹社会救援力量。数字经济发展水平通过数字技术创新体系、数字经济产业体系、数字经济治理体系等内容提供经济支撑。

分析框架中所包含的 6 个二级条件中，数据管理能力、数据基础设施、市场化水平和数字经济发展水平属于客观禀赋条件，而注意力分配和政府信息公开属于政府主观可控条件，协同提升政府应急管理效能。

## 第四节　基于 fsQCA 的政府应急管理效能提升路径

### 一、数据测量与校准

2020 年是国家"十三五"的收官之年，以 2020 年为基础年份可有效分析应急管理部门在资源整合后的效果。数据来源包括《中国统计年鉴》（2021）、各省份应急管理厅（局）政府信息文件、各地消防救援总队官网的政策文件《中国分省份市场化指数报告》等。

在模糊集定性比较分析中，通过校准赋予样本隶属分数。根据已有的校准标准（杜运周和贾良定，2017；吴琴等，2019），运用直接校准法将数据转化为模糊集隶属分数，政府应急管理效能、数据管理能力、数据基础设施、政府信息公开、市场化水平和数字经济发展水平交叉点的校准标准为 0.5 分位点，完全隶属的校准标准为 0.95 分位点，完全不隶属的校准标准为 0.05 分位点。注意力分配交叉点参照已有研究（陶克涛等，2021），交叉点校准标准为 0.5 分位点，完全隶属的校准标准为 0.05 分位点，完全不隶属的校准标准为 0.95 分位点，具体如表 3 - 2 所示。

表 3-2 结果变量和条件变量的校准

| 变量 | 条件和结果 | 校准 | | |
|------|-----------|------|------|------|
| | | 完全隶属 | 交叉点 | 完全不隶属 |
| 结果变量 | 政府应急管理效能 | 3.425 | 2.508 | 1.962 |
| 数据赋能 | 数据管理能力 | 3.000 | 2.000 | 1.000 |
| | 数据基础设施 | 0.933 | 0.671 | 0.479 |
| 组织优化 | 注意力分配 | 5.000 | 31.000 | 89.000 |
| | 政府信息公开 | 51.000 | 11.000 | 0.000 |
| 环境支撑 | 市场化水平 | 11.305 | 7.800 | 4.120 |
| | 数字经济发展水平 | 0.642 | 0.271 | 0.229 |

## （一）结果变量测量

选取政府应急管理效能为结果变量，根据已有的研究内容（南锐，2017）适当改进，政府应急管理效能由社会应急保障治理指数、社会应急安全治理指数、应急公共服务治理指数、应急社会参与治理指数共同构成，数据来自《中国统计年鉴》（2021）及 31 个省份的消防救援总队官网，其中突发环境事件次数为负向指标，社会保障覆盖率综合指数由养老保险、失业保险和城镇基本医疗保险增长率汇总得出，具体指标如表 3-3 所示。

表 3-3 应急管理效能测度指标

| 一级指标 | 二级指标 | 三级指标 |
|---------|---------|---------|
| 应急管理效能 | 社会应急保障治理指数 | 人均应急物资储备及灾害防治支出 |
| | | 社会保障覆盖率综合指数 |
| | 社会应急安全治理指数 | 突发环境事件次数 |
| | 应急公共服务治理指数 | 每千口人卫生技术人员数量 |
| | | 消防救援支队数量 |
| | 应急社会参与治理指数 | 人均社会组织单位数增长率 |
| | | 人均自治组织单位数增长率 |

### （二）条件变量测量

1. 数据赋能条件。数据管理能力参照有关学者（谭海波等，2019）的研究适当改进。在 31 个省份应急管理部（局）内设机构和直属单位中，选择两大类部门，一是与智慧应急建设相关的部门，包括研究院、科技、信息和技术中心；二是应急救援相关部门，如指挥、救援和物资储备中心，将部门进行归类处理。两大类部门数量总和小于等于 3，编码为 1，数量总和小于等于 6，编码为 2，数量总和大于 6，编码为 3，由此测算各省份数据管理能力。数据基础设施参照陶克涛等（2021）的做法，使用 2020 年"人均互联网端口数"作为主要衡量依据，互联网宽带数和人口数量来自《中国统计年鉴》（2021）。

2. 组织优化条件。注意力分配参照学者谭海波等（2019）的主要研究内容，地方政府通过出台贯彻中央和地方政府应急管理相关文件的本地落实意见执行方针政策，其中时间间隔越短，说明政府对应急管理相关政策的关注度和注意力越高，时间间隔越长，说明地方政府部门对应急管理政策的落实程度越弱。将各省份应急管理厅（局）发布落实应急管理文件的时间间隔作为衡量标准；对于政府信息公开，根据各省份应急管理厅（局）政府信息公开年报（2020）内容，以 2020 年政府主动公开规章和规范性文件的对外公开总数量总和考虑政府应急信息的公开程度。

3. 环境支撑条件。市场化水平的测度采用樊纲市场化指数度量，对各省份的区域市场化水平进行测度。数字经济发展水平数参照学者刘军等（2020）的做法，按照信息化发展、互联网发展、数字交易发展三个层面的指标，反映政府数字经济发展程度和应急产业的驱动作用。

## 二、总体实证分析

### （一）单个条件的必要性分析

检验单一条件是否构成政府应急管理效能的必要条件，若一致性水平达到 0.9，则作为结果的必要条件。由表 3 – 4 可知，所有条件的一致性水平均小于 0.9，故不存在影响政府应急管理效能高水平和低水平的必要条件。

表 3 - 4 必要条件分析

| 条件变量 | 高水平应急管理效能 | | 非高水平应急管理效能 | |
|---|---|---|---|---|
| | 一致性 | 覆盖率 | 一致性 | 覆盖率 |
| 高数据管理能力 | 0.697 | 0.686 | 0.660 | 0.669 |
| 非高数据管理能力 | 0.663 | 0.654 | 0.690 | 0.702 |
| 高数据基础设施 | 0.689 | 0.669 | 0.635 | 0.637 |
| 非高数据基础设施 | 0.626 | 0.625 | 0.670 | 0.689 |
| 高注意力分配 | 0.589 | 0.571 | 0.698 | 0.698 |
| 非高注意力分配 | 0.688 | 0.688 | 0.571 | 0.589 |
| 高政府信息公开 | 0.583 | 0.594 | 0.604 | 0.635 |
| 非高政府信息公开 | 0.642 | 0.611 | 0.614 | 0.603 |
| 高市场化水平 | 0.725 | 0.754 | 0.530 | 0.568 |
| 非高市场化水平 | 0.584 | 0.547 | 0.770 | 0.743 |
| 高数字经济发展水平 | 0.716 | 0.788 | 0.519 | 0.588 |
| 非高数字经济发展水平 | 0.626 | 0.558 | 0.813 | 0.747 |

## （二）条件组态的充分性分析

组态分析试图揭示多个条件组合形成结果产生的充分性，根据有关学者（Schneider and Wagemann，2012）的研究，一致性水平应不低于 0.75。最终确定一致性阈值为 0.8，频数阈值为 1，涵盖 31 个样本，结果表明一致性水平均高于本章确定的最低值 0.8，其中总体解的一致性为 0.923，总体解的覆盖度为 0.561，具体如表 3 - 5 所示。

表 3 - 5 高水平应急管理效能组态分析

| 条件组态 | 数据—环境型 | | | 组织—环境型 | 综合型 |
|---|---|---|---|---|---|
| | 组态 1 | 组态 2 | 组态 3 | 组态 4 | 组态 5 |
| 数据管理能力 | ● | ● | ● | ⊗ | ● |
| 数据基础设施 | ● | ● | ⊗ | ⊗ | ⊗ |
| 注意力分配 | ⊗ | ⊗ | ⊗ | ⊗ | ● |
| 政府信息公开 | ⊗ | | ⊗ | ● | ⊗ |

续表

| 条件组态 | 数据—环境型 | | | 组织—环境型 | 综合型 |
|---|---|---|---|---|---|
| | 组态 1 | 组态 2 | 组态 3 | 组态 4 | 组态 5 |
| 市场化水平 | | ● | ● | ● | ● |
| 数字经济发展水平 | ● | ● | ⊗ | ● | ● |
| 一致性 | 0.968 | 0.956 | 0.921 | 0.955 | 0.930 |
| 原始覆盖度 | 0.277 | 0.359 | 0.232 | 0.208 | 0.227 |
| 唯一覆盖度 | 0.028 | 0.076 | 0.041 | 0.035 | 0.065 |
| 解的一致性 | 0.923 | | | | |
| 解的覆盖度 | 0.561 | | | | |

注：●或●表示该条件存在，⊗或⊗表示该条件不存在；●或⊗表示核心条件，●或⊗表示边缘条件；空白代表条件可存在也可不存在。

组态 1、组态 2 和组态 3 中数据赋能和环境支撑发挥驱动作用，被命名为"数据—环境"型。组态 1 中，数据管理能力、数据基础设施和数字经济发展水平发挥关键作用（如图 3 - 3 所示）。重庆市形成全新的智慧急救指挥调度中心，集合计算机分析调度系统、大数据存储与处理系统等分析为一体的实时动态监管体系，可为重大突发事件救援提供科学决策依据。组态 2 中，数据管理能力、数据基础设施、市场化水平和数字经济发展水平驱动应急管理效能提升。广东省作为较早布局数字经济政策的省份，通过数据化、信息化建设初步实现对重点灾种的实时监测和风险预警（如图 3 - 4 所示）。组态 3

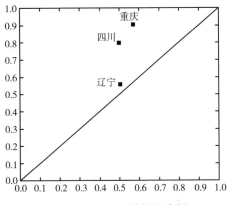

图 3 - 3　组态 1 的解释案例

中，市场化水平发挥关键作用，数据管理能力发挥辅助作用（如图 3 - 5 所示）。河南省采用大数据"智慧"归类数据和互联网监管，在风险人员提供转码依据、实施流调溯源和排查管控中发挥重要作用，该省颁布多项措施建设高标准市场体系，发展知识、技术和数据要素市场，推进数据赋能政府应急管理效能提升。

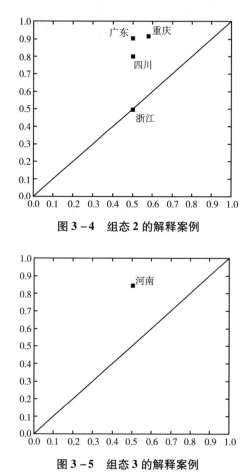

图 3 - 4　组态 2 的解释案例

图 3 - 5　组态 3 的解释案例

　　组态 4 中，政府信息公开、市场化水平和数字经济发展水平提升政府应急管理效能，因此被命名为"组织—环境型"，该路径能覆盖约 20.84% 的政府应急管理案例，另外约 3.54% 的案例仅能被这条组合路径所解释，典型代表为湖北省（如图 3 - 6 所示）。在大数据产业发展试点示范等 4 项数字经济遴选项目中，湖北省入围项目数量均为中部第一，打造多个"科创飞地"，湖北省应急管理局实时更新应急信息和安全生产新闻，发挥政府与市场的协同作用。

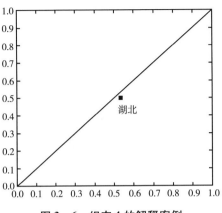

图 3 - 6　组态 4 的解释案例

组态 5 中，市场化水平发挥核心作用，数据管理能力、注意力分配和数字经济发展水平发挥辅助作用，被命名为"综合型"。该路径能够解释约 22.74% 的政府应急管理案例，约 6.56% 的政府应急管理案例仅能被这条路径所解释，典型代表为山东省和陕西省（如图 3 - 7 所示）。山东省加快推进信息基础设施建设和融合基础设施升级，建立灾害事故应急救援体系，逐步实现应急物资采购、储备、调配、使用等全过程数字化管理。

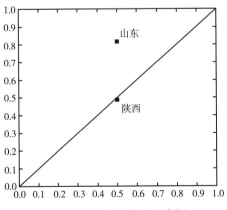

图 3 - 7　组态 5 的解释案例

## 三、我国东、中、西部政府应急管理效能差异化路径

按照东部地区 11 省份、中部地区 8 省份、西部地区 12 省份分区域研究差异化路径（如表 3−6 所示）。我国东部地区政府应急管理效能存在 1 种组态，我国东部地区处于经济水平、对外开放程度较高的区域，在数字化应急建设、组织优化和社会环境支撑等方面具有良好的基础条件。中部地区存在 3 种高水平政府应急管理效能提升路径，中部地区具有良好的资源优势，在应急物资仓储建设、转运中心建设中发挥关键作用，可以通过强化数据应急能力、智慧应急能力提升应急管理效能。西部地区存在 6 种组态，以"殊途同归"方式提升政府应急管理效能，我国西部地区在数字经济和数据基础设施建设等方面存在不足之处，需要在"国内国际双循环"背景下完善应急数据和智慧调度平台建设。

表 3−6　　　　东、中、西部政府应急管理效能（高水平）组态分析

| 条件组态 | 东部地区 | 中部地区 | | | 西部地区 | | | | | |
|---|---|---|---|---|---|---|---|---|---|---|
| | 组态 1−1 | 组态 2−1 | 组态 2−2 | 组态 2−3 | 组态 3−1 | 组态 3−2 | 组态 3−3 | 组态 3−4 | 组态 3−5 | 组态 3−6 |
| 数据管理能力（T1） | ● | ● | ● | ⊗ | ● | ● | ⊗ | ● | ⊗ | ● |
| 数据基础设施（P1） | ● | | ● | ⊗ | ⊗ | ⊗ | ⊗ | ⊗ | | ● |
| 注意力分配（A1） | ● | ⊗ | ● | ● | ● | ⊗ | ⊗ | ● | ● | ● |
| 政府信息公开（G1） | ⊗ | ⊗ | ⊗ | ● | ⊗ | ● | ● | ⊗ | ⊗ | ● |
| 市场化水平（R1） | ● | ● | ⊗ | ● | ⊗ | ⊗ | ⊗ | ● | ● | ● |
| 数字经济发展水平（D1） | ● | ● | ⊗ | ● | ⊗ | ⊗ | ● | ● | ● | ● |

| 条件组态 | 东部地区 | 中部地区 | | | 西部地区 | | | | | |
|---|---|---|---|---|---|---|---|---|---|---|
| | 组态<br>1－1 | 组态<br>2－1 | 组态<br>2－2 | 组态<br>2－3 | 组态<br>3－1 | 组态<br>3－2 | 组态<br>3－3 | 组态<br>3－4 | 组态<br>3－5 | 组态<br>3－6 |
| 一致性 | 0.925 | 0.963 | 0.990 | 0.965 | 0.886 | 0.975 | 0.980 | 0.984 | 0.937 | 0.951 |
| 原始覆盖度 | 0.269 | 0.330 | 0.275 | 0.212 | 0.216 | 0.190 | 0.166 | 0.201 | 0.195 | 0.286 |
| 唯一覆盖度 | 0.269 | 0.245 | 0.197 | 0.132 | 0.048 | 0.037 | 0.061 | 0.073 | 0.060 | 0.143 |
| 解的一致性 | 0.925 | 0.974 | | | 0.940 | | | | | |
| 解的覆盖度 | 0.269 | 0.665 | | | 0.690 | | | | | |

注：●或●表示该条件存在，⊗或⊗表示该条件不存在；●或⊗表示核心条件，●或⊗表示边缘条件；空白代表条件可存在也可不存在。

# 第五节　本章小结

本章结合"质性研究"和"组态视角"，分析了我国 31 个省份政府应急管理效能提升的运作机理、联动效应和组合路径。首先，通过质性研究提取数据赋能、组织优化和环境支撑三类驱动政府应急管理效能提升的主要因素，以及数据管理能力、数据基础设施、注意力分配、政府信息公开、市场化水平和数字经济发展水平二级影响因素。其次，采用模糊集定性比较分析方法探究了 31 个省份政府应急管理效能提升的组合路径，分别为"数据—环境型""组织—环境型""综合型"。最后，东、中、西部由于应急救援观念、应急体系建设程度、大数据发展总体态势的不均衡特征等因素，呈现出差异化的应急管理效能提升组态路径，具体而言，东部地区通过完善数据基础设施、提升应急信息公开程度、加强市场化水平和数字经济水平提升应急物资配送能力，中部地区通过完善数字化技术和提高数字经济水平提升应急智慧管理能力，西部地区通过提高市场化水平和政府信息公开程度提升应急救援智慧化水平。

数据赋能政府应急管理效能实践活动可以从以下几个方面开展：第一，政府应重点加强大数据技术和数据资源整合能力，加强数据平台建设和数据管理能力，发挥数据在应急物资保障中的创新驱动作用。第二，在数据赋能和组织优化欠缺的条件下，应通过社会环境保障强化应急管理效能的社会支撑，不断提升市场化水平和数字经济发展水平，发挥强大的经济环境保障、社会力量全员动员等作用，为应急物资政企联合储备、实时调度、社会再生产和社会捐助提供良好环境。第三，推动东、中、西部应急管理效能协调化、智慧化发展，由于地区基础条件和数据发展水平存在明显差异，应尽可能建立地区帮扶政策，形成完善的应急管理指挥调度和智慧管理平台，不断提升数据赋能的政府应急管理效能。

# 第四章 面向韧性城市建设下的 应急物流智慧化转型

## 第一节 研究背景

自然灾害、事故灾难、公共卫生事件和社会安全事件频发，对全球经济与社会发展带来了极大的威胁与挑战。2020 年，新型冠状病毒席卷全球，新冠疫情是 1918 年大流感以来全球最严重的传染病大流行，是第二次世界大战结束以来最严重的全球公共卫生突发事件，其复杂性、艰巨性前所未有[①]。根据联合国政府间气候变化专门委员会 2021 年发布的最新报告，未来全球气候变化加剧，人类将会经历更多极端天气。在此背景之下，城市作为聚集区域人口、产业和要素资源的复杂系统，必然面临着与日俱增的不确定性与风险。

"韧性"，即有效抵御、吸收、适应灾害，并从中恢复的能力，关乎城市生存与发展（邵亦文和徐江，2015；陈玉梅和李康晨，2017；陈安和师钰，2018）。韧性城市具有多样性、互依性、冗余性、适应性、稳健性等关键特征（Godschalk，2003；朱正威等，2021）。联合国住房和城市可持续发展大会于 2016 年正式通过《新城市议程》，指出要加快建设包容、安全、有韧性和可持续的城市和人类住区；党的十九届五中全会审议通过的《中共中央关于制定国民经济和社会发展第十四个五年规划和二〇三五年远景目标的建议》首次提出要推进以人为核心的新型城镇化，建设韧性城市。强化应急管理体系是增强城市韧性的基础，一方面，韧性城市的构建动机来自抵御和应对不确

<hr />

① 习近平. 构建起强大的公共卫生体系 为维护人民健康提供有力保障［J］. 求是，2020（18）：4-7.

51

定性与未知风险的现实需求；另一方面，韧性城市的目标实现需要依靠事前预测预警、事中处置应对、事后恢复重建等环环相扣的应急管理举措（庄国波和景步阳，2019）。在应急管理过程中，应急物流，即由于突发性因素导致的物流活动，包括由突发性因素产生的应急物流需求和为满足这些物流需求而进行的物流供给活动，是连通应急管理各项工作的保障（何明珂，2003；吕婧等，2020）。应急物流的运作效率和效果将直接影响人民生命和财产安全（马祖军等，2013；姜旭等，2020），是保障应急供应、推进生产生活平稳有序和增强经济韧性的"先行官"与"生命线"（何黎明，2021），构建面向韧性城市建设的应急物流是提升城市治理能力的关键环节和重要内容。

随着大数据、云计算、物联网、区块链、5G、人工智能等新一代信息通信技术的快速发展，流通领域已形成数据驱动与科技赋能趋势，智慧化成为"十四五"时期物流业的重点发展方向（俞彤晖和陈斐，2020；丁俊发，2021）。智慧物流具有智能化、柔性化、协同化、自组织等特点（Feng and Ye，2021），智慧化转型是对原有格局的创造性变革，旨在通过广泛应用新型数字技术，最终建立高效畅通且具有持续竞争优势的智慧流通体系（俞彤晖和陈斐，2020），不论是技术层面的系统架构设计还是运营层面的发展模式规划，智慧应急物流与传统应急物流系统都存在巨大差异，其中，架构设计是实现应急物流智慧化转型的基础，通过合理的架构设计分层次解构任务，有助于稳步达成整体预期目标（Liu et al.，2020）；运行模式则旨在通过全局规划，提出落实智慧化转型目标的具体环节与组织保障，有必要围绕上述两方面开展深入研究。已有学者围绕应急物流的内涵、运行机理、决策模型、保障机制等议题开展了丰富探索（王宗喜，2003；王旭坪等，2005；马祖军等，2013；王玮强等，2017），然而，现有研究多数聚焦于实现应急物流运作的时间效益最大化与灾害损失最小化，鲜见从韧性城市建设视角出发的应急物流研究，且上述研究没有充分反映应急物流的智慧化转型趋势。吕婧等（2020）从物资筹集、物资调度、物资运输三个环节出发，研究了公共卫生危机下基于智慧物流的应急物流能力优化方案；冯良清等（2021）研究了突发公共卫生事件下的"智慧塔"应急物流模式。但上述文献同样没有讨论韧性城市的特征及发展目标对应急物流智慧化转型过程中系统架构与运行模式的影响。

针对现有研究缺口，要实现韧性城市建设背景之下高质量的应急物流智慧化转型，既要从技术架构角度去开展创新设计，也要从运营模式角度规划和部署应急物流运行环节与保障措施。为此，本章拟从韧性城市建设视角切入，分析与韧性城市发展目标相匹配的智慧应急物流体系的功能要求，基于此，设计智慧应急物流的系统架构，最后从全局角度阐述智慧应急物流的运行模式。

## 第二节　韧性城市与应急物流的研究现状

采用 CiteSpace 5.8. R3 软件对韧性城市和应急物流两大领域的检索文献进行可视化分析，通过关键词共现和聚类分析明确领域研究热点和最新趋势。

### 一、韧性城市的相关研究

"韧性"一词起源于拉丁语"resilio"，其本意是"回复到原始状态"，早期多用于工程领域和生态领域：在工程领域，韧性是指物体受外力作用产生形变之后恢复到最初状态的能力；在生态领域，韧性则是指系统内部结构的持续性和系统承受外部因素干扰的能力（Holling，1973）。近年来，韧性一词被越来越多地引入社会系统研究中，社会系统韧性是指系统、社区及社会在遭受灾害时，及时有效抵御、吸收、适应灾害，并从中恢复的能力（Jabareen，2013；陈利等，2017）。随着城镇化率的提升，建设韧性城市，即具备通过合理准备、缓冲和应对不确定性扰动，实现公共安全、社会秩序和经济建设等正常运行能力的城市系统成为重要议题（邵亦文和徐江，2015）。

在中国知网数据库以"韧性城市"或"城市韧性"为篇名检索词进行精确检索，现有中文学术期刊 365 篇，如图 4-1 所示，从 2011 年开始，韧性城市的研究热度逐渐上升，2020～2021 年，我国学者对韧性城市的研究关注度达到 2011～2021 年峰值。

为了明确韧性城市研究领域的知识结构，直观显示领域研究现状，本章以"keyword"为节点类型，采用 CiteSpace5.8. R3 软件对 2011～2021 年的 365 篇韧性城市相关文献进行关键词共现网络分析，结果如图 4-2 所示。关键词是

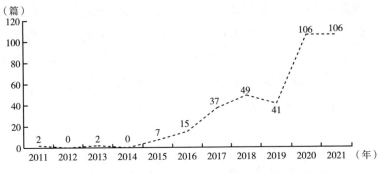

**图 4 - 1　2011 ~ 2021 年关于"韧性城市"的研究数量**

学术文献的核心概括，在关键词共现知识图谱中，节点圆圈大小表示关键词频次，关键词频次越高，表明该方向为领域内的研究热点。由图 4 - 2 可知，韧性城市、城市韧性、韧性始终是较受关注的关键词，近年来，学术界开始关注韧性城市与突发事件、应急产业等领域的交叉领域选题，但尚未得到深入系统的探究。

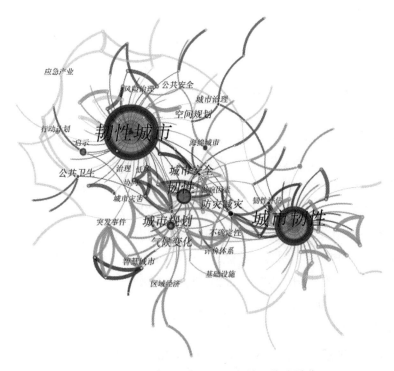

**图 4 - 2　韧性城市相关文献的关键词共现图谱**

通过 CiteSpace5.8.R3 软件计算、整理频次排名前 20 的关键词中介中心性，结果如表 4-1 所示。关键词的中介中心性是测度节点领域重要性的关键指标，其表示关键词在知识网络中关联的信息数量。根据表 4-1，"韧性城市""城市韧性""韧性""城市规划""城市安全""公共卫生"六个关键词的中介中心性分别为 0.97，0.85、0.36、0.37、0.10 和 0.11，均大于 0.1，为关键节点，出现频次分别为 236 次、108 次、34 次、14 次、11 次和 6 次，是目前韧性城市研究领域中具有重要影响力的细分研究方向。此外，随着城市治理理念的创新和治理情境的变化，相关研究中对"智慧城市""海绵城市""疫情防控"等关键词的关注度在提升。

表 4-1　　　　　　　韧性城市领域关键词词频、中心性分析结果

| 序号 | 关键词 | 频次 | 中心性 | 序号 | 关键词 | 频次 | 中心性 |
|---|---|---|---|---|---|---|---|
| 1 | 韧性城市 | **236** | **0.97** | 11 | 公共安全 | 8 | 0.02 |
| 2 | 城市韧性 | **108** | **0.85** | 12 | 海绵城市 | 8 | 0.03 |
| 3 | 韧性 | **34** | **0.36** | 13 | 空间规划 | 8 | 0.03 |
| 4 | 韧性评估 | 16 | 0.00 | 14 | 行动计划 | 7 | 0.06 |
| 5 | 防灾减灾 | 14 | 0.07 | 15 | 内涝灾害 | 6 | 0.00 |
| 6 | 城市规划 | **14** | **0.37** | 16 | ism | 6 | 0.00 |
| 7 | 启示 | 12 | 0.02 | 17 | 风景园林 | 6 | 0.03 |
| 8 | 气候变化 | 11 | 0.05 | 18 | 突发事件 | 6 | 0.04 |
| 9 | 城市安全 | **11** | **0.10** | 19 | 公共卫生 | **6** | **0.11** |
| 10 | 智慧城市 | 9 | 0.03 | 20 | 疫情防控 | 5 | 0.00 |

为呈现研究主题的结构特征，本章开展关键词聚类分析，如图 4-3 所示，按照群组由大到小，关键词聚类类别如下：#0 城市韧性、#1 韧性城市、#2 韧性、#3 风险治理、#4 城市规划、#5 适应、#6 方法、#7 应急产业、#8 机器人、#9 风景园林。

进一步研读既有文献的具体研究内容，可以发现多数学者从城市治理和风险治理视角出发开展研究，研究关注点聚焦于勾勒不同情境下的韧性城市理想图景（朱正威等，2021）。部分学者围绕强化城市工程质量、城市安

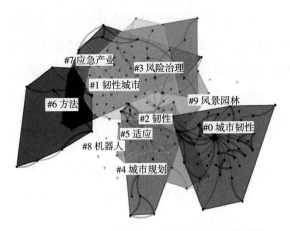

**图 4 - 3　韧性城市相关文献的关键词聚类图谱**

全、生态环境等角度探索了韧性城市的特点与规划策略，例如，郑艳等
（2013）研究了低碳韧性城市的构建途径和政策选择，其关注点在于通过降
低温室气体排放减缓气候变化，增强城市发展的可持续性；高恩新（2016）
提出从城市安全角度来看，韧性城市要抛弃躲避、隔离和抵御策略，应采取
适应、调整和改进策略。一些学者围绕韧性城市的特征及其评价开展了探索
研究，戈德沙尔克（Godschalk，2003）指出韧性城市体系需要满足以下关
键特征：冗余性，即系统需要具备可替换要素或备选方案；多样性，即不同
功能的组件共同服务于系统的风险抵御系统；适应性，即系统能够快速根据
外部环境调节自身功能；互依性，即系统各部分组件需要相互关联与支持；稳
健性，即系统能够抵抗和应对外部冲击并快速恢复。根据美国洛克菲勒基金会
与奥雅纳工程顾问公司联合开发的城市韧性框架及其指标体系，城市韧性是一
个城市的个人、社区和系统在经历各种慢性压力和急性冲击下存续、适应和成
长的能力，涵盖政府、组织、地方和人四大维度，"政府"涉及领导力与发展
战略，"组织"关注经济和社会治理效果以及安全性，"地方"维度评价基础
设施与生态系统，"人"聚焦于健康福祉层面（陈利等，2017；朱正威等，
2021）。阿拉法赫等（Arafah et al.，2018）提出韧性城市体系需要考虑脆弱性
分析、灾害预防、规划设计以及城市治理等诸多环节及相应的影响因素。赵瑞
东等（2020）指出韧性城市的五大维度——经济韧性、社会韧性、制度韧性、
生态韧性以及基础设施韧性。仇保兴等（2020）指出韧性城市的构成要素包

括主体性、多样性、自治性、冗余和慢变量管理。

纵观现有研究，开展韧性城市建设视角下应急物流体系研究的文献较少，尽管徐珺（2020）和李晔等（2020）开展了以提升韧性为核心的城市交通规划研究，但他们的研究仍是从治理角度分析韧性交通的特点，进而提出发展策略，缺乏对应急物流体系构建与运行模式的有效指导与建议。

## 二、应急物流的相关研究

应急物流是指由突发性因素导致的物流活动。在中国知网数据库中以"应急物流"为篇名关键词进行中文学术期刊论文精确检索，2003～2021年发文量如图4-4所示。

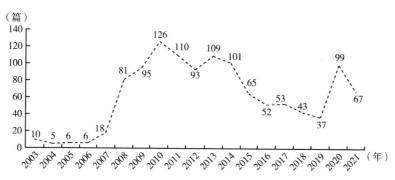

图4-4 2003～2021年关于"应急物流"的研究数量

我国聚焦于"应急物流"的研究可追溯至非典暴发之后，在党中央和国务院的领导下，全国人民众志成城取得了2003年抗击非典的胜利，然而，非典事件给中国经济造成了176亿美元的经济损失，由于物流活动造成的成本损失超过30亿元（何明珂，2003）。根据图4-4，2004～2010年，应急物流相关文献数量急剧增加，2010～2019年，研究数量有所回落，2020年再次达到峰值，两次研究数量突增的节点分别对应"5·12"汶川地震以及新冠疫情暴发事件。对2003～2021年与应急物流相关的1176篇文献以"keyword"为节点类型进行关键词共现网络分析，结果如图4-5所示。

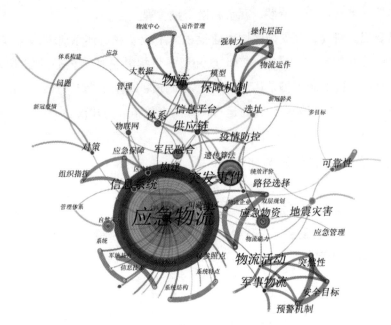

**图4-5 应急物流相关文献的关键词共现图谱**

排名前20的关键词词频及其中心性如表4-2所示。"应急物流""突发事件""应急物资""物流"的频次和中心性分别为839次（0.92）、77次（0.48）、47次（0.27）、29次（0.37），是应急物流相关文献中具有重要桥梁价值的研究热点。

表4-2　　　　　　　　应急物流领域关键词词频、中心性分析结果

| 序号 | 关键词 | 频次 | 中心性 | 序号 | 关键词 | 频次 | 中心性 |
|---|---|---|---|---|---|---|---|
| 1 | 应急物流 | **839** | **0.92** | 11 | 地震灾害 | 19 | **0.14** |
| 2 | 突发事件 | **77** | **0.48** | 12 | 保障机制 | 17 | **0.14** |
| 3 | 应急物资 | **47** | **0.27** | 13 | 遗传算法 | 16 | 0.02 |
| 4 | 自然灾害 | 38 | 0.04 | 14 | 构建 | 15 | 0.06 |
| 5 | 军民融合 | 30 | 0.06 | 15 | 可靠性 | 15 | 0.09 |
| 6 | 物流 | **29** | **0.37** | 16 | 物联网 | 13 | 0.01 |
| 7 | 供应链 | 21 | 0.08 | 17 | 区块链 | 12 | 0.02 |
| 8 | 对策 | 21 | 0.13 | 18 | 信息系统 | 12 | 0.08 |
| 9 | 选址 | 19 | 0.01 | 19 | 军事物流 | 9 | 0.12 |
| 10 | 体系 | 19 | 0.14 | 20 | 管理体系 | 8 | 0.00 |

对应急物流的研究关键词进行聚类分析，得到聚类标签如图 4 - 6 所示，按照群组由大到小，关键词聚类类别如下：#0 应急物流、#1 突发事件、#2 物流企业、#3 保障机制、#4 绩效评价、#5 物流活动、#6 新冠疫情。

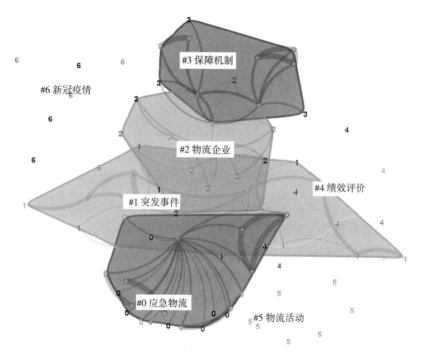

**图 4 - 6　应急物流相关文献的关键词聚类图谱**

从文献具体研究内容来看，早期研究中，学者们主要聚焦于对应急物流内涵的讨论（高东椰和刘新华，2003；高丽英，2003）。与应急物流紧密相关的两个概念是"军事物流"与"常态物流"。应急物流与军事物流具有一定的共通性，均强调在战略指挥、信息通信、物资保障、人员组织等层面的及时性、精准性和有效性，军事物流指令性更强，尤其在战争爆发时，需将军事利益放在首位（高丽英，2003），应急物流除涉及军事救援力量外，还需要社会应急力量的参与配合（李继中等，2020）。与常态物流相比，应急物流具有突发性、时效性、不确定性、非常规性、峰值性、弱经济性等特点，常态物流的运行机制难以满足应急情况下的物流需求，在面对重大灾情险情时，常态物流的经济效益最大化不是应急物流活动的核心原则，应急物流追求生命安全、社会稳定、经济效益等多维目标均衡（高东椰和刘新华，2003；王旭坪等，2005）。

随着研究的深入，文献选题从面向理论探索的研究议题，如应急物流的内涵与特点、运行机理、机制保障等（王宗喜，2003；赵新光等，2003；王旭坪等，2005），逐渐拓展为面向新兴情境与聚焦实践应用的议题，包括应急物流选址（马祖军等，2013；王海军等，2016）、应急物流系统规划（楼振凯，2017）、应急物流路径选择（王玮强等，2017）、应急供应链体系（姜旭等，2020）、应急物流发展模式（黄定政和王宗喜，2013；冯春和于彧洋，2014；冯良清等，2021）、考虑决策者心理行为特征的应急物流决策（徐君翔和张锦，2021）以及后疫情时期的应急物流优化研究（刘明等，2020a，2020b）。

随着数字经济与传统经济深入融合，应急物流的智慧化转型得到实践者与研究者的高度关注。在实践中，建设智慧应急物流体系成为破解传统应急物流堵点的有效手段。例如，在抗击新冠疫情初期，应急物资保障在供需匹配、环节链接、要素配置等方面出现了效率低下、调度失衡等问题，随着智慧应急物流介入，物流系统的精细化分析与决策水平显著提升，九州通医药物流公司依托云仓情景数字智能供应链体系和应急保障系统，实现了应急运营数据与资源调度的集中管理和智能分析，保证了端到端应急物资高效流通、监管与反馈；中储南京智慧物流科技有限公司研发了"智援"应急物流调度系统，实现了社会运力精准匹配与高效供给。近年来，与应急物流信息系统构建、基于新兴技术应用的智慧应急物流相关的文献数量迅速增加，李等（Li et al. 2014）提出了基于数据挖掘的应急物流信息系统，包括预警、储备、分配、监控、决策与评价六大子系统；李继中等（2020）构建了以大数据平台为核心、以区块链技术为支撑的应急物流信息系统架构；吕婧等（2020）和冯良清等（2021）探索了突发事件背景下的智慧应急物流能力以及智慧应急物流发展模式；刘明等（2020a）从数据驱动的视角构建了包含疫情扩散分析、应急物流网络设计、数据收集处理和参数调整更新等环节的应急资源调度优化模型。还有一些学者分析区块链、物联网等新技术与应急物流需求之间的耦合机理与应用前景（丁璐等，2020；李旭东等，2020）。然而，尚未有文献深入分析韧性城市建设目标对应急物流智慧化转型的影响及应对思路。

综上所述，围绕韧性城市和应急物流两大领域，学者们已开展丰富的前期研究，部分学者关注到韧性交通规划，但未结合智慧应急物流的功能及特征开展深入分析，鲜有学者从韧性城市视角切入研究智慧应急物流的系统架构及其运行模式。

## 第三节 韧性城市建设视角下智慧应急物流的功能要求

在数字经济时代，新一代信息通信技术迅速发展，智慧应急物流能够实现应急物流各环节的精细化、动态化、可视化管理，显著提高系统智能化分析决策和自动化执行能力，在智慧预警、智慧共享、智慧运输和智慧服务等方面发挥重要作用（冯良清等，2021），是实现应急物流现代化的关键举措。基于此，韧性城市建设目标对智慧应急物流系统提出更为明确和聚焦的功能要求。目前针对韧性城市存在多种评估维度（Godschalk，2003；邵亦文和徐江，2015；陈玉梅和李康晨，2017；仇保兴等，2020；赵瑞东等，2020），本章基于不同学者和机构提出的韧性城市内涵与评价指标，总结了被学者们普遍提及的韧性城市特征，包括多样性、冗余性、适应性、稳健性、互依性和协调性，具体含义如表4-3所示。

表4-3 韧性城市建设视角下智慧应急物流体系的功能

| 韧性城市的特征 | 韧性城市建设视角下智慧应急物流体系的功能 |
| --- | --- |
| 多样性：应对不确定性和威胁的多种解决方案 | ● 建立完备的应急物流功能以及应急物资储备，服务于基础设施、建筑、生态等多种城市子系统的物流需求；<br>● 建立去中心化、分布式智慧应急物流中心仓和智慧枢纽，支持实现智能化、可视化的应急选址、仓储调配和运输路径规划 |
| 冗余性：同类型组件存在可替代性选择 | ● 建立物流提供商储备库、数据库，实现对可调用应急物流能力的实时可视化管理，开展定期应急演练；<br>● 激活常态物流能力，实现"平时服务，急时应急，战时应战" |
| 适应性：根据外部条件变化调整系统功能 | ● 实现应急物流数据（物流供需信息、地理位置信息、传感器数据等）采集、上传、更新、共享；<br>● 应急物流系统自动学习功能，部分应急功能自动执行；<br>● 应急需求的峰值性要求智慧应急物流系统具备柔性；<br>● 应急预警、应急演练、紧急需求响应等功能与常态物流功能独立运行，降低子系统之间的耦合程度 |

| 韧性城市的特征 | 韧性城市建设视角下智慧应急物流体系的功能 |
| --- | --- |
| 稳健性：面对不确定性与风险时强大的抵御、吸收和回弹能力 | ● 建立完备的智能化风险分析、预测、预警、预案体系；<br>● 基于大数据分析实现精准供需匹配功能，保障合理运输；<br>● 充分利用物流作业机器人和无人机，实现偏远地区和救援难度较大地区的"黄金时间"响应；<br>● 应用数字孪生、区块链等智能技术，助力城市重建与灾后保障 |
| 互依性：不同子系统相互支持、共同抵御外部扰动 | ● 通过智能感知互联，共享应急数据，释放信息跨界融合的潜能；<br>● 各应急物流功能之间预留标准化接口，实现功能之间的连接与整合，如建立基于应急物流历史数据的经验分析数据库，实现智能预警、预案规划；<br>● 建立基于智能技术的数字化信息平台，实现物流、信息流、资金流的匹配、真实记录、储存和追溯 |
| 协调性：应对灾难的规划、组织、协调与控制能力 | ● 集成化、扁平化的应急物流运作系统，减少纵向传递层级；<br>● 组建城市应急物流组织联盟，实现各环节的生态化协作，促进物流生态子群的交互；<br>● 构建军地一体化智慧应急物流体系，兼具指令性和灵活性 |

据此，本章提出面向韧性城市建设的智慧应急物流体系应具备的功能。总体而言，一方面，应急物流作为城市建设的子系统，需要满足韧性城市的特征，不仅强调对突发事件的响应与救援，使其恢复原始状态，更重要的是在提升抵御和恢复能力的同时，增强系统的学习能力和适应性；另一方面，智慧应急物流系统应具备可感知、可视化、可追溯能力，通过技术、流程、机制等方面的智慧化转型，破解传统应急物流管理的难点，提升城市韧性。

具体而言，第一，韧性城市具有多样性，即当突发事件造成城市系统功能受损时，可以依靠多个并行模块实现系统的持续运行。为此，智慧应急物流体系应具备完备的应急物流功能，储备应急物资并定期进行物资更新，保障应急物资的有效性，实现对韧性城市的基础设施、建筑、生态系统等子系统的快速响应和有效支撑；应建立并行、去中心化的仓储和运输体系，通过数字化分析，服务于应急物流选址、仓储调度和运输路径等环节的智能化决策与自动化执行。

第二，冗余性是韧性城市的重要特征，即重要功能需要具有可替代选择和备用设施，在时间和空间上分散风险，避免城市崩溃（陈安和师钰，2018）。

针对应急物流能力供给，通过智慧化转型，应实现对可调用应急物流提供商的实时可视化管控，通过定期应急物流演练，保证应急物流方案的可靠性、冗余性，建立多元空间数据库，保障原始数据的安全备份和不可篡改；应该对常态物流能力进行应急状态部署，与新型数字化技术进行深度融合，建立智慧决策系统，实现"平时服务，急时应急，战时应战"，平衡应急物流和常态物流能力的整体布局。

第三，为了提高应急物流对外部扰动的适应性，即应对外部变化，灵活调整系统功能的能力，需要建立基于历史数据和实时数据综合分析的大数据库，汇总海量的时空信息、温湿度信息、应急物流供需信息等，并且通过大数据、5G、云计算、物联网等新一代信息通信技术进行自动分析、自主学习和智能执行，实现对变化趋势的模拟、监测、干预、防伪、追溯等功能，帮助相关企业和组织制定精细化应对措施；考虑到应急物流具有峰值性，应急物流系统需要基于智能感知、分析和执行，提升运作柔性，以应对短时间内的需求突变；为了降低功能之间的相互影响，应在系统架构设计时降低应急物流功能与常态物流功能的耦合。

第四，为支撑韧性城市的稳健性，即面对不确定性与风险时的抵御、吸收和回弹能力，要求智慧应急物流系统高效畅通，且具备可持续性。在事前阶段，建立智能化风险分析和预测预警体系，以保障后续的应急物流采购、设施设备布局、应急物资仓储运输以及应急物流方案的智慧决策和适配（魏宇琪等，2019）。在事中阶段，获取统计运力资源和应急需求，完成高效精准的供需匹配是应急物流智慧化转型的核心功能，此外，针对偏远地区和特别重大灾害之下第一现场的黄金救援，要以物流作业机器人替代或补充人工物流提供商，提高作业效率。在事后阶段，智慧应急物流需要为城市数字孪生提供实时图景、区域数据等信息，通过区块链技术帮助相关部门完成信任治理，开展数字化重建。

第五，韧性城市需要满足互依性，不同城市子系统共同抵御外部风险扰动。各要素之间缺乏联系会增加整个系统的脆弱性。信息共享是多系统无缝衔接的前提，通过实现应急物流感知互联，充分释放信息与数据促进跨界融合的潜能；各子系统之间需进行必要的标准化接口建设，保证应急供应链中的数据传递和功能支持；智慧应急物流不仅需要保障纵向供应链中的实物流、信息流对接畅通，还需要保障资金流的可持续健康运转，面对突发事件，低精准度的信息反而会加剧各方连接过程中的"信任危机"，因此有必要通过建立数据信息平台，保证全流程信息的真实记录、储存与公布。

第六，构建韧性城市需要相关组织具有应对灾难的协调能力。为缩减物流和信息流的传导层级，最小化指令传达时间，最大化应急作业效率，应急物流体系在智慧化转型过程中要完成集成化运作系统的构建，以共生为原则实现物流供给方和物流需求方两大核心子群内部、子群之间的联动（Liu et al.，2020），实现应急物流网络及能力相互复用，应急物流需求方之间基于信息共享的有效自救。高效的智慧应急物流需要行政力量和军事力量介入，保证应急物流供给侧的在位率、出动率、装备完好率，但单独依靠军方应急物流力量难以满足巨大灾情之下的应急需求，构建军地一体化的智慧应急物流体系有利于提升城市韧性，有效整合人才、技术、信息、资金等各类要素，形成强大合力（黄定政和王宗喜，2013；米俊等，2021）。2020年7月，应急管理部救援协调和预案管理局与顺丰集团签订了战略协议，双方将共同提高灾害事故救援装备和救灾物资物流联动能力。

## 第四节 面向韧性城市建设的智慧应急物流系统架构设计

为满足面向韧性城市建设的智慧应急物流体系功能要求，从技术层面来看，需构建全新的系统架构，通过将系统解构为若干环节，厘清各环节内部交互作用以及各环节之间的层级支撑作用。本章提出五层级智慧应急物流系统架构，包括数据采集层、数据存储层、数据分析层、业务逻辑层和服务应用层，如图4-7所示。

首先，为提升城市韧性，智慧应急物流系统需要强化应对不确定性的能力，通过大数据分析，强化监测预警和可视化管理，支撑多样化的城市功能运行。数据采集层是智慧应急物流系统架构的"土壤层"，系统通过智慧感知技术，包括条码自动识别技术、RFID感知技术、GPS感知技术、传感器感知技术、红外感知技术、语音感知技术、机器视觉感知技术等，充分挖掘和获取数据（王继祥，2018），并通过与应急管理各级部门的数据系统对接，获取应急物资、应急人力运力、应急需求、气象信息、灾情信息等历史数据和实时数据。

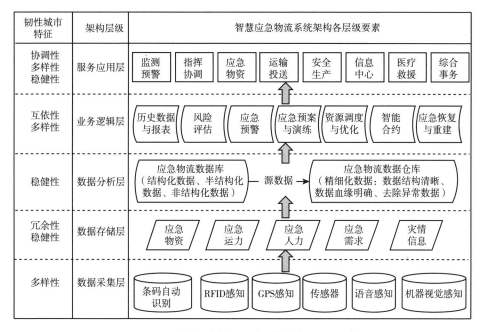

**图 4-7　面向韧性城市建设的智慧应急物流系统架构**

其次，构建数据存储层，储存原始数据，包括系统内部数据和通过其他途径抽取的外部数据，存储层不对原始数据进行过度处理，以保障后续应急物流的数据可追溯。考虑到应急物流数据的多源特点，可在数据存储层采用区块链分布式记账技术，保证上链信息的科学分类、自动加密和不可篡改。面向韧性城市的智慧应急物流需要保障数据的冗余性，提前进行备份与容灾演练，持续完善与增强城市系统的数据抗风险能力。

在此基础上，由于应急物流数据来源广、异构程度高，数据分析层需要对数据进行清洗和加工，实现高效抽取、汇聚和整合。数据仓库具有面向主题、集成化、相对稳定、能够反映历史变化等特点，可保证数据实时计算和海量异构数据的保存，通过配置主备链路进一步满足韧性城市视角下对应急物流体系提出的快速响应、精准匹配以及抵抗外部扰动等需求。因此，智慧化的应急物流系统架构可采用数据仓库提取数据价值，形成面向业务应用逻辑数据粒度的精细化数据，支持应急物流的智能化决策。

基于数据分析层的处理结果，在业务逻辑层中，智慧应急物流系统可调取和实现历史数据分析、报表生成、风险评估与模拟预警、预案与演练、资源调度与优化、智能合约以及突发事件之后的应急恢复与重建等相关业务，将数据分析结果应用于应急物流的业务应用。业务逻辑层是系统架构的"树干"结构，负责接收来自服务层的数据请求，逻辑判断后，向数据访问层提交请求，并向架构上层传递数据访问结果，提供组合功能支撑，通过事前分析、事中响应和事后响应有助于保障韧性城市的多样性特征。为了实现韧性城市各模块的相对自治和互依性，在架构业务模块设计过程中，应当尽可能实现模块"高内聚、低耦合"，保障模块内功能实现，易维护、易复用，避免修改模块内部功能时对其他模块内容产生影响。

最后，智慧应急物流系统架构的输出成果体现在服务应用层，即多种应急物流决策场景。服务应用层为应急物流决策者提供交互操作与执行界面，包括应急监测预警、应急指挥协调、应急物资保障、应急运输投送、应急安全生产、应急信息共享、应急医疗救援、应急综合事务处理等。不同应用模块组成稳健系统，通过生态化合作，实现应急物流供给子群之间的能力互用以及应急需求子群的有效自救机制，以集成、协调优势，化解外部扰动对应急物流系统的威胁，增强城市韧性。各架构层级独立作业，层级间相互支撑，保障系统功能实现。

# 第五节　面向韧性城市建设的智慧应急物流运行模式分析

基于上述应急物流系统架构，面向韧性城市建设的智慧应急物流运行以提升不确定环境下城市韧性为目标，包括多样性、冗余性、适应性、稳健性、互依性和协调性。各类物流企业应在强化应急能力建设的同时开展差异化竞争，结合能力优势，强化应急物流采购、运输、配送、逆向物流等节点功能，通过多方协同作业，提升整体应急物流运作效率，增强城市面对不确定性的稳健性。韧性城市建设视角下的智慧应急物流运行模式如图4-8所示。

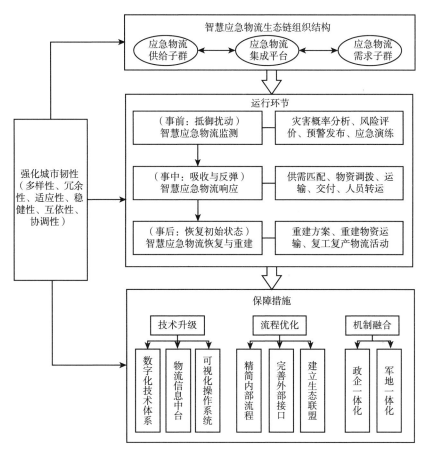

**图4-8　面向韧性城市建设的智慧应急物流运行模式**

　　面向韧性城市建设的智慧应急物流运行组织结构应构建高度集成化的应急物流链条，各方成员具有"共融共生"的发展目标，用以实现生态化合作，这种链条被称为智慧应急物流生态链，其核心结构如下："应急物流供给方—应急物流集成平台—应急物流需求方"。其中，应急物流集成平台负责统一领导，提出统筹措施，提高应对突发事件的物流响应速度，并通过汇集海量数据和信息，实现应急物流运力与应急需求的智能化、精细化匹配。作为应急物流供给方和需求方的中间桥梁，应急物流平台可有效协调各方成员，改变传统的多层级纵向连接的应急物流网络结构；在应急物流供给子群中，集成平台有助于实现供给方的资源优化配置，在应急物流需求子群中，通过与社交平台等宣传方式深度结合，实现日常应急演练，从而建立突发事件下有序的社会自救机制和组织。

面向韧性城市建设的智慧应急物流运行环节主要包括三个阶段：（1）事前阶段。主要任务是构建应对不确定扰动的抵御能力，智慧应急物流系统根据历史数据与实时数据开展分析，测度各类灾害概率，通过全面风险评价体系发布预警，制定可行的应急预案与演练计划并不断调整，各级应急物流组织根据灾情预测数据进行应急资源储备，调用应急物流供应力量。（2）事中阶段。需要支持城市系统在承受外部威胁的情况下最大化吸收和反弹，不断调整自身功能以适应外部变化，智慧应急物流响应程序主要包括基于智能化技术的指挥协调、供需匹配、仓储物资调用、物资运输与交付、受灾群众与伤员转运等。（3）事后阶段。需要通过智慧应急物流完成城市恢复与重建，主要活动包括基于物流数据自动模拟的基础设施重建方案、重建物资运输，以及助力实现复工复产的生产性、生活性物流活动。事前、事中、事后三个阶段的智慧应急物流活动高效衔接、形成合力，服务于城市韧性强化。

保障面向韧性城市建设的智慧应急物流系统顺畅运行的相关措施主要包括技术升级、流程优化和机制融合。从技术升级角度来看，智慧应急物流体系需要构建大数据、云计算、区块链等技术的数字化基础技术体系，建立物流信息中台，汇集、整合上下游应急物流供给方和需求方的信息，实现应急物流数据加密存储、多方实时共享，支持应急物流生态链中相关业务的功能实现；通过智能算法，实现各物流节点的运输路径优化和配送方案自动决策，最大化运作效率与精确性；通过可视化系统实现对应急物流运力的透明化运作及监管，通过人力救援力量与物流机器人协同作业，完成巨灾风险、偏远地区和极端环境等情境下的应急物流作业。从流程优化角度来看，为了实现韧性城市的多样性和互依性，智慧应急物流需要精简内部流程，提高作业效率，例如简化物流手续，基于智能化和可视化系统，将应急物资供应商的资质认证和动态审核、物资溯源需求等工作流程前置；建立应急标准体系，便于应急物资的高效包装、仓储和运输；此外，需要完善外部接口，加强应急协调指挥中心的预案管理与联动演练，完善物资采购、仓储、运输、配送各工作流程、多救灾主体之间衔接工作的定期核查，提高突发事件下应急物流的协同作业能力，通过生态化发展促进应急物流系统的良性循环。从机制融合角度来看，应按照"统一领导、综合协调、分类管理、分级负责、属地管理为主"的应急管理体制，基于多主体数据共享，建立实时全域覆盖、规划统筹协同的"政企一体化、军地一体化"智慧应急物流融合机制：充分发挥政府在政策支持、价值引导、信息发布、重大决策、平台建设等方面的领导作用，建立各级智慧化应急物流协调指挥中心，体现"以上率下，上下联动"的综合治理优势；充分激发物流企业的能动性，鼓励和支持企业增强应急物流能力；以军方物流能力打通极端灾害和偏远地区的黄金救援通道，及时开展对灾区伤员的医疗救援和转运，以地方物流力量作为属地基础力量，保障应急物流的可持续运行，最终形成多元参与、立体支撑、迭代创新的智慧应急物流体系，提升城市韧性。

# 第六节　本章小结

在新发展格局之下，建设韧性城市对于推进经济社会高质量发展具有重要意义，韧性城市需要满足多样性、互依性、冗余性、适应性、稳健性等目标，应急物流体系是强化城市韧性的核心系统之一，在数字经济时代，应急物流系统需要以韧性城市建设为导向，在技术架构和运行模式等层面开展智慧化转型。本章基于已有文献对韧性城市的内涵界定与评价标准，面向韧性城市建设的智慧应急物流体系功能，基于此设计了支撑相应功能的五层级应急物流系统架构，并从组织结构、运行环节和保障措施三大维度提出智慧应急物流运行模式，研究结论可以为韧性城市建设以及应急物流智慧化转型的相关研究者和实践者提供思路，为有关部门提供有益的决策参考。

# 第五章 基于"智慧＋共享"模式的企业应急物流能力优化

## 第一节 研究背景

近年来，自然灾害、社会安全事件等各类突发公共事件多发频发，对人类生命财产安全造成了巨大的威胁和损失，如 2003 年非典（SARS）事件、2008年四川汶川大地震、2010 年玉树地震以及 2020 年席卷全球的新冠疫情，均给社会带来了极大恐慌，给经济发展造成了严重危害。高效及时地应对突发性公共危机、稳步提升应急救援效率与效能成为应急管理体系建设的应有之义。党的二十大报告提出构建大安全大应急框架，阐明"安全第一、预防为主"的指导方针，进一步强调了重大突发公共事件背景下应急保障能力和应急力量建设的重要性。作为应急治理体系的关键一环，应急物流能力建设受到了国家的高度重视，国务院颁布的《关于〈"十四五"现代流通体系建设规划〉的批复》等政策文件中明确强调了应急物流的重要地位。企业是应急物流体系的主体，回顾此次新冠疫情治理防控工作，面对突发的急剧增长的防疫应急物流需求，我国应急物流企业在应急响应机制、供需匹配、资源配置等环节暴露出诸多问题，提升应急物流能力迫在眉睫。

当前，以人工智能、物联网、大数据为代表的数字技术在物流领域得到广泛应用，物流业智慧化转型为行业发展注入新的活力。同时，为了减少重复建设，提升物流作业效率，物流业共享化也成为热门方向，可以有效实现资源整合。在数字经济与共享经济发展的双重时代背景下，"智慧＋共享"物流模式应运而生，作为物流智慧化与物流共享化理念融合的产物，其能够有效促进物流系统重点功能环节相互作用、相互协调，推动应急物流体系数字化转型与资源高度共享（钱慧敏，2019；胡晓静，2019；卫慧敏，2019；钱慧敏，2020）。"智慧＋共享"物流模式不仅是智慧物流与共享物流的结合，也强调两者的协调发展与联结互动，智慧物流侧重从技术层面优化传统物流体系，共享物流侧重从均衡视角对物流资源进行优化配置，任何一种模式单独运作都不能保证物流企业的高效运行（甘霖，2020）。2021 年，郑州"7·20"特大暴雨灾害爆发，新易泰物流企业紧急启动应急预备方案，应用大数据技术整合应急资源，构建应急指挥平台共享物流信息，实现各地分仓联动、仓储分流，最大限度满足灾后居民日常生活需求，实现灾害损伤最低化与应急救援效用最大化。

　　在重大突发事件背景下，针对应急物流发展难题，物流企业迫切需要以智慧化、共享化为导向重构应急物流管理体系，提升应急救援效率，优化应急物流能力。纵观现有研究，"智慧＋共享"模式对物流企业应急物流能力的影响机制尚不清晰，如何充分发挥"智慧＋共享"模式优势，切实优化企业应急物流能力，亦缺乏坚实的理论支撑，亟待开展深入研究。

## 第二节　研究内容

　　考虑数字经济时代应急物流新特征，基于已有文献，本章探索性构建"智慧＋共享"应急物流模式，旨在以"智慧物流"系统提升应急物流效能与水平，以"共享物流"系统加强应急物流互动与共享，助推现代应急物流系统实现可持续发展。本章综合运用问卷调查法、实证分析法等研究方法，以提升大数据时代物流企业应急物流效率与能力为研究目标，具体地，拟从"智慧＋共享"模式、价值共创体系、环境动态性、应急物流能力等方面进行理论模型构建以及实证研究分析，试图搭建"智慧＋共享"现代应急物流模式与物流企业应急物流能力之间的关系桥梁，探究突发事件背景下"智慧＋共享"现代应急物流模式对新时代物流企业应急物流能力的作用效果与影响机理。

# 第三节　文献综述

## 一、应急物流能力文献综述

鲍尔索克斯和克洛斯（Bowersox and Closs，1996）基于服务与成本相匹配的角度对应急物流能力概念进行界定，重点关注物流企业以一定成本提供优势产品与服务的能力。福塞特和斯坦利（Fawcet and Stanley，2010）从物流企业的物流服务质量、配送效率、柔性协调、变革创新等方面对其物流能力进行评估。国内研究起步相对较晚，刘小群（2007）对应急物流能力的概念与内涵进行较为完整的界定与剖析，说明了其包含要素和特点，指出应急物流能力综合表现为灾害应急救援中某应急物流系统的整体能力。在此基础上，林远明（2010）指出在应急需求分析、物资筹集运输、灾后恢复重建等应急救援全流程中，应急物流能力更多表现为物流及时性、准确性与可靠性的综合反映，从而对应急物流能力的概念进一步进行完善。

关于应急物流能力问题，学者们运用不同方法从不同角度对突发事件应急物流能力进行评价。阿克等（Akella et al.，2003）构建模型对应急通信设施管理的可靠性进行评估。周尧（2009）从指挥协调能力、物流运作能力、信息处理能力三个方面建立评价指标体系，运用 ANP 网络层次分析法评价了自然灾害应急物流能力。罗伯特等（Robert et al.，2011）以消防系统资源为例研究了突发事件的资源需求量并展开评估。孙君等（2013）基于燕尾突变理论构建了应急物流能力系统突变模型。学者们通常假定应急物流能力的发展是线性过程，运用的主要方法有层次分析法、网络分析法、模糊层次综合评价等（董华和杨卫波，2003；Wang et al.，2010；Zheng et al.，2010；Mao et al.，2010；张永领，2010；汪志红等，2011；余廉和曹兴信，2012；孙君和谭清美，2013）。如表 5 - 1 所示，应急物流能力既有文献成果主要集中于应急物流能力的评价指标与评价模型的相关研究。

表 5 – 1                                          应急物流能力相关研究

| 研究领域 | 核心观点 | 代表文献 |
|---|---|---|
| 评价指标 | 相关研究在既有应急物流能力的评价指标研究基础上，厘清突发事件应急物流保障机制的构成体系和影响因素，剖析应急物流能力概念内涵与作用原理，分别构建包含组织建设能力、信息能力、反应能力等多重指标的应急物流能力评价体系 | 周尧（2009）；聂彤彤（2011）；杨佳（2012）；任向阳和王姝（2013）；胡芳（2013）；吴竞鸿（2014）；丁鹏玉（2015）；邹忠义（2016）；黄辉等（2017） |
| 评价模型 | 相关研究从应急物资供应管理流程出发选取指标，运用网络分析法确定合理指标权重，构建的模型包括：基于 AHP – FGT、基于数据包络—模糊综合评价的应急物流能力评价模型，基于希尔伯特空间的应急物流保障能力评价模型以及模糊灰色评价模型 | 李建国（2007）；邓爱民（2010）；姚冠新（2012）；李颖（2013）；邹辉（2013）；孙君（2014）；陈建华（2015）；张苑秋（2015） |

　　已有学者对应急物流能力在不同模式下的表现形式进行综述，分别是"智慧物流"模式下应急物流能力的表现形式、"共享物流"模式下应急物流能力的表现形式、"智慧 + 共享"模式下应急物流能力的表现形式。

　　1. "智慧物流"模式下应急物流能力的表现形式。智慧物流具有智能化、柔性化、协同化、自组织等特点，利用物联网、大数据、云计算、智能软硬件、感应器、传感网络等现代信息技术，能够在流通过程中获取应急信息，从而分析信息作出应急决策，使应急物资从源头开始被实时跟踪与管理，强化解决应急物流问题的能力，实现信息流快于实物流，赋予应急物流系统自动化、可视化、可控化、智能化、网络化、柔性化等新特征（俞彤晖和陈斐，2020；丁俊发，2021；Feng and Ye，2021；冯良清等，2021；陈美华，2023）。"智慧物流"模式下，应急物流能力的影响研究将从应急物资的筹集、调度和运输三个环节入手，以分析如何利用智慧物流技术有效整合物流信息以实现应急物流能力的提升优化（吕婧等，2020；李旭东等，2020）。

　　2. "共享物流"模式下应急物流能力的表现形式。区别于传统物流，共享物流突破了传统物流系统不能对应急闲置资源进行共享、应急产业链信息不通畅的局限，推动应急物流体系互连互通，有利于整合应急物流资源，实现社会应急物流资源共享，降低整个社会应急物流成本，从而提高应急物流行业效率，增强物流企业应急物流能力（胡凤英，2015；穆晓央，2019）。

　　3. "智慧 + 共享"物流模式下应急物流能力的表现形式。"智慧 + 共享"

物流由数字经济时代发展进程中智慧物流与共享物流概念衍生而来，为现代应急物流行业把握时代变革机遇、顺应时代发展潮流提供了新方法和新思考。物流"智慧化"通过利用大数据技术收集应急信息与资源，物流"共享化"通过建设应急共享平台实现设备和资源共享，有助于实现应急物流业务流程降本增效。"智慧+共享"物流模式下，智慧物流和共享物流相互适应、相互协调，智慧物流体系与共享物流体系在物流运作主要功能和环节上紧密衔接，相互联结，共同推动应急物流能力提升（张新等，2020；孙翊等，2020；杨山峰，2020；李宁，2020；吴海江，2020；白茹梦和王谦，2020；王久平，2020；朱秀梅等，2020；贺璇，2020）。

## 二、智慧物流文献综述

### （一）智慧物流基本内涵

"智慧物流"这一概念最早由 IBM 提出，2009 年，中国物流技术协会信息中心、华夏物联网、《物流技术与应用》编辑部联合提出了"智慧物流"概念，即通过智能硬件、物联网、大数据等智慧技术与手段，提高物流系统分析决策和智能执行的能力，提升整个物流系统的智能化、自动化水平，此后智慧物流受到了国内外学者的广泛关注。学者们从不同视角进行概念界定，章合杰（2011）基于现有对智慧物流概念的理解，提出智慧物流是一种以信息技术为支撑，在运输、仓储、装卸搬运、配送、信息服务等各个物流环节实现系统感知、全面分析、及时处理及自我调整功能，实现物流整合、查询、创新的现代综合性物流系统。何黎明（2016）基于技术的角度认为智慧物流是互联网与物流业的深度融合，以互联网为依托，广泛应用大数据、物联网、云计算及人工智能等信息技术与设备，提升物流产业智能化、物流运作效率和服务水平的新兴业态。张载龙（2017）定义智慧物流为运用人工智能以及协同共享创新模式进行产业结构重塑而产生的一种物流新模式。鲍琳和张贵炜（2018）从数字技术在物流领域应用的角度，提出智慧物流是以"互联网+"为基础，通过运用大数据、云计算、物联网和人工智能等现代化智能技术。随着物流行业的不断发展，智慧物流概念的内涵也逐渐丰富起来。

### （二）智慧物流相关研究

现代物流技术随着科技的不断进步实现了突破性的发展，同时也迎来了新一代物流的高速发展时期，其根本宗旨是降本增效、满足客户个性化需求，并呈现出信息化、网络化、自动化的发展趋势。在经济发展新常态下，数字经济为物流产业升级带来了新的契机。智慧物流是数字经济与物流业深度融合的产物，其在生产服务方式、管理方式、信息传输手段上都实现了质的飞跃，也为物流产业变革奠定了基础。为了更好地梳理以往学者针对智慧物流的相关研究，本章将从智慧物流发展现状、实现路径等方面进行综述。

1. 智慧物流发展现状研究。我国智慧物流还在初生期，但随着信息技术和人工智能技术的快速发展，智慧物流必将加快转型升级，张贵炜等（2011）在"互联网＋"背景下探讨了推进智慧物流的发展路径。谭华等（2016）从物流技术发展的视角出发，提出信息化、智能化、集约化、小批量定制是未来物流的发展趋势。何黎明（2017）认为应从连接、数据、模式、体验、智能、绿色和供应链升级这七个方面进行研讨。还有学者指出中国智慧物流发展前景较为乐观，但存在着物流数据共享不足、缺乏完善的物流信息平台、智慧物流专业人才紧缺、末端物流服务能力有待提升等问题（张春霞等，2013；梁锡坤等，2016；符瑜，2018）。

2. 智慧物流发展的实现路径研究。部分学者从宏观角度出发对智慧物流进行研究，通过探讨智慧物流的现存问题、发展动能，从而提出智慧物流的发展路径与对策，如有学者基于在"互联网＋"背景下物流行业的供给侧改革对智慧物流发展的路径与对策进行了探讨，认为应当加强物流数据化处理、构建智慧物流公共信息平台、加强协同创新与资源共享（包锋，2017；伍宁杰，2018；吴萍，2018）。还有学者从"一带一路"背景下对我国智慧物流发展进行对策分析，"一带一路"倡议的提出使我国在进一步对外开放的同时，能够促进智慧物流的发展面向国际化（陈晓曦等，2017；吉敏等，2019）。金瑞等（2020）根据智慧物流发展的不同实施主体，即电商平台、物流企业和制造企业，分别总结了智慧物流的发展路径：电商平台通过整合商流资源，通过物流打通"最后一公里"的服务环节，整合不同节点的基础数据，形成数据驱动协同；物流企业凭借自身对运输仓储等各类物流业务的理解和信息化系统的建设，建立"平台＋实业＋物流＋金融"的生态圈，形成有效的智慧供应链解决方案；制造企业大多由"企业物流"向"物流企业"转变，通过资源集成化、业务平台化、技术智能化和供应链协同化搭建平台发展智慧物流。如表5－2所示，国内外学者从概念特征、发展趋势以及实现路径等不同角度对智慧物流展开了深入研究，本章对国内外学者基于智慧物流的研究进行归纳总结，以期为其他研究者提供研究索引和启发。

表5－2 智慧物流相关研究

| 研究主题 | 核心观点 | 代表文献 |
|---|---|---|
| 智慧物流发展现状 | 物流产业"供给侧结构性改革"推动现代互联网信息技术与物流产业深度融合，在新技术赋能下有助于打破传统物流服务模式与边界，创建政府推动、企业主导的智慧物流发展模式，改善经营成本与提升运营效率，真正意义上实现物流产业颠覆性创新 | Krishnan et al.（2007）；Schuh et al.（2008）；Smirnov et al.（2010）；邵广利（2015）；冯华等（2016）；石亚萍（2016）；张玲玲等（2019）；何黎明（2020）；武兴伟（2020） |
| | 新商业模式的涌现，对智慧物流平台化发展提出了新要求。智慧物流不仅需要提供产品货物配送等服务，还需要创建一条全面完整的信息链，以保证新商业模式的高效运转 | 汪旭晖等（2015）；Gospic et al.（2015）；张千帆等（2016）；Grandhi et al.（2017） |
| | 随着智慧物流产业链的发展扩张，通过平台化建设与综合管理实现对物流供应链企业的统一管理，以更好地配置物流资源，实现智慧物流产业链高效发展，智慧物流平台化发展势在必行 | 张向阳等（2013）；施炳展（2016）；王帅和林坦（2017）；李佳（2018）；Cam-hi（2018）；钱慧敏等（2020） |
| 智慧物流实现路径 | 传统物流产业和现代互联网技术融合发展：一是"物流＋互联网"模式，本质是传统物流的升级，即传统物流产业运营现代互联网信息技术；二是"互联网＋物流"模式，本质是新业态，即利用现代互联网信息技术从底层嵌入物流产业 | 吴勇和冯耕中（2013）；孟凡新（2015）；Li et al.（2016）；Mcfarlane et al.（2016）；Lee et al.（2016）；Fu（2018）；Wen et al.（2018）；Hu（2019）；徐春等（2021） |
| | 基于智慧物流基本特征，运用大数据、云计算等数据技术构建智慧物流模式，实现平台信息共享及资源渠道整合，为智慧物流的国际化之路提出对策 | 刘丽军（2013）；孙彬和王东（2016）；陶君成等（2018）；Xing（2018）；付平德（2019）；张向阳和袁泽沛（2019）；Anandhis et al.（2019）；刘小军等（2019） |

| 研究主题 | 核心观点 | 代表文献 |
|---|---|---|
| 智慧物流实现路径 | 智慧物流平台化模式是实现物流产业"降本增效"的重要载体，目标是铲除智慧物流发展过程中存在的产业链冗长、利润低及标准化与个性化服务相冲突等"绊脚石" | 曹鹤婷（2014）；林荷等（2015）；张玲玲等（2016）；Mengke Yang and Movahedipour Mahmood et al. （2017）；OuYang et al. （2018） |

## 三、共享物流文献综述

### （一）共享物流基本内涵

目前，共享物流的定义并未明确，学者们从不同维度出发对其进行阐述说明。有学者认为共享物流是共享经济在物流领域的一种模式创新与拓展延伸，本质上可理解为基于物流资源共享来实现资源合理调度与优化配置的过程（林庆，2014；钟科，2017；王继祥，2017；欧阳明慧等，2018）。在此基础上，其他学者则强调了共享物流的共享形式主要是租用、共享和循环，以此来实现物流资源的盘活和共享（郑国诜和黄如意，2017；张晓芹和李焕荣，2016）。此外，庞彪（2017）明确指出共享物流未来的发展方向是全面创新、智慧共享等全面发展。综合可得，共享物流是共享经济发展演化的时代产物，通过整合分散闲置的社会物流资源，实现优化资源配置、降低交易成本、提升物流效能等目的。

### （二）共享物流相关研究

学者们对共享物流的特点、实践应用与优势进行了探讨，为共享物流的研究提供了概念基础。默哈曼等（Mehmann et al.，2015）在获得了共享物流的科学定义的基础上，提出了一个共享物流成熟度模型，对共享物流的性质和特征进行了深入的研究。卡本等（Carbone et al.，2017）将共享物流与传统商业物流进行了对比，提出了共享物流的独特优势，并构建了以共享物流司机为共同创造者的价值创造机制。部分学者指出共享物流就是共享物流资源，而率先就要实现物流信息共享，并进行了物流利益共享研究以及物流资源共享平台研究（夏锦文和舒辉，2009；葛治存，2014；张浩，2014；经有国等，2015；孙笑等，2017）。还有学者基于共享经济的视角，研究"共享物流"模式的发展现状，物流信息实现资源共享中存在的困境，同时针对困境提出相应的解决对策（毛太田，2008；葛慧敏和陈龙，2010；张宝珠和李青，2017）。如表5-3所示，当前共享物流的相关研究，包括现状分析、模式选择与创新以及实践应用受到了学者们的广泛关注，目的是明确共享物流的作用机制，为共享物流的实践提供指导。

表 5-3 共享物流相关研究

| 研究领域 | 研究主题 | 核心观点 | 代表文献 |
|---|---|---|---|
| 共享物流现状诊断及对策 | 整体层面 | 共享物流的发展目前仍面临信息平台建设、资源整合、基础设施、安全风险防控等方面的问题，应进一步加强物流信息平台建设、完善物流标准化体系以及加强物流资源和信息安全保障工作 | 王利改（2017）；周亚蓉（2017）；张宝珠和李青（2017）；张晓芹和李焕荣（2017）；胡佳芳琪（2018） |
| | 具体层面 | 聚焦我国某一地区物流行业发展研究，指出当前共享物流存在标准化程度低、监督难度大、支付流程复杂及信任度要求高等问题，对应提出建立区域物流协会、提高物流企业信息化水平和搭建区域物流信息平台等解决策略 | 毛太田（2007）；赵丽霞（2013）；郑国诜和黄如意（2017）；刘少一（2017）；Ocicka and Wieteska（2017）；Gan et al.（2018） |
| 共享物流模式选择和创新 | 共享物流模式选择 | 从宏观层面来看，目前我国现有的共享物流模式可分为货运资源共享、物流技术与装备资源共享、物流基础设施资源共享和物流配送资源共享模式，后续又补充了物流人力资源配送模式 | Rollins et al.（2011）；王继祥（2017）；欧阳明慧和韩雪金（2018）；Wong and Davison（2018）；Melo et al.（2019） |
| | 共享物流模式创新 | 物流资源分配与协同方面，创新之处在于构建云物流服务新模式，并提出共享车辆模式和共享 VDC 模式两种整车物流资源共享模式 | 洪琼等（2014）；姜彦宁等（2017） |
| | 信息数据资源共享 | 研究集成化物流中的信息共享模式、提出基于按需物流机制的供应链信息共享模式以及设计物流模式地理数据共享交换平台 | 夏锦文和舒辉（2008）；葛慧敏和陈龙（2010）；Olorunniw and Li（2010）；Zhou and Lv（2010）；邱祥峰（2012）；Liu et al.（2015） |

续表

| 研究领域 | 研究主题 | 核心观点 | 代表文献 |
| --- | --- | --- | --- |
| 共享物流实践应用 | 价值共享角度 | 针对我国物流服务定价问题，提出基于价值共享的物流服务定价理念；借鉴共享经济服务框架，从战略、流程/活动、系统三个维度构筑共享价值物流产业生态圈 | 张圣忠和吴群琪（2007）；王传雷（2017）；Jiang et al.（2016）；Yea et al.（2018）；Zhang and Zhao（2019） |
| | 地域共享角度 | 基于地域差异角度探析我国物流成本控制现状，提出健全资源流通环境、构建物资流动平台系统、深化新会计制度影响层面等策略 | 田跃和钱志洪（2013）；蔡昭君（2018） |
| | 信息共享角度 | 物流信息平台建设是共享物流建设的核心，通过物流信息共享提高物流效率，推动物流资源共享。在此基础上，构建基于信息共享的物流运作模式与基于大数据的城市物流资源共享平台 | Simatupang et al.（2002）；Gimenez and Ventura（2005）；徐广印等（2008）；钟哲辉等（2008）；陈永平和冯燕芳（2012）；葛治存等（2017） |

## 四、"智慧＋共享"物流文献综述

张为志（2017）提出"智慧共享体系"理念，认为智慧共享体系是指由智能技术集成体系结合社会动力机制和社会共享机制所共同形成的一种社会现象。甘霖（2020）指出"智慧＋共享"模式是在技术水平不断提升背景下我国物流业的新兴发展趋势，不仅要求物流技术水平的革新，也更加注重区域资源的整合，以实现物流业发展的技术红利与经济溢出的共赢。张卫卫（2021）则认为"智慧＋共享"物流模式是通过人工智能技术改善客户体验、提升物流系统的运转效率、提升企业竞争力的物流模式。在此基础上，部分学者提出"智慧＋共享"物流是旨在通过将"智慧"和"共享"两个相近相通的子系统在信息服务、物流服务、金融服务等层面的互动、共生、互补、协调进行融合发展，以实现供应链降本增效目标的发展模式（卫慧敏和钱慧敏，2018；卫慧敏，2019；杨维霞和贾县民，2021；亢依林，2022）。还有学者认为"智慧＋共享"物流模式是融合了智慧化和共享化两种理念，推动物流系统主要功能环节相互适应、耦合协调、相辅相成，并最终促进物流运作流程高效智能化、物流资源高度共享化以及物流功能全面转型升级的先进模式（钱慧敏等，2019；胡晓静，2019；钱慧敏等，2020；裴沛和翟广宇，2022）。

物流企业通过"智慧＋共享"的运作模式能更有效地推动物流系统功能环节实现耦合协调与一体化发展，从更深层次上促进物流行业的转型升级和高质量发展，"智慧＋共享"物流模式已成为物流行业的发展共识和必然趋势（何黎明，2017；钱慧敏等，2019）。梳理文献可见，目前国内"智慧＋共享"物流的相关研究成果较少，且仅停留在概念层面，如荣长玲（2019）基于仓储、运输、配送与信息服务等作业环节探析了"智慧＋共享"物流运行流程；钱慧敏（2019）则构建了适用于"智慧＋共享"物流模式的效用价值评价体系对该系统耦合水平与作用效果进行了测度研究。

## 五、价值共创的相关研究

### （一）价值共创的基本内涵

价值共创最早由诺曼（Normann）和拉米雷斯（Ramirez）提出，将价值共创定义为企业与顾客等合作主体共同参与产品和服务的生产与消耗的整个流程，实现新价值的创造、联合与协作，从而提升产品与服务效用和价值的过程。之后其他学者对该理论进行进一步的完善与补充，提出价值共创是利益相关主体互动合作和资源整合以开发利用新资源、创造价值的过程（Gummesson and Mell，2016；简兆权，2016；Li et al.，2016）。

既有研究主要从以下两个视角进行阐释。消费者主导视角，即以消费者体验为出发点，强调市场交易过程中企业与顾客的互动与交流不仅是价值共创活动的重要依据和主要方式，也是实现价值创造的关键要素（Prahalad and Ramaswamy，2004）。服务主导视角，即对经济贸易中商品和服务的关系进行重新发掘与审视，实现商品与服务的融合衔接，强调服务活动对价值创造的关键作用，进而对以服务为基础的交易过程和价值创造形式等问题进行探讨与反思，以形成创新的服务科学视角（Vargo and Lusch，2004）。

## （二）价值共创行为相关研究

价值共创的理论研究和实践研究一直是一个关键问题（简兆权等，2016）。近年来，价值共创研究逐渐成为研究的热门主题，学者们既聚焦于企业与客户的二元互动价值共创，也关注到企业与多方利益相关者的多元互动价值共创（Chandler，2011）。在二元互动的微观层面，张燚等（2017）证明了客户参与对品牌价值共创起到明显的推动作用，并归纳出客户参与品牌价值共创的五个机制。曾经莲等（2017）通过构建环境—企业—客户的价值共创型产品服务系统，探究了环境、企业和客户在服务生态系统中互动和价值共创价值。在多元互动的宏观层面，萨卡尔等（Sarker et al.，2012）研究提出 ERP公司可以通过新增、交换、整合三种形式与合作伙伴共创价值。张培等（2016）将利益相关者纳入综合分析不同发展阶段的价值共创过程，归纳了企业范围、客户范围和共同范围三个层面的价值共创模型。戴亦舒等（2018）分析总结了创新生态系统价值共创的实现路径。胡海波和卢海涛（2018）借助"诱因—过程—结果"的分析框架，采用案例研究方法构建了企业商业生态系统演化的价值共创模型。如表 5－4 所示，当前价值共创相关研究成果主要集中于价值共创行为的演化与协调、不同逻辑视角下的价值共创行为研究以及不同主题内容下的价值共创研究。

表 5－4　　　　　　　　　　　价值共创相关研究

| 研究领域 | 研究主题 | 核心观点 | 代表文献 |
| --- | --- | --- | --- |
| 价值共创行为的演化与协调 | 行为演化 | 不同主体间价值共创行为互动，需通过长期反复博弈才能达到稳定状态 | 胡有林和韩庆兰（2021）；任志涛等（2022） |
| | 协调机制 | 对服务生态系统不同价值共创主体收益进行调控有助于建立良好的价值共创系统环境，提升价值共创效率，推动创新生态系统价值共创行为向稳定和谐的方向发展 | 王发明和朱美娟（2019）；陈菊红（2019）；Chen et al.（2021） |
| 价值共创行为的分类研究 | 服务主导逻辑 | 基于共同生产过程中的价值创造过程，用于分析企业价值共创模式的影响因素和理论机制 | 吴瑶等（2017）；杨学成和涂科（2018）；迟铭（2020） |

续表

| 研究领域 | 研究主题 | 核心观点 | 代表文献 |
|---|---|---|---|
| 价值共创行为的分类研究 | 平台主导逻辑 | 平台参与价值共创具有数字化、网络性和实时性的特点，且通过网络口碑效应、数据赋能和服务创新等方式实现价值共创 | 雷尚君和谭洪波（2021） |
| | 生态系统主导逻辑 | 人力资源、知识资产与研发投入等资源要素是系统实现价值共创的首要因素，是探索数字化环境下服务生态系统价值共创形成机制的基础 | 苏涛永等（2022） |
| 价值共创行为的内容研究 | 价值共创过程研究 | 将价值共创的过程模型划分为共识—共生—共赢等阶段，将服务、客户价值、关系营销综合于整个价值共创过程模型，展示了企业与客户价值创造全过程 | Payne（2008）；周文辉（2015） |
| | 价值共创情景分类 | 生产领域情景下，探究价值共创过程中客户与企业的角色定位以及行为区别等；服务主导情景下，探究消费者契合行为的关键作用；网络结构情景下，价值矩阵逐步向柔性价值网转化 | Aarikka-Stenroos Jaakkola（2012）；Krisjano et al.（2015）；杨学成和陶晓波（2015） |
| | 价值共创影响因素 | 网络关系强度以及网络中心性位置对价值共创均具有正向促进作用，而合作主体之间的组织距离则会负向影响价值共创效用 | 王丽平和栾慧明（2019）；袁煜（2020） |

# 六、环境动态性文献综述

## （一）环境动态性的基本内涵

环境动态性一词最早于 20 世纪 80 年代由邓肯（Duncan，1972）首次提出，最初概念被表述为团体或企业等组织所面临内外部环境持续变化和更新的程度。此后，环境动态性的相关研究层出不穷。巴伦和唐（Baron and Tang，

2011）强调了环境动态性折射的变革创新和演化更新属性，隐含着高度不确定性。阎婧等（2016）从组织所处外部市场环境动荡与内部技术结构变更出发对环境动态性进行简单概括。而陈国权等（2017）则认为诸如顾客群体、外部竞争者等企业利益相关者在市场交易中服务需求和消费行为的动态变化是环境动态性的核心含义所在。

### （二）环境动态性的维度与测量

国内外关于环境动态性的维度与测量的研究观点层出不穷。部分学者在研究中倾向于将环境动态性简单化为单一维度变量进行测量（Jansen，2006；Bai，2015；Gruz-Gonzalez，2015；Schike，2014；吴建祖等，2015）。随着研究的不断深入与推进，环境动态性的二维测度研究逐步兴起，最常见的就是依据企业市场竞争力将环境动态性划分为市场动态和技术动态属性（王文华，2015）。在此基础上，其他学者根据各自研究要求有针对性地添加测量维度，构建了三维甚至四维划分方式，如王建军等（2017）在考虑王文华等（2015）等研究的基础上引入国家和地方政策测量环境动态性。

### （三）环境动态性的相关研究

在早期研究中，学者们大多将环境动态性作为前因变量进行研究，而如今环境因素作为调节变量的探讨较为广泛（王永健等，2016；庞小萍，2017；Dost，2019）。一方面，机会主义观点坚持环境动态性造就机会的观点，认为高度动态的环境有助于提升可持续发展的组织绩效（任鸽，2019；Kordab，2020）；另一方面，威胁主义观点则否认了环境动态性的积极作用，认为环境动态性会伴随挑战与威胁，增加了市场模糊性，抑制了知识资源获取，阻碍了组织部门协作与创新，削弱了企业核心竞争力（Li，2001；Shen and Li，2010；陈国权和王晓辉，2012；屠兴勇等，2019；Zhou et al.，2019）。在此基础上，还有学者认为受企业能力水平差异的影响，环境动态性作为一个调节变量可同时具备正向和负向调节作用（陈国权和王晓辉，2012；Ws，2020）。

# 第四节　假设提出与理论模型构建

## 一、假设提出

本节的研究假设如表 5 – 5 所示。

表 5 – 5　　　　　　　　　　　　　研究假设

| 假设 | 假设内容 |
|------|----------|
| H1 | 物流智慧化水平对物流企业应急物流能力有正向影响 |
| H2 | 物流共享化水平对物流企业应急物流能力有正向影响 |
| H3 | 物流智慧化水平对价值共创有正向影响 |
| H3a | 物流智慧化水平对物流企业的互动合作有正向影响 |
| H3b | 物流智慧化水平对物流企业的资源整合有正向影响 |
| H4 | 物流共享化水平对价值共创有正向影响 |
| H4a | 物流共享化水平对物流企业的互动合作有正向影响 |
| H4b | 物流共享化水平对物流企业的资源整合有正向影响 |
| H5 | 价值共创对应急物流能力有正向影响 |
| H5a | 互动合作对应急物流能力有正向影响 |
| H5b | 资源整合对应急物流能力有正向影响 |
| H6 | 价值共创在物流智慧化水平、物流共享化水平与应急物流能力之间起中介作用 |
| H6a | 互动合作在物流智慧化水平、物流共享化水平与应急物流能力之间起中介作用 |
| H6b | 资源整合在物流智慧化水平、物流共享化水平与应急物流能力之间起中介作用 |
| H7 | 环境动态性在价值共创与物流企业应急物流能力之间起反向调节作用 |
| H7a | 环境动态性在互动合作与物流企业应急物流能力之间起反向调节作用 |
| H7b | 环境动态性在资源整合与物流企业应急物流能力之间起反向调节作用 |

## 二、理论模型构建

基于前面的研究假设分析，本章以"物流智慧化水平""物流共享化水平"为前置变量，物流企业应急物流能力为因变量，引入价值共创（互动合作、资源整合）为中介变量，设置环境动态性为调节变量，由此构建了"智慧＋共享"模式对物流企业应急物流能力的影响研究的理论模型，如图 5 - 1 所示。

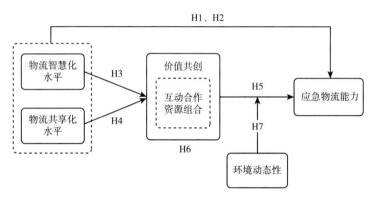

图 5 - 1　理论模型

# 第五节　实证分析与假设检验

## 一、描述性统计分析

### （一）基本信息统计分析

基于 SPSS21.0 分析软件对调查样本的基本信息数据进行分析处理，目的是梳理汇总样本各项指标的占比分布情况，依次为性别、年龄、从业年限、企业类型及全职职工人数（如表 5 - 6 所示）。如图 5 - 2 ~ 图 5 - 6 所示，该问卷调查样本对象选取合理且统计结果分布均匀，有利于表 5 - 6 基本信息描述后续数据分析的顺利进行。

表 5 − 6　　　　　　　　　　基本信息描述

| 变量名称 | 选项 | 出现频率 | 百分比（%） | 累计百分比（%） |
|---|---|---|---|---|
| 性别 | 男 | 216 | 59.18 | 59.18 |
| | 女 | 149 | 40.82 | 100.00 |
| 年龄 | 25 岁以下 | 75 | 20.55 | 20.55 |
| | 25 ~ 30 岁 | 204 | 55.89 | 76.44 |
| | 31 ~ 35 岁 | 24 | 6.58 | 83.02 |
| | 36 ~ 40 岁 | 57 | 15.62 | 98.64 |
| | 40 岁以上 | 5 | 1.37 | 100.00 |
| 从业年限 | 1 年以下 | 32 | 8.77 | 8.77 |
| | 1 ~ 2 年 | 106 | 29.04 | 37.81 |
| | 3 ~ 4 年 | 107 | 29.32 | 67.13 |
| | 5 ~ 10 年 | 86 | 23.56 | 90.69 |
| | 10 年以上 | 34 | 9.32 | 100.00 |
| 公司类型 | 运输型物流企业 | 128 | 35.07 | 35.07 |
| | 仓储型物流企业 | 135 | 36.99 | 72.06 |
| | 综合服务型物流企业 | 102 | 27.95 | 100.00 |
| 全职职工人数 | 100 人以下 | 49 | 13.42 | 13.42 |
| | 100 ~ 500 人 | 91 | 24.93 | 38.35 |
| | 500 ~ 1000 人 | 151 | 41.37 | 79.72 |
| | 1000 ~ 5000 人 | 44 | 12.05 | 91.77 |
| | 5000 人以上 | 30 | 8.22 | 100.00 |

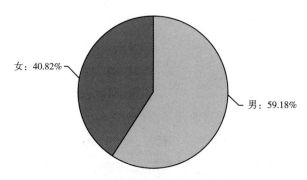

图 5 − 2　　问卷调查样本性别分布情况

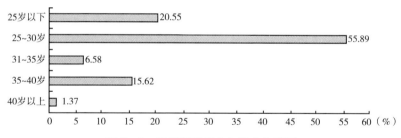

图 5-3 问卷调查样本年龄分布情况

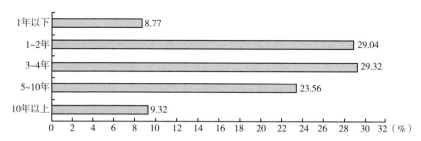

图 5-4 问卷调查样本从业年限分布情况

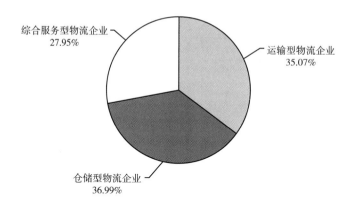

图 5-5 问卷调查样本所在企业类型分布情况

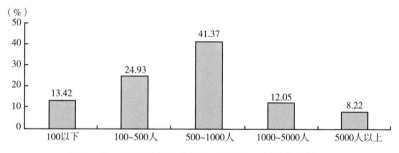

图 5-6 问卷调查样本所在企业职工人数分布情况

## （二）变量描述性统计分析

变量描述性统计分析可用于检验样本数据准确性，是进行数据下一步处理与分析的前提要求。经计算，对全部 41 个观察变量的检验结果如表 5 - 7 所示。

表 5 - 7　　　　　　　　　　描述性统计分析情况

| 观察变量 | 个数 | 最小值 | 最大值 | 均值 | 标准差 | 方差 | 偏度 | 峰度 |
|---|---|---|---|---|---|---|---|---|
| A1 | 365 | 1 | 5 | 3.400 | 1.030 | 1.060 | - 0.321 | - 0.697 |
| A2 | 365 | 1 | 5 | 3.450 | 1.216 | 1.479 | - 0.382 | - 0.806 |
| A3 | 365 | 1 | 5 | 3.810 | 0.858 | 0.736 | - 0.414 | - 0.265 |
| A4 | 365 | 1 | 5 | 3.920 | 0.876 | 0.768 | - 0.677 | 0.046 |
| A5 | 365 | 1 | 5 | 3.710 | 0.957 | 0.917 | - 1.254 | 1.759 |
| A6 | 365 | 1 | 5 | 3.730 | 1.059 | 1.123 | - 0.870 | 0.263 |
| A7 | 365 | 1 | 5 | 3.710 | 0.982 | 0.964 | - 0.764 | 0.293 |
| A8 | 365 | 1 | 5 | 3.540 | 1.191 | 1.419 | - 0.580 | - 0.481 |
| B1 | 365 | 2 | 5 | 3.950 | 0.885 | 0.783 | - 0.669 | - 0.144 |
| B2 | 365 | 1 | 5 | 3.510 | 1.013 | 1.025 | - 0.625 | 0.016 |
| B3 | 365 | 1 | 5 | 3.580 | 1.078 | 1.162 | - 0.488 | - 0.297 |
| B4 | 365 | 1 | 5 | 3.600 | 1.094 | 1.197 | - 0.693 | - 0.056 |
| B5 | 365 | 1 | 5 | 3.680 | 1.125 | 1.266 | - 0.578 | - 0.683 |
| B6 | 365 | 1 | 5 | 3.400 | 1.220 | 1.488 | - 0.437 | - 0.751 |
| B7 | 365 | 1 | 5 | 3.660 | 1.074 | 1.154 | - 0.634 | - 0.258 |
| B8 | 365 | 1 | 5 | 3.440 | 1.172 | 1.374 | - 0.645 | - 0.448 |
| B9 | 365 | 1 | 5 | 3.100 | 1.209 | 1.463 | - 0.303 | - 0.888 |
| B10 | 365 | 1 | 5 | 3.380 | 1.139 | 1.298 | - 0.725 | - 0.277 |
| C1 | 365 | 1 | 5 | 3.590 | 1.008 | 1.017 | - 0.810 | 0.225 |
| C2 | 365 | 2 | 5 | 3.790 | 0.963 | 0.927 | - 0.562 | - 0.578 |
| C3 | 365 | 1 | 5 | 3.780 | 1.030 | 1.062 | - 0.778 | 0.032 |
| C4 | 365 | 1 | 5 | 3.220 | 1.114 | 1.241 | - 0.280 | - 0.686 |
| C5 | 365 | 1 | 5 | 3.600 | 1.174 | 1.378 | - 0.575 | - 0.609 |
| C6 | 365 | 1 | 5 | 3.520 | 1.187 | 1.410 | - 0.516 | - 0.574 |

| 观察变量 | 个数 | 最小值 | 最大值 | 均值 | 标准差 | 方差 | 偏度 | 峰度 |
|---|---|---|---|---|---|---|---|---|
| D1 | 365 | 1 | 5 | 3.640 | 1.202 | 1.444 | −0.719 | −0.290 |
| D2 | 365 | 1 | 5 | 3.140 | 1.114 | 1.241 | −0.195 | −0.733 |
| D3 | 365 | 1 | 5 | 3.410 | 1.035 | 1.072 | −0.104 | −0.753 |
| E1 | 365 | 1 | 5 | 3.450 | 1.165 | 1.358 | −0.583 | −0.490 |
| E2 | 365 | 1 | 5 | 3.530 | 0.970 | 0.942 | −0.478 | −0.153 |
| E3 | 365 | 2 | 5 | 3.970 | 0.898 | 0.807 | −0.873 | 0.212 |
| E4 | 365 | 1 | 5 | 3.590 | 1.032 | 1.066 | −0.828 | 0.487 |
| E5 | 365 | 1 | 5 | 3.680 | 1.029 | 1.058 | −0.779 | 0.384 |
| E6 | 365 | 1 | 5 | 3.530 | 1.130 | 1.277 | −0.656 | −0.219 |
| E7 | 365 | 1 | 5 | 3.530 | 1.226 | 1.503 | −0.643 | −0.609 |
| E8 | 365 | 1 | 5 | 3.280 | 1.087 | 1.181 | −0.205 | −0.601 |
| E9 | 365 | 1 | 5 | 3.270 | 0.922 | 0.851 | 0.118 | −0.539 |
| E10 | 365 | 2 | 5 | 3.710 | 0.931 | 0.867 | −0.247 | −0.793 |
| E11 | 365 | 2 | 5 | 3.760 | 1.035 | 1.071 | −0.383 | −1.002 |
| E12 | 365 | 1 | 5 | 3.300 | 1.145 | 1.311 | −0.527 | −0.543 |
| E13 | 365 | 2 | 5 | 2.980 | 0.743 | 0.552 | 0.071 | −1.068 |
| E14 | 365 | 1 | 5 | 3.100 | 0.934 | 0.872 | 0.163 | −0.312 |

资料来源：本表数据来源于 SPSS 21.0 报告结果。

分析表 5 - 7 可得，各变量的测量样本数均为 365，证明数据测量具有完整性。此外，样本测量数值最大为 5，最小为 1，同时偏度最大绝对值小于临界值 2，且峰度绝对值均小于临界值 7，由此可以表明，本章问卷观测变量均符合进行下一步研究的基础要求。

## 二、共同方法偏差检验

如表 5 - 8 所示，累计方差贡献率为 71.73%，与此同时，第一个因子可解释全部问卷题项 21.03% 的结果偏差，符合检验标准（≤40%），由此可以证实严重的数据共同方法偏差问题并不存在。

表 5-8 共同方法偏差检验表

| 解释的总方差 | | | |
|---|---|---|---|
| 成分 | 初始特征值 | | |
| | 合计 | 方差的% | 累积% |
| 1 | 8.622 | 21.028 | 21.028 |
| 2 | 4.868 | 11.872 | 32.900 |
| 3 | 3.268 | 7.971 | 40.872 |
| 4 | 2.874 | 7.011 | 47.882 |
| 5 | 1.869 | 4.558 | 52.441 |
| 6 | 1.613 | 3.934 | 56.375 |
| 7 | 1.556 | 3.795 | 60.170 |
| 8 | 1.370 | 3.342 | 63.513 |
| 9 | 1.278 | 3.116 | 66.629 |
| 10 | 1.090 | 2.657 | 69.286 |
| 11 | 1.004 | 2.448 | 71.734 |

资料来源：本表数据来源于 SPSS 21.0 报告结果。

## 三、问卷的信度分析

如表 5-9 所示，由分析量表中相关观测变量的信度分析结果可得，本章观测变量的 Cronbach' α 值均符合标准（>0.8），即可表明该问卷符合测量要求，证实了该量表具有较好的可信度。

表 5-9 各变量信度分析结果

| 题项数 | 变量 | 维度 | Cronbach's α 值 | | 参考值 |
|---|---|---|---|---|---|
| 8 | 物流智慧化水平 | 信息系统建设 | 0.841 | 0.854 | 0.7 |
| | | 安全性建设 | 0.859 | | 0.7 |
| | | 人才建设 | 0.788 | | 0.7 |
| 10 | 物流共享化水平 | 装备资源共享 | 0.854 | 0.863 | 0.7 |
| | | 信息共享资源 | 0.837 | | 0.7 |
| | | 配送资源共享 | 0.863 | | 0.7 |
| | | 共享标准体系 | 0.797 | | 0.7 |

| 题项数 | 变量 | 维度 | Cronbach's α 值 | | 参考值 |
|---|---|---|---|---|---|
| 6 | 价值共创 | 互动合作 | 0.853 | 0.847 | 0.7 |
| | | 资源整合 | 0.844 | | 0.7 |
| 3 | 环境动态性 | | 0.859 | 0.859 | 0.7 |
| 14 | 应急物流能力 | 隐患排查与风险管理流程 | 0.868 | 0.866 | 0.7 |
| | | 预案编制与培训演练流程 | 0.822 | | 0.7 |
| | | 预警响应与动态执行流程 | 0.890 | | 0.7 |
| | | 信息沟通与资源整合流程 | 0.791 | | 0.7 |

资料来源：本表数据来源于 SPSS 21.0 报告结果。

## 四、问卷的效度分析

通过信度分析检验之后，本章进行了效度分析检验，通过检验问卷的有效性及准确性来衡量研究测量题项的合理性，以及测量题项能否准确反映研究变量，主要可分为内容效度及结构效度两大部分。

### （一）内容效度

如表 5 - 10 所示，KMO 和 Bartlett 的检验表显示，KMO 值大于 0.7，且 Bartlett 球形度检验显著，故证明本问卷具有较好的内容效度。

表 5 - 10　　　　　　　　潜在变量内容效度分析汇总

| 变量 | 维度 | KMO 检验 | | 参考值 | Bartlett 球形度检验 |
|---|---|---|---|---|---|
| 物流智慧化水平 | 信息系统建设 | 0.793 | 0.783 | 0.700 | 0.000 |
| | 安全性建设 | 0.708 | | 0.700 | 0.000 |
| | 人才建设 | 0.700 | | 0.700 | 0.000 |
| 物流共享化水平 | 装备资源共享 | 0.700 | 0.793 | 0.700 | 0.000 |
| | 信息共享资源 | 0.769 | | 0.700 | 0.000 |
| | 配送资源共享 | 0.560 | | 0.700 | 0.000 |
| | 共享标准体系 | 0.792 | | 0.700 | 0.000 |
| 价值共创 | 互动合作 | 0.782 | 0.847 | 0.700 | 0.000 |
| | 资源整合 | 0.724 | | 0.700 | 0.000 |

| 变量 | 维度 | KMO 检验 | 参考值 | Bartlett 球形度检验 |
|---|---|---|---|---|
| 环境动态性 | — | — | 0.798 | 0.700 | 0.000 |
| 应急物流能力 | 隐患排查与风险管理流程 | 0.801 | | 0.700 | 0.000 |
| | 预案编制与培训演练流程 | 0.722 | 0.845 | 0.700 | 0.000 |
| | 预警响应与动态执行流程 | 0.801 | | 0.700 | 0.000 |
| | 信息沟通与资源整合流程 | 0.659 | | 0.700 | 0.000 |

资料来源：本表数据来源于 SPSS 21.0 报告结果。

## （二）结构效度

本章基于验证性因子分析（CFA）检验相关潜变量间的结构效度。结构效度可用于检验实验与理论之间的一致性，包含收敛效度与区别效度。

1. 收敛效度。问卷样本数据的收敛效度主要用于检验变量题项之间的一致性程度。一般情况下，收敛效度的检验标准如下：标准化因子载荷 >0.6，组成信度 >0.7，多元平方相关系数 >0.36，平均方差萃取量 >0.5。基于此，对表 5-11 进行分析可得，收敛效度检验指标的各项数值均符合衡量标准，表明量表的观测变量具有较好的收敛性和一致性。

表 5-11　　　　　　　　　　　潜在变量收敛效度分析汇总

| 变量 | 维度 | 变量符号 | 非标准化因子载荷 | S. E. | C. R. | P | 标准化因子载荷 | SMC | AVE | CR | AVE | CR |
|---|---|---|---|---|---|---|---|---|---|---|---|---|
| 物流智慧化水平 | 信息系统建设 | A3 | 1 | | | | 0.86 | 0.74 | 0.68 | 0.88 | 0.77 | 0.94 |
| | | A2 | 1.45 | 0.08 | 18.40 | *** | 0.88 | 0.77 | | | | |
| | | A1 | 0.98 | 0.07 | 14.65 | *** | 0.79 | 0.70 | | | | |
| | 安全性建设 | A6 | 1 | | | | 0.86 | 0.74 | 0.77 | 0.91 | | |
| | | A5 | 0.96 | 0.05 | 18.05 | *** | 0.91 | 0.84 | | | | |
| | | A4 | 0.67 | 0.05 | 14.61 | *** | 0.79 | 0.68 | | | | |
| | 人才建设 | A8 | 1 | | | | 0.87 | 0.69 | 0.70 | 0.87 | | |
| | | A7 | 0.84 | 0.08 | 10.53 | *** | 0.80 | 0.62 | | | | |
| 物流共享化水平 | 装备资源共享 | B2 | 1 | | | | 0.86 | 0.73 | 0.74 | 0.90 | 0.74 | 0.95 |
| | | B1 | 0.90 | 0.06 | 15.15 | *** | 0.88 | 0.77 | | | | |

续表

| 变量 | 维度 | 变量符号 | 非标准化因子载荷 | S. E. | C. R. | P | 标准化因子载荷 | SMC | AVE | CR | AVE | CR |
|---|---|---|---|---|---|---|---|---|---|---|---|---|
| 物流共享化水平 | 信息资源共享 | B5 | 1 | | | | 0.87 | 0.76 | 0.69 | 0.87 | 0.74 | 0.95 |
| | | B4 | 0.69 | 0.05 | 12.84 | *** | 0.82 | 0.79 | | | | |
| | | B3 | 0.99 | 0.05 | 19.26 | *** | 0.91 | 0.83 | | | | |
| | 配送资源共享 | B7 | 1 | | | | 0.90 | 0.81 | 0.78 | 0.81 | | |
| | | B6 | 1.08 | 0.07 | 14.81 | *** | 0.85 | 0.73 | | | | |
| | 共享标准体系 | B10 | 1 | | | | 0.80 | 0.70 | 0.75 | 0.85 | | |
| | | B9 | 1.04 | 0.11 | 9.78 | *** | 0.79 | 0.77 | | | | |
| | | B8 | 1.07 | 0.11 | 9.86 | *** | 0.73 | 0.73 | | | | |
| 价值共创 | 互动合作 | C1 | 1 | | | | 0.88 | 0.78 | 0.76 | 0.90 | 0.75 | 0.95 |
| | | C2 | 0.95 | 0.05 | 17.83 | *** | 0.88 | 0.77 | | | | |
| | | C3 | 0.80 | 0.06 | 14.33 | *** | 0.79 | 0.78 | | | | |
| | 资源整合 | C6 | 1 | | | | 0.78 | 0.60 | 0.75 | 0.90 | | |
| | | C5 | 0.99 | 0.07 | 14.38 | *** | 0.78 | 0.61 | | | | |
| | | C4 | 1.03 | 0.07 | 14.88 | *** | 0.85 | 0.73 | | | | |
| 环境动态性 | | D3 | 1 | | | | 0.94 | 0.88 | 0.69 | 0.87 | 0.79 | 0.87 |
| | | D2 | 0.81 | 0.06 | 14.85 | *** | 0.81 | 0.80 | | | | |
| | | D1 | 1.03 | 0.06 | 17.63 | *** | 0.83 | 0.69 | | | | |
| 应急物流能力 | 隐患排查与风险管理 | E1 | 1 | | | | 0.72 | 0.71 | 0.76 | 0.89 | 0.77 | 0.97 |
| | | E2 | 1.07 | 0.07 | 16.29 | *** | 0.92 | 0.85 | | | | |
| | | E3 | 0.76 | 0.06 | 12.81 | *** | 0.70 | 0.69 | | | | |
| | | E4 | 1.04 | 0.07 | 15.31 | *** | 0.84 | 0.71 | | | | |
| | 预案编制与培训演练 | E5 | 1 | | | | 0.79 | 0.63 | 0.71 | 0.88 | | |
| | | E6 | 1.05 | 0.08 | 13.46 | *** | 0.76 | 0.68 | | | | |
| | | E7 | 1.19 | 0.09 | 13.71 | *** | 0.79 | 0.62 | | | | |
| | 预警响应与动态执行 | E8 | 1 | | | | 0.91 | 0.84 | 0.69 | 0.90 | | |
| | | E9 | 0.66 | 0.04 | 16.55 | *** | 0.81 | 0.70 | | | | |
| | | E10 | 0.86 | 0.03 | 25.81 | *** | 0.91 | 0.83 | | | | |
| | | E11 | 0.76 | 0.04 | 17.36 | *** | 0.83 | 0.73 | | | | |
| | 信息沟通与资源整合 | E12 | 1 | | | | 0.80 | 0.64 | 0.74 | 0.84 | | |
| | | E13 | 0.45 | 0.05 | 9.35 | *** | 0.85 | 0.80 | | | | |
| | | E14 | 0.83 | 0.07 | 11.44 | *** | 0.81 | 0.65 | | | | |

注：*** 表示 $P < 0.001$。

各变量测量模型如图 5 - 7 ~ 图 5 - 11 所示。

（1）物流智慧化水平测量模型如图 5 - 7 所示。

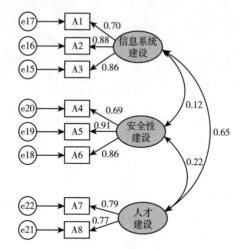

图 5 - 7 物流智慧化水平测量模型

（2）物流共享化水平测量模型如图 5 - 8 所示。

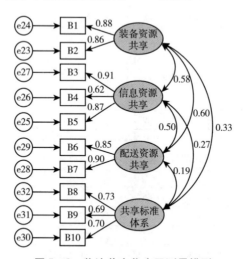

图 5 - 8 物流共享化水平测量模型

（3）价值共创测量模型如图 5 - 9 所示。

（4）环境动态性测量模型如图 5 - 10 所示。

（5）应急物流能力测量模型如图 5 - 11 所示。

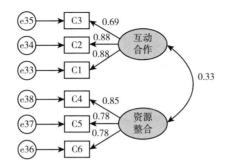

图 5 - 9　价值共创测量模型

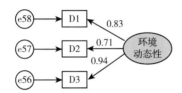

图 5 - 10　环境动态性测量模型

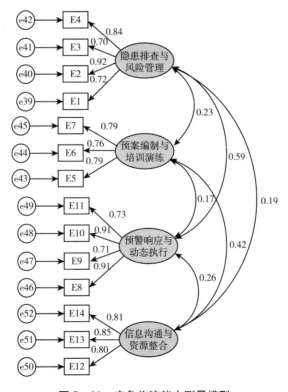

图 5 - 11　应急物流能力测量模型

2. 区分效度。

如表 5 - 12 所示，对上述相关指标数值进行分析比较可得，物流智慧化水平、物流共享化水平、价值共创、环境动态性及应急物流能力相关变量间均具有显著的相关性关系，与此同时，各变量的 AVE 平方根数值（>0.7）均大于变量间的相关系数数值，证实问卷变量题项之间具有较好的区别效度。

表 5 - 12　　　　　　　　潜在变量区分效度分析汇总

| 变量 | 物流智慧化水平 | 物流共享化水平 | 互动合作 | 资源整合 | 价值共创 | 环境动态性 | 应急物流能力 |
|---|---|---|---|---|---|---|---|
| 物流智慧化水平 | 0.671 | | | | | | |
| 物流共享化水平 | 0.380 *** | 0.644 | | | | | |
| 互动合作 | 0.194 *** | 0.303 *** | 0.759 | | | | |
| 资源整合 | 0.238 *** | 0.363 *** | 0.299 *** | 0.746 | | | |
| 价值共创 | 0.270 *** | 0.415 *** | 0.775 *** | 0.835 *** | 0.752 | | |
| 环境动态性 | 0.381 *** | - 0.283 *** | - 0.123 *** | - 0.223 *** | - 0.219 *** | 0.69 | |
| 应急物流能力 | 0.520 *** | 0.381 *** | 0.424 *** | 0.286 *** | 0.434 *** | 0.203 *** | 0.674 |
| AVE 平方根 | 0.819 | 0.802 | 0.871 | 0.864 | 0.867 | 0.831 | 0.821 |

注：*** 表示 $p < 0.001$，** 表示 $p < 0.01$，* 表示 $p < 0.05$。
资料来源：本表数据来源于 AMOS 24.0 报告结果。

## 五、模型假设检验与路径分析

### （一）主效应分析

基于前面提出的各项模型假设，运用 AMOS24.0 软件绘制主效应关系模型，并对模型进行拟合分析，主效应关系模型如图 5 - 12 所示。

本章采用验证性因子分析对结构方程模型的拟合度进行测度检验。分析表 5 - 13 可得，各项拟合指标值均已满足研究要求水平，证实该模型拟合度较好。

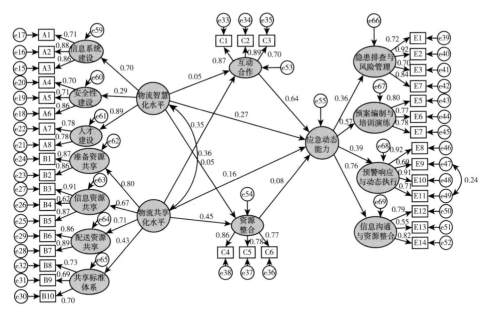

图5-12 主效应模型路径

表5-13 结构方程模型的配适度指标值

| 指标 | $\chi^2/df$ | RMSEA | GFI | CFI | TLI | NFI | RFI | IFI |
|------|------|------|------|------|------|------|------|------|
| 检验结果 | 1.335 | 0.030 | 0.943 | 0.970 | 0.967 | 0.892 | 0.881 | 0.970 |

分析表5-14和图5-13可得出，验证假设H1、H2、H3、H3a、H3b、H4、H4a、H4b、H5、H5a、H5b成立。

表5-14 模型路径系数与假设检验汇总

| 路径 | | | 非标准化系数 | 标准化系数 | S.E. | C.R. | P |
|------|------|------|------|------|------|------|------|
| 互动合作 | ← | 物流智慧化水平 | 0.205 | 0.117 | 0.114 | 10.794 | ** |
| 互动合作 | ← | 物流共享化水平 | 0.379 | 0.305 | 0.083 | 24.546 | *** |
| 资源整合 | ← | 物流智慧化水平 | 0.099 | 0.054 | 0.127 | 10.784 | 0.033 |
| 资源整合 | ← | 物流共享化水平 | 0.577 | 0.444 | 0.100 | 25.765 | *** |
| 应急物流能力 | ← | 互动合作 | 0.121 | 0.411 | 0.039 | 13.134 | ** |
| 应急物流能力 | ← | 物流智慧化水平 | 0.223 | 0.429 | 0.067 | 13.328 | *** |
| 应急物流能力 | ← | 物流共享化水平 | 0.114 | 0.310 | 0.044 | 12.594 | ** |
| 应急物流能力 | ← | 资源整合 | 0.002 | 0.006 | 0.024 | 20.070 | 0.044 |

注：*** 表示 p<0.001，** 表示 p<0.01，* 表示 p<0.05。

资料来源：本表数据来源于 AMOS 24.0 报告结果。

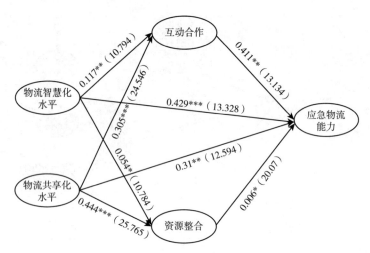

图 5 – 13　主效应模拟路径系数估计结果

## (二) 中介效应分析

本研究模型中存在中介的调节关系，正如叶宝娟和温忠麟（2013）的研究所述，本部分先检验模型的中介作用，之后在下一部分再对模型的调节作用进行检验。对于中介作用的检验，本章分别采用 SPSS 21.0 软件中的 PROCESS 插件和 AMOS 21.0 软件从物流智慧化与物流共享化维度对互动合作与资源整合进行中介效应验证。

1. SPSS 的 PROCESS 插件分析。借鉴赵等（Zhao et al., 2010）的实证检验方法，该研究模块运用 SPSS 软件的 PROCESS 插件来检验模型的中介效应。分别将物流智慧化水平与物流共享化水平代入自变量，将互动合作与资源整合代入中介变量，将应急物流能力代入因变量，将样本成员性别、年龄、工作年限、公司类型及职工人数代入控制变量。检验结果如表 5 – 15 所示。

表 5 – 15　　　　　　　　　注意控制的中介模型检验

| 变量 | 应急物流能力 | | 应急物流能力 | | 互动合作 | | 资源整合 | |
|---|---|---|---|---|---|---|---|---|
| | t | p | t | p | t | p | t | p |
| 性别 | 1.341 | 0.181 | 0.823 | 0.411 | −0.993 | 0.322 | −0.721 | 0.472 |
| 年龄 | 1.104 | 0.271 | 0.731 | 0.465 | −0.383 | 0.702 | −1.489 | 0.137 |
| 工作年限 | −0.052 | 0.958 | 0.727 | 0.468 | 1.686 | 0.093 | 1.816 | 0.070 |

续表

| 变量 | 应急物流能力 | | 应急物流能力 | | 互动合作 | | 资源整合 | |
|---|---|---|---|---|---|---|---|---|
| | t | p | t | p | t | p | t | p |
| 公司类型 | 0.344 | 0.731 | 0.841 | 0.401 | 0.875 | 0.382 | 2.029 | 0.043 |
| 职工人数 | 1.592 | 0.112 | 1.936 | 0.054 | 1.536 | 0.126 | -0.658 | 0.511 |
| 物流智慧化水平 | 8.386 | 0.000 | 9.150 | 0.000 | 2.355 | 0.019 | 3.775 | 0.000 |
| 互动合作 | 6.781 | 0.000 | | | | | | |
| 资源共享 | 2.141 | 0.033 | | | | | | |
| $R^2$ | 0.401 | | 0.296 | | 0.069 | | 0.079 | |
| F值 | 29.745 | | 25.059 | | 4.411 | | 5.139 | |

（1）物流智慧化维度。本章采用 Bootstrap 方法对中介效应稳健性进行检验，运行结果如表5-16所示。经分析可得，总效应95%的 Boot Strap 置信区间为（0.313，0.499），互动合作和资源整合在参与物流智慧化水平对应急物流能力影响的总中介作用显著。此外，直接效应与注意控制的中介效应在95%条件下的 Boot Strap 置信区间均处于显著范围，证实互动合作和资源整合的中介效应均显著。

表5-16　　　　　　　　　　中介效应 Bootstrap 检验

| | 效应值 | 标准误 | BootLLCI | BootULCI | 相对效应值 | |
|---|---|---|---|---|---|---|
| 总效应 | 0.407 | 0.047 | 0.313 | 0.499 | | |
| 直接效应 | 0.353 | 0.043 | 0.271 | 0.435 | 86.73% | |
| 注意控制的中介效应 | 0.036 | 0.016 | 0.006 | 0.069 | 8.85% | 互动合作 |
| | 0.018 | 0.011 | 0.002 | 0.042 | 4.42% | 资源整合 |

资料来源：本表数据来源于 SPSS 21.0 报告结果。

（2）物流共享化维度。同理，对表5-17和表5-18进行分析可得，互动合作和资源整合在参与物流共享化水平对应急物流能力影响的总中介作用显著，95%的 Boot Strap 置信区间为（0.166，0.348），不包含0。直接效应与注意控制的中介效应在95%条件下的 Boot Strap 置信区间均处于显著范围，所以互动合作和资源整合的中介效应都显著。

表 5 – 17　　　　　　　　　　　注意控制的中介模型检验

| 变量 | 应急物流能力 | | 应急物流能力 | | 互动合作 | | 资源整合 | |
|---|---|---|---|---|---|---|---|---|
| | t | p | t | p | t | p | t | p |
| 性别 | 1.914 | 0.057 | 1.420 | 0.157 | −0.980 | 0.328 | −0.620 | 0.536 |
| 年龄 | 1.931 | 0.054 | 1.504 | 0.134 | −0.444 | 0.658 | −1.510 | 0.132 |
| 工作年限 | −0.027 | 0.979 | 0.520 | 0.604 | 1.260 | 0.209 | 1.315 | 0.190 |
| 公司类型 | 1.259 | 0.209 | 1.504 | 0.134 | 0.418 | 0.676 | 1.636 | 0.103 |
| 职工人数 | 2.120 | 0.035 | 2.559 | 0.011 | 1.881 | 0.061 | −0.237 | 0.813 |
| 物流共享化水平 | 3.470 | 0.000 | 5.798 | 0.000 | 4.955 | 0.000 | 6.537 | 0.000 |
| 互动合作 | 6.158 | 0.000 | | | | | | |
| 资源共享 | 2.269 | 0.024 | | | | | | |
| $R^2$ | 0.306 | | 0.206 | | 0.115 | | 0.145 | |
| F 值 | 19.595 | | 15.447 | | 7.760 | | 10.098 | |

资料来源：本表数据来源于 SPSS 21.0 报告结果。

表 5 – 18　　　　　　　　　　　中介效应 Bootstrap 检验

| | 效应值 | 标准误 | BootLLCI | BootULCI | 相对效应值 | |
|---|---|---|---|---|---|---|
| 总效应 | 0.257 | 0.046 | 0.166 | 0.348 | | |
| 直接效应 | 0.155 | 0.045 | 0.063 | 0.243 | 60.31% | |
| 注意控制的中介效应 | 0.069 | 0.017 | 0.037 | 0.106 | 26.85% | 互动合作 |
| | 0.033 | 0.016 | 0.004 | 0.067 | 21.84% | 资源整合 |

资料来源：本表数据来源于 SPSS 21.0 报告结果。

由此可得，互动合作与资源整合的中介效应显著。

2. AMOS 21.0 分析。

（1）物流智慧化水平。分析表 5 – 19 和图 5 – 14 可得，中介作用的拟合优度较好。如表 5 – 20 和图 5 – 15 所示，物流智慧化水平对互动合作的相关系数为 0.203\*\*，t 值为 12.953，互动合作对应急物流能力的相关系数为 0.689\*\*\*，t 值为 24.925；物流智慧化水平对资源整合的相关系数为 0.242\*\*\*，t 值为 13.395，资源整合对应急物流能力的相关系数为 0.137\*\*\*，t 值为 22.062，上述分析结果均满足 t > 1.96 且 p < 0.05 的检验标准，假设 H3、H3a、H3b、

H5、H5a、H5b 得到了验证。

表 5 – 19 结构方程模型的配适度指标值 1

| 指标 | $\chi^2/df$ | RMSEA | GFI | CFI | TLI | NFI | RFI | IFI |
|------|------|------|------|------|------|------|------|------|
| 检验结果 | 2.022 | 0.053 | 0.904 | 0.935 | 0.928 | 0.881 | 0.866 | 0.936 |

资料来源：本表数据来源于 AMOS 24.0 报告结果。

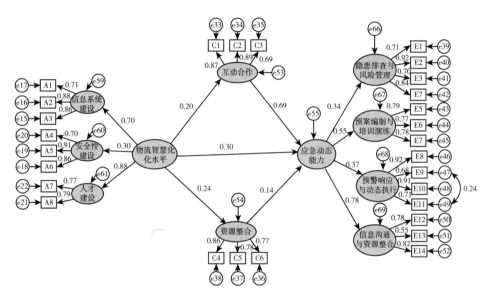

图 5 – 14 中介效应模型路径

表 5 – 20 模型路径系数与假设检验汇总 1

| 路径 | | | Estimate | S. E. | C. R. | P | Label |
|------|------|------|------|------|------|------|------|
| 互动合作 | ← | 物流智慧化水平 | 0.203 | 0.116 | 12.953 | ** | a1 |
| 资源整合 | ← | 物流智慧化水平 | 0.242 | 0.126 | 13.395 | *** | a2 |
| 应急物流能力 | ← | 互动合作 | 0.689 | 0.045 | 24.925 | *** | b1 |
| 应急物流能力 | ← | 物流智慧化水平 | 0.300 | 0.050 | 13.253 | ** | c |
| 应急物流能力 | ← | 资源整合 | 0.137 | 0.020 | 22.062 | *** | b2 |

注：*** 表示 p < 0.001，** 表示 p < 0.01，* 表示 p < 0.05。

资料来源：本表数据来源于 AMOS 24.0 报告结果。

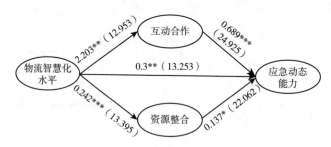

**图 5 - 15　中介效应模拟路径系数估计结果 1**

如表 5 - 21 所示，总中介效应 95% 的 Boot Strap 置信区间为（0. 086，5. 111），不包含 0，可证实互动合作和资源整合在物流共享化水平与应急物流能力之间的总中介效应显著。同理，分析其中间接效应 1（互动合作）与间接效应 2（资源整合）95% 的 Boot Strap 置信区间可得，此路径中互动合作和资源整合的中介效应均显著。

表 5 - 21　　　　　　　　　　价值共创的中介效应检验 1

| Parameter | Estimate | Lower | Upper | P |
| --- | --- | --- | --- | --- |
| 间接效应 1 | 0. 076 | 0. 058 | 0. 215 | 0. 007 |
| 间接效应 2 | 0. 018 | 0. 092 | 0. 145 | 0. 038 |
| 总效应 | 0. 257 | 0. 086 | 5. 111 | 0. 002 |
| 间接效应 1/总效应 | 0. 295 | 0. 129 | 0. 560 | 0. 007 |
| 间接效应 2/总效应 | 0. 070 | 0. 081 | 0. 178 | 0. 037 |

资料来源：本表数据来源于 AMOS 24.0 报告结果。

（2）物流共享化水平。

分析表 5 - 22 和图 5 - 16 可得，中介作用拟合优度较好。如表 5 - 23 和图 5 - 17 所示，物流共享化水平对互动合作的相关系数为 0. 370[***]，t 值为 15. 507，互动合作对应急物流能力的相关系数为 0. 676[***]，t 值为 14. 605；物流共享化水平对资源整合的相关系数为 0. 472[***]，t 值为 16. 527，资源整合对应急物流能力的相关系数为 0. 096[***]，t 值为 11. 338，上述数据分析结果均符合 t > 1. 96 且 p < 0. 05 的检验标准，假设 H4、H4a、H4b、H5、H5a、H5b 得到了验证。

表 5 – 22　　　　　　　　　　结构方程模型的配适度指标值 2

| 指标 | $\chi^2/df$ | RMSEA | GFI | CFI | TLI | NFI | RFI | IFI |
|------|------|------|------|------|------|------|------|------|
| 检验结果 | 1.530 | 0.038 | 0.932 | 0.935 | 0.928 | 0.881 | 0.866 | 0.936 |

资料来源：本表数据来源于 AMOS 24.0 报告结果。

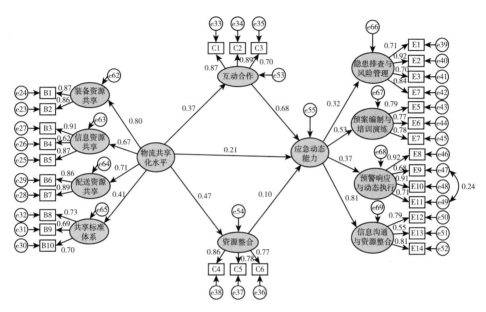

图 5 – 16　中介效应模型路径 2

表 5 – 23　　　　　　　　　模型路径系数与假设检验汇总 2

| 路径 | | | Estimate | S. E. | C. R. | P | Label |
|------|------|------|------|------|------|------|------|
| 互动合作 | ← | 物流共享化水平 | 0.370 | 0.084 | 15.507 | *** | a1 |
| 资源整合 | ← | 物流共享化水平 | 0.472 | 0.095 | 16.527 | *** | a2 |
| 应急物流能力 | ← | 互动合作 | 0.676 | 0.044 | 14.605 | *** | b1 |
| 应急物流能力 | ← | 物流共享化水平 | 0.207 | 0.034 | 12.289 | 0.022 | c |
| 应急物流能力 | ← | 资源整合 | 0.096 | 0.021 | 11.338 | ** | b2 |

注：*** 表示 $p < 0.001$，** 表示 $p < 0.01$，* 表示 $p < 0.05$。

资料来源：本表数据来源于 AMOS 24.0 报告结果。

如表 5 – 24 所示，经分析可得，互动合作和资源整合在参与物流共享化水平对应急物流能力影响的总中介作用显著，95% 的 Boot Strap 置信区间为（0.075，0.395），不包含 0。同理，分析间接效应 1（互动合作）与间

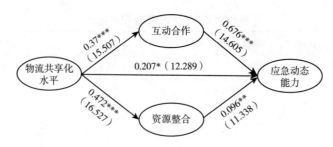

**图 5 - 17    中介效应模拟路径系数估计结果 2**

接效应 2（资源整合）95% 的 Boot Strap 置信区间可得，此路径中互动合作和资源整合的中介效应均显著。

表 5 - 24                      价值共创的中介效应检验

| Parameter | Estimate | Lower | Upper | P |
|---|---|---|---|---|
| 间接效应 1 | 0.095 | 0.044 | 0.161 | 0.002 |
| 间接效应 2 | 0.017 | 0.009 | 0.053 | 0.026 |
| 总效应 | 0.190 | 0.075 | 0.395 | 0.002 |
| 间接效应 1/总效应 | 0.498 | 0.278 | 0.792 | 0.002 |
| 间接效应 2/总效应 | 0.090 | 0.043 | 0.262 | 0.026 |

资料来源：本表数据来源于 AMOS 24.0 报告结果。

综合来看，H6、H6a、H6b 得到验证。

### （三）调节效应分析

本章的调节效应为有中介的调节，即环境动态性对互动合作与应急物流能力、资源整合与应急物流能力调节作用的检验，先根据巴伦和肯尼（Baron and Kenny，1986）的研究方法，对研究模型中的自变量和调节变量进行中心化处理，之后使用 AMOS 24.0 软件进行分析检验。

从表 5 - 25 和图 5 - 18 可以看出，调节作用具有较好的拟合优度。分析表 5 - 26 和图 5 - 19 的路径系数可得，交互项 1（互动合作和环境动态性的交互项）、交互项 2（资源整合和环境动态性的交互项）与应急物流能力的交互系数均为负值，由此证实了环境动态性对价值共创（互动合作、资源整合）与应急物流能力之间的作用关系进行了负向调节，故假设 H7、H7a、H7b 得以验证。

表 5－25　　　　　　　　　结构方程模型的配适度指标值 3

| 指标 | $\chi^2/df$ | RMSEA | GFI | TLI | NFI | CFI | RFI | IFI |
|------|------|------|------|------|------|------|------|------|
| 检验结果 | 1.568 | 0.030 | 0.945 | 0.928 | 0.835 | 0.933 | 0.823 | 0.933 |

资料来源：本表数据来源于 AMOS 24.0 报告结果。

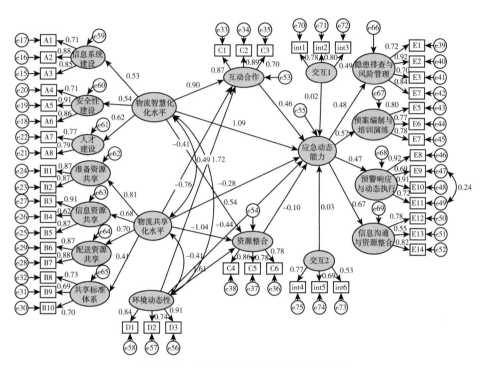

图 5－18　有调节的中介效应模型路径 3

表 5－26　　　　　　　　　模型路径系数与假设检验汇总 3

| 路径 | | 标准化 | 非标准化 | S.E. | C.R. | P |
|------|------|------|------|------|------|------|
| 互动合作 | ← 物流智慧化水平 | 2.021 | 0.904 | 0.831 | 12.432 | 0.015 |
| 互动合作 | ← 物流共享化水平 | 0.506 | 0.410 | 0.416 | 11.218 | 0.023 |
| 资源整合 | ← 物流智慧化水平 | 4.047 | 1.716 | 2.272 | 11.781 | ** |
| 资源整合 | ← 物流共享化水平 | 1.358 | 1.043 | 1.114 | 11.219 | 0.023 |
| 互动合作 | ← 环境动态性 | -0.703 | -0.757 | 0.315 | 12.229 | 0.026 |
| 资源整合 | ← 环境动态性 | -1.574 | -1.607 | 0.857 | 11.837 | ** |
| 应急物流能力 | ← 互动合作 | 0.211 | 0.459 | 0.049 | 14.319 | *** |
| 应急物流能力 | ← 物流智慧化水平 | 1.122 | 1.092 | 1.323 | 10.848 | ** |

续表

| 路径 | | | 标准化 | 非标准化 | S. E. | C. R. | P |
|---|---|---|---|---|---|---|---|
| 应急物流能力 | ← | 物流共享化水平 | 0.160 | 0.283 | 0.550 | 10.291 | 0.011 |
| 应急物流能力 | ← | 资源整合 | 0.045 | 0.103 | 0.132 | 10.338 | 0.035 |
| 应急物流能力 | ← | 环境动态性 | −0.189 | −0.442 | 0.499 | 10.378 | ** |
| 应急物流能力 | ← | 交互1 | −0.011 | −0.023 | 0.029 | 10.394 | ** |
| 应急物流能力 | ← | 交互2 | −0.015 | −0.026 | 0.035 | 10.435 | ** |

注：*** 表示 $p < 0.001$，** 表示 $p < 0.01$，* 表示 $p < 0.05$。
资料来源：本表数据来源于 Amos 24.0 报告结果。

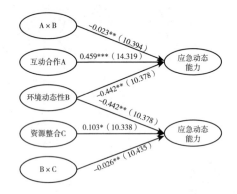

**图5－19　有调节的中介效应模拟路径系数估计结果**

此外，如表5－27～表5－30所示，在95%的 Bais-corrected 和95% Percenntile 检验下，高分组与低分组的置信区间均不包含0，所以可得环境动态性对互动合作与应急物流能力，以及对资源整合与应急物流能力的负向调节效应显著。

1. 物流智慧化水平维度下互动合作的调节效应如表5－27所示。

表5－27　　　　　　　　环境动态性的调节效应检验1

| | Estimate | Bais-corrected 95% CI | | | Percenntile 95% CI | | |
|---|---|---|---|---|---|---|---|
| | | Lower | Upper | P | Lower | Upper | P |
| int_high | 0.404 | 0.019 | 3.431 | 0.034 | 0.705 | 1.032 | 0.052 |
| int_mean | 0.426 | 0.031 | 3.865 | 0.029 | 0.680 | 1.022 | 0.045 |
| int_low | 0.448 | 0.027 | 4.167 | 0.031 | 0.711 | 1.089 | 0.042 |

资料来源：本表数据来源于 AMOS 24.0 报告结果。

2. 物流智慧化水平维度下资源整合的调节效应如表5 – 28所示。

表5 – 28 环境动态性的调节效应检验2

| | Estimate | Bais-corrected 95% CI | | | Percenntile 95% CI | | |
|---|---|---|---|---|---|---|---|
| | | Lower | Upper | P | Lower | Upper | P |
| int_high | – 0. 124 | – 9. 733 | – 0. 66 | 0. 051 | 0. 108 | 1. 485 | 0. 041 |
| int_mean | – 0. 181 | – 9. 814 | – 0. 615 | 0. 019 | 0. 005 | 1. 373 | 0. 042 |
| int_low | – 0. 239 | – 9. 829 | – 0. 573 | 0. 028 | 0. 165 | 1. 334 | 0. 031 |

资料来源：本表数据来源于 AMOS 24. 0 报告结果。

3. 物流共享化水平维度下互动合作的调节效应如表5 – 29所示。

表5 – 29 环境动态性的调节效应检验3

| | Estimate | Bais-corrected 95% CI | | | Percenntile 95% CI | | |
|---|---|---|---|---|---|---|---|
| | | Lower | Upper | P | Lower | Upper | P |
| int_high | – 0. 101 | – 2. 152 | – 0. 046 | 0. 005 | – 0. 408 | – 0. 177 | 0. 103 |
| int_mean | – 0. 107 | – 2. 306 | – 0. 048 | 0. 002 | – 0. 412 | – 0. 176 | 0. 068 |
| int_low | – 0. 112 | – 2. 421 | – 0. 054 | 0. 009 | – 0. 429 | – 0. 196 | 0. 048 |

资料来源：本表数据来源于 AMOS 24. 0 报告结果。

4. 物流共享化水平维度下资源整合的调节效应如表5 – 30所示。

表5 – 30 环境动态性的调节效应检验4

| | Estimate | Bais-corrected 95% CI | | | Percenntile 95% CI | | |
|---|---|---|---|---|---|---|---|
| | | Lower | Upper | P | Lower | Upper | P |
| int_high | 0. 042 | 0. 277 | 2. 810 | 0. 086 | 0. 681 | 1. 933 | 0. 032 |
| int_mean | 0. 061 | 0. 177 | 3. 431 | 0. 054 | 0. 653 | 1. 988 | 0. 065 |
| int_low | 0. 08 | 0. 135 | 3. 489 | 0. 028 | 0. 612 | 2. 008 | 0. 046 |

资料来源：本表数据来源于 AMOS 24. 0 报告结果。

如图5 – 20和图5 – 21所示，本章依据上述分析结果绘制了环境动态性的调节效应图。经分析可得，在高（低）程度环境动态下，互动合作和资源整合均正向影响应急物流能力。在高水平环境动态下，互动合作和资源整合与应急物流能力关系变弱；在低水平环境动态下，互动合作和资源整合与应急物流能力关系变强。由此可得，价值共创（互动合作、资源整合）对应急物流能力的中介效应受到了环境动态性的负向调节影响，假设 H7、H7a、H7b 得到验证。

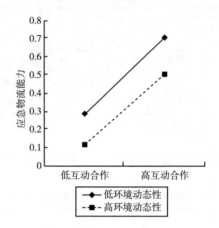

图 5 - 20　环境动态性对互动合作和应急物流能力的调节效应检验

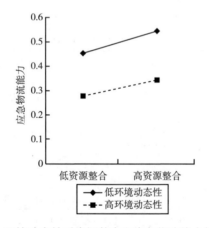

图 5 - 21　环境动态性对资源整合和应急物流能力的调节效应

## 六、假设检验结果汇总

相关假设结果检验情况如表 5 - 31 所示。

表 5 - 31 假设结果检验汇总

| 假设 | 假设内容 | 检验结果 |
|---|---|---|
| H1 | 物流智慧化水平对物流企业应急物流能力有正向影响 | 支持 |
| H2 | 物流共享化水平对物流企业应急物流能力有正向影响 | 支持 |
| H3 | 物流智慧化水平对价值共创有正向影响 | 支持 |
| H3a | 物流智慧化水平对物流企业的互动合作有正向影响 | 支持 |
| H3b | 物流智慧化水平对物流企业的资源整合有正向影响 | 支持 |
| H4 | 物流共享化水平对价值共创有正向影响 | 支持 |
| H4a | 物流共享化水平对物流企业的互动合作有正向影响 | 支持 |
| H4b | 物流共享化水平对物流企业的资源整合有正向影响 | 支持 |
| H5 | 价值共创对应急物流能力有正向影响 | 支持 |
| H5a | 互动合作对应急物流能力有正向影响 | 支持 |
| H5b | 资源整合对应急物流能力有正向影响 | 支持 |
| H6 | 价值共创在物流智慧化水平、物流共享化水平与应急物流能力之间起中介作用 | 支持 |
| H6a | 互动合作在物流智慧化水平、物流共享化水平与应急物流能力之间起中介作用 | 支持 |
| H6b | 资源整合在物流智慧化水平、物流共享化水平与应急物流能力之间起中介作用 | 支持 |
| H7 | 环境动态性在价值共创与物流企业应急物流能力之间起反向调节作用 | 支持 |
| H7a | 环境动态性在互动合作与物流企业应急物流能力之间起反向调节作用 | 支持 |
| H7b | 环境动态性在资源整合与物流企业应急物流能力之间起反向调节作用 | 支持 |

# 第六节 研究结果

本章以重大突发事件背景下应急物流企业为研究对象，依据价值共创理论、协同理论、利益相关者理论等基础理论，构建了物流智慧化水平、物流共享化水平、价值共创、环境动态性与应急物流能力的整体概念模型，深入理解物流企业如何通过"智慧＋共享"物流模式完善应急物流治理机制，探寻提升企业应急物流能力优化路径，主要得出以下研究结果。

（1）企业的物流智慧化水平、物流共享化水平与企业应急物流能力正向相关。"物流智慧化"与"物流共享化"彼此交融，相辅相成。"物流智慧化"为"物流共享化"提供有力的信息技术支撑，"物流共享化"为"物流智慧化"拓宽沟通与交流的共享平台，有助于提高企业应急效率与效能，增强现代物流企业应急物流建设能力。

（2）企业的物流智慧化水平、物流共享化水平与价值共创正向相关。在"智慧＋共享"应急物流模式中，智慧物流系统与共享物流系统相辅相成、相互支持、相互强化，促进企业间的互动合作与资源共享，构建了价值共创作用机制，增强了物流协同程度，有利于提升物流主体价值创造能力，促进物流行业可持续发展，逐渐走向有序化和高效化。

（3）企业的价值共创对企业应急物流能力有着积极的促进作用。不仅如此，价值共创在物流智慧化水平、物流共享化水平对应急物流能力的影响中发挥部分中介作用。物流企业物流智慧化与物流共享化水平的提升，可强化企业价值共创作用效应，有助于对闲置资源进行整合和共享，提高物流产业的生产效益，进而增强企业应急作用效能，提升企业应急物流能力，助推现代物流企业实现物流信息化、协同化、专业化以及可持续化发展。

（4）企业的环境动态性具有负向调节作用。环境动态性是企业发展的重要影响因素，尤其是在应对突发事件背景下，环境不稳定因素的影响作用愈加明显。高度动态的环境给物流企业可持续发展带来了风险与不确定性，打破企业生产经营预期，阻碍企业正常生产经营活动。因此，尽管价值共创对企业应急物流能力存在正向作用，但环境动态性会削弱这一积极关系。

# 第七节　管理启示

## 一、对政府及行业协会的建议

对于政府、行业协会来说，在应对非常规突发事件过程中，应强化多组织、多层面的应急救援协同治理工作，加强"智慧＋共享"应急物流理念的宣传与普及，推动智慧应急物流方案有效落实。

1. 加大应急物流政策性引导和扶持力度。政府应通过出台相关发展政策、制定应急物流产业发展规划，促进智慧应急供应链等方面的建设；完善智慧物流基础设施，搭建智慧物流骨干网，强化应急物流智慧运输与智慧交通建设；制定行业规范，实现不同部门联合实施应急治理，保障智慧物流企业的健康发展；设置专项资金和税收优惠，加强对应急物流建设的财政支持；充分发挥金融机构等社会组织对于应急物流建设资金进行筹集与投资的融通作用，为应急物流发展壮大提供金融支持。

2. 加快应急物流信息标准规范体系构建。一方面，加强、加快应急物流核心技术研制与开发，实现现代化应急物流技术更新迭代。另一方面，在不同行业、不同企业设置应急物流标准规范，实现应急物流环节的标准化管理，不断完善智慧应急物流标准化体系建设；构建透明、可视化应急物流信息系统，加强市场督察功能，有助于实现应急物流资源的高效整合和配置优化，提高应急救援效率，推动未来智慧物流建设方案有效落地。

3. 加强应急物流专业人才培养工程建设。一是在高等院所、技术学校、社会教育机构增设应急物流相关的培训课程与学科专业，提高应急物流的专业化水平与社会影响力。二是基于产学研形式，对高校、科研院所等组织的高水平专业人才资源进行联合培养，增强应急物流人才的理论知识与实践能力。三是政府部门依据社会人才资源实际情况出台相关人才培养与引进政策，以壮大我国智慧应急物流人才队伍。

## 二、对物流企业的建议

数字经济背景下，现代应急物流的管理离不开"智慧化"与"共享化"的物流理念，两者相辅相成，才能达到应急物流服务"1＋1＞2"的效果。因此，物流企业应遵循"智慧＋共享"物流模式，提升物流营运效率与应急物流能力水平，打造一流应急物流服务。

1. 重视数字化能力构建，推动应急物流企业数字化转型。物流企业应对大数据、物联网、云计算等智慧物流技术进行进一步优化与完善，加强对应急物流运行与管理所需现代化物流技术的研发和应用，提高应急物流运作效率以及配送发放的准确性，进一步提升企业应急物流数字化转型实践的质量水平。

同时，及时掌握外界经济与市场发展动态并快速找到适于企业自身发展的市场定位，优化资源配置，实现应急物流效率的最大化、时效和成本的最优化，逐步形成有序、协调的物流服务局面，提升企业应急服务能力。

2. 建立有效开放的应急信息分享平台，促进价值共创稳步推进。物流企业应注重加强与合作主体的互动合作与资源整合，搭建应急信息交流与共享平台，实现应急信息资源在整个应急物流体系网络中的融通与流动，促进应急参与主体进行价值共创活动。此外，物流企业应针对应急信息分享平台制定出一套激励方案，激发应急物流人员对应急物流发展问题的思考，进而提升现代物流企业应急服务效益与能力。

3. 顺应时代发展趋势，实现企业变革创新与可持续发展。步入信息化时代，市场环境、经济环境、政治环境瞬息万变，企业需要立足于自身能力条件，时刻掌握外部环境的变化形势与动态，及时调整应急规划与部署，不断进行摸索与尝试，顺应时代潮流趋势，创造和发展企业的应急物流建设工程。

4. 秉承开放、共享、合作的企业发展理念，推动应急物流企业联合发展。"智慧＋共享"新型应急物流系统给传统物流行业带来了机遇和挑战，鉴于此，应引导物流城市、物流园区、物流企业融合发展，构建科学高效的应急物流网络体系，促进整个应急物流行业实现联合发展。同时引导物流企业进行改革与创新，推动应急物流企业管理模式和组织方式改进升级。

# 第六章 考虑社工介入的灾后应急重建多元主体治理机制

## 第一节 基于社区自治的应急管理体系

灾后重建是我国应急管理建设的一项重要内容（马晓东，2021）。近年来，全球已发生多起气候灾害、地质灾害、坠机事故和规模性疫情，严重危害了人民的生命安全和经济社会健康发展。这对我国灾后重建治理体系和治理能力提出了严峻挑战，特别是灾后治理的组织建设、服务保障、民生改善和制度发展（何爱平和安梦天，2020；朴君峰，2021；刘晓梅等，2022；邵景均，2022；叶必丰，2022）。这些层面的质量水平提升关键在于灾后治理中各种组成要素的系统性运转（杨联和曹惠民，2021）。然而，任何复杂系统的要素数以万计，关系复杂，很难进行简单陈述与罗列，研究系统性质有多种层面，研究系统治理的首要目标是明确构成主体。

我国灾后重建主体包括政府主体和社会主体，其组成逻辑为"政府主导，社会参与"，两主体相互促进，共同发展（浦天龙，2020）。其中，社会参与力量近年来在不断扩大（钟开斌，2014），社会主体为灾后重建工作作出了重要贡献。2008年全国应急管理体系基本建立，以"一案三制"为核心的应急管理体系基本形成（王燕和陈红，2022）。应急管理实践作为对灾后重建的回应，已经由单灾种、综合性灾种进入"大国家安全"的应急管理时代（樊博和聂爽，2017）。客观来讲，我国人民更加关注灾害带给灾民的心理创伤、社会支持系统的受损情况以及灾民的复原力、抗逆力元素（陶鹏和童星，2012），学术界对灾后治理的研究对灾害的概念认识不再局限于"事件—功能主义"导向，逐渐拓展到脆弱性、韧性、社会建构主义与不平等，形成了以

"风险源—关系链—灾害链"为逻辑架构的灾害概念（周利敏，2015；葛懿夫等，2022）。

目前，多项研究阐明了社会主体在灾后重建中的重要意义。巩宜萱等（2022）提出通过建立政府主导—社会协同—公众参与的结构关系，运用数字化、智慧化手段赋能政府应急管理。有学者对汶川地震的灾后重建工作进行研究，社会工作者主动进入灾区开展社会工作服务，据不完全统计，有专业社会工作机构30多家，前后有500多位社会工作者进入灾区开展服务，由于社会工作的本质是帮助困难群体，在灾难面前，所有受灾者都是困难群体，社会工作者有不容置疑的责任去介入灾后救援与重建中（韦克难等，2010；韦克难和陈晶环，2019）。

但是，这些研究对社工主体参与并发挥作用的具体原理的解释较为宏观，对多元主体中社工主体与其他主体之间的作用机制有待进一步明确，尤其是多主体中社工主体如何提高协调性和一致性、如何提升灾后治理综合成效。耗散结构理论作为研究系统多元素之间协调一致性和可持续性的重要理论，利用"熵"变量对系统状态进行判据，一个远离平衡的开放系统，当外界条件变化达到某一特定阈值时，系统通过不断与外界进行物质和能量交换，从原来的无序状态转化为一种时间、空间或功能的有序状态，此时形成的远离平衡的、稳定有序的结构被称为耗散结构（陈忠和盛毅华，2005）。

综上所述，为了进一步说明社工主体在灾后重建治理中的作用，本章将其作为一个子系统（以下简称社工多元主体系统）与传统的"政府主导、社会参与"模式下的灾后重建治理子系统（以下简称传统多元主体系统）共同组成"灾后重建多元主体治理系统"，并运用耗散结构理论，借助经典系统熵模型对该系统进行了建构，进一步利用化学反应 Brusselator 模型对其进行了原理解释、条件判据。在此基础上，通过调研 S 省 A、B 两市的系统指标进行了实证研究，对研究结论进行了原理性解释，说明了在社工主体参与下，灾后重建多元主体治理系统在应急管理建设中具有有效性和科学性。

## 第二节 灾后重建多元主体治理系统的模型构建

### 一、模型解释

本章基于耗散结构理论对灾后重建多元主体治理系统进行模型构建，该模型主要反映系统的自组织特点和系统达到自组织状态的特征，根据"熵"变量条件判据设计主模型，其原理如图6－1所示。

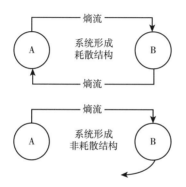

**图6－1 耗散结构系统判据示意图**

在图6－1中，设系统由A、B两个子系统组成，如果系统的"熵"流能够自发运行，则形成耗散结构，反之，则形成非耗散结构。"熵"作为一种反映系统有序性的状态函数变量（胡英，2007），其取值符号方向能够反映系统自组织能力的变化。一个孤立系统，通过边界划定系统主体与外部环境二元空间，即：

$$\Delta S = \Delta S_i（系统主体） + \Delta S_e（外部环境） \qquad (6－1)$$

如果系统要具备耗散结构条件，其热力学条件必须满足熵变 $\Delta S < 0$。

Brusselator模型是耗散结构系统论在化学反应系统中的微观解释，它基于三分子模型展开，本章在文章逻辑的基础上以Brusselator模型隐喻多元主体协同治理的内在机理：

$$A \xrightarrow{k_1} X$$

$$B + X \xrightarrow{k_2} Y + D$$

$$2X + Y \xrightarrow{k_3} 3X \qquad (6-2)$$

$$X \xrightarrow{k_4} E$$

反应方程中，A 代表传统多元主体，B 代表社工多元主体，X 和 Y 作为中间产物起到对整个反应的自催化作用，分别为服务导向和专业力量介入，基于 A 和 B 两主体在应急管理中服务理念与目标的一致性，以及各主体代表的不同专业领域。最终，反应的产物为应急管理水平的提升和多主体协同治理的周期性运转，进一步反馈到原来的反应中，构成"周期性"循环，形成耗散结构，如图 6-2 所示。

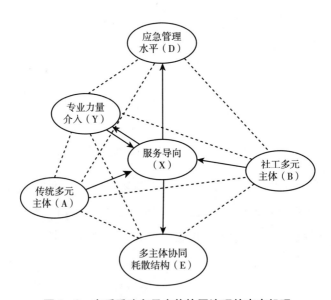

**图 6-2 灾后重建多元主体协同治理的内在机理**

该反应模型的动力学方程可表示如下：

$$\begin{cases} \dfrac{dX}{dt} = k_1 A - k_2 BX + k_3 X^2 Y - k_4 X \\ \dfrac{dY}{dt} = k_2 BX - k_3 X^2 Y \end{cases} \qquad (6-3)$$

解得 $x = \sqrt{\dfrac{k_3}{k_4}} X$，$y = \sqrt{\dfrac{k_3}{k_4}} Y$，$a = \sqrt{\dfrac{k_1^2 k_3}{k_4}} A$，$b = \dfrac{k_2}{k_4} B$，反应生成速率为 0

时，令 $u = x - a$，$v = y - \dfrac{b}{a}$，$x_0 = a$，$y_0 = \dfrac{b}{a}$ 得到方程组（6 - 4）：

$$\begin{cases} \dfrac{du}{dt} = (b - 1) u + a^2 v \\[2mm] \dfrac{dv}{dt} = -bu - a^2 v \end{cases} \qquad (6 - 4)$$

解该微分方程的原理基于中间产物 X 与 Y 呈周期性的协同变化，即 $\dfrac{dX}{dY}$ 的

变化应为周期性交替，否则反应物浓度单调减少，不能够满足 X 发生自催化，导致最终不能形成耗散结构。根据前人研究结论（吴颖和车林杰，2016），满足形成耗散结构的动力学方程的条件为方程（6 - 5）：

$$k_2 k_4^2 \left| B \right| - (k_4^2 + k_1^2 k_3 A^2) > 0 \qquad (6 - 5)$$

## 二、模型的科学性与可行性

广大学者以"管理熵"为函数，反映复杂系统的多指标评价。本章应用该理论基础，对多元主体协同治理系统的内涵进行剖析，有其科学性与可行性，主要包括以下四个方面。

1. 灾后重建多元主体系统是一个开放系统，由传统多元主体和社工多元主体共同形成。两大主体系统持续与外界进行物质、能量交换。各主体向外界获取资源，部分资源转化成服务效果，这种效果不断回馈系统，使系统循环运转。

2. 灾后重建多元主体系统是远离平衡态的系统。在多元主体系统内，系统不会将所有资源平均分配，有些主体会分配到较多的人力、物力资源，相应主体也会拥有更高的社会地位，受到灾民群众尊重。这样的特点决定多元主体系统是远离平衡态的系统，符合耗散结构形成条件。

3. 灾后重建多元主体系统存在非线性作用。该系统体现出主体间相互作用关系，而非线性叠加关系（刘岩，2017）。各主体在给灾民开展服务时对灾民的影响是多主体共同作用的结果，开展服务时产生的效果有时差异很大。非

线性作用对灾后重建的意义在于，可以协调和整合系统中多元主体之间的互动行为，使灾后重建中的多元主体系统产生协同作用，促进整体工作效率的提升。

4. 灾后重建多元主体系统具有涨落机制。耗散结构理论认为，系统在演化过程中会出现"涨落"，即可持续循环发展。在开展灾后重建工作过程中会遭遇到不可控、未知的因素，合作不顺畅、灾民不买账、公众不理解、效果与初衷不相符合的情况时有发生，灾民对多元主体在工作中效果的评价时高时低，会出现"涨落"情况。

## 第三节　模型假设

上面分析了灾后重建多元主体系统成为耗散结构的科学性与可行性，本节探讨灾后重建多元主体系统的正熵、负熵和基本假设，图 6 - 3 为系统正、负熵指标。

**图 6 - 3　系统正、负熵指标**

假设 6 - 1：灾后重建多元主体系统是一个可以按照二元主体进行"熵"流边界划分的系统。

灾后重建多元主体系统由政府主体和社工主体两大部分组成，各部分主体包括多个要素，由此可以划分为正熵和负熵。社工多元主体治理理论的最大贡献在于打破了政府是管理公共事务唯一正当力量的传统观念（胡鞍钢，2001）。灾后重建多元主体是一个相互联系、相互制约的若干要素统一起来的系统，由多个要素组成，包括专业社会工作者、社会组织、心理工作者、专业应急管理工作人员，还有民政系统工作人员也是应急管理工作中的主要实践主体，是参与灾后应急援建的主要工作队伍，承担着灾后重建、社区重建、灾民心理疏导等多种职能，是一个相互作用的有机整体（胡鞍钢，2001）。

假设6-2：本章中传统多元主体的评价指标演化趋于无序，社工多元主体的评价指标演化趋于有序。

系统正熵包括服务满意度和政策满意度，服务满意度即政府救助工作满意度、政府灾后补给满意度、生活条件改善程度、灾后收入情况满意度；政策满意度即政府救助制度满意度、财产补助落实满意度、政府物资供应满意度、防救灾宣传活动情况。系统正熵增加，系统会趋向无序状态、系统混乱，进而会降低灾后重建的应急管理水平。系统负熵包括整改情况和投入情况，整改情况是指排查督导整改增长率、安全事故下降率、死亡下降率、行政处罚增长率；投入情况是指灾害救助投入比例、新建救灾场所增长率、灾害重建支出、救灾管理人员增长率。传统多元主体和社工多元主体共同构成灾后重建多元主体系统，传统多元主体评价指标趋于无序，正熵值高，传统多元主体系统可以通过引入社工多元主体系统的负熵流演变为耗散结构，使灾后重建多元主体系统有序度提高，应急管理水平提升。

# 第四节　案例分析

本节以S省A市和B市的灾后治理情况为例，验证上述理论研究的有效性，并考察灾后重建多元主体系统成为耗散结构的必要条件以及灾后重建多元主体系统运转机理和演化逻辑。

A市和B市于2021年均遭受暴雨洪涝灾害，但是B市相比A市，当地政府购买了第三方社工机构服务。本章共调查S省A市和B市各5个县区的16项指标，具体如表6-1所示。其中"正熵"指标通过调研政府数据获得，"负熵"指标通过对灾民进行问卷调查获得。问卷共发放570份，收回518份，

表6-1　　A、B市灾后治理统计指标分布

| 指标 | 地区 | | | | | | | | | |
|---|---|---|---|---|---|---|---|---|---|---|
| | A市a县 | A市b县 | A市c县 | A市d县 | A市e县 | B市a县 | B市b县 | B市c县 | B市d县 | B市e县 |
| 安全事故下降率（%） | 42.30 | 31.25 | 27.27 | 52.94 | 28.57 | −29.10 | 22.40 | −50.00 | 25.00 | 30.00 |
| 死亡下降率（%） | 65.38 | 41.67 | 36.84 | 57.90 | 39.13 | 13.30 | 18.20 | −15.00 | 33.33 | 46.20 |
| 排查督导整改增长率（%） | 16.36 | 17.35 | 12.69 | 13.12 | 8.38 | 24.52 | 17.43 | 13.79 | 25.62 | 16.18 |
| 行政处罚词增长率（%） | 58.53 | 41.86 | 28.07 | 58.62 | 23.39 | 46.00 | 19.23 | 72.22 | 77.78 | 37.50 |
| 灾害救助投入比例（%） | 16.23 | 11.97 | 13.46 | 9.71 | 12.63 | 23.12 | 25.82 | 19.26 | 12.82 | 22.23 |
| 新建救灾场所增长率（%） | 11.76 | 5.26 | 23.08 | 15.79 | 17.65 | 39.39 | 43.24 | 34.38 | 19.23 | 32.56 |
| 灾害重建支出（元） | 29298249 | 43241652 | 12312379 | 20686723 | 53323026 | 76905369 | 980697 | 13576223 | 52692067 | 35295319 |
| 救灾管理人员增长率（%） | 5.17 | 8.52 | 11.90 | 6.89 | 18.12 | 23.81 | 23.08 | 12.50 | 3.85 | 35.29 |
| 政府救助工作满意度（%） | 96.31 | 98.18 | 96.53 | 99.12 | 97.85 | 93.85 | 95.45 | 97.91 | 99.35 | 98.44 |
| 灾后收入情况满意度（%） | 82.86 | 93.52 | 95.32 | 96.35 | 96.98 | 90.50 | 97.73 | 98.95 | 96.24 | 97.50 |
| 生活条件改善满意度（%） | 82.38 | 89.26 | 91.82 | 83.28 | 85.33 | 92.18 | 94.70 | 97.38 | 93.55 | 88.75 |
| 财产补助落实满意度（%） | 90.71 | 95.19 | 96.98 | 98.95 | 93.17 | 93.30 | 96.97 | 98.69 | 95.59 | 94.38 |
| 政府物资供应满意度（%） | 91.12 | 97.63 | 89.26 | 92.37 | 88.73 | 96.09 | 97.73 | 98.22 | 97.85 | 93.13 |
| 政府灾后补给满意度（%） | 93.88 | 96.24 | 98.33 | 95.92 | 97.67 | 98.32 | 99.24 | 99.21 | 95.97 | 98.13 |
| 政府救助制度满意度（%） | 95.76 | 94.32 | 89.46 | 97.05 | 90.96 | 96.65 | 98.49 | 95.81 | 97.98 | 95.93 |
| 防救灾宣传活动情况（%） | 92.50 | 92.12 | 77.97 | 90.37 | 60.93 | 95.53 | 93.94 | 98.43 | 96.94 | 95.00 |

有效回答为 516 份，问卷采取李克特量表形式，通过计算得到数值。

根据前人文献方法，通过熵值法计算各指标的熵值权重可以反映出指标信息的熵变。设共有 i 项指标，j 个研究对象，构建指标矩阵 A = a_{ij}。

各指标所占权重计算公式为式（6-6）：

$$P_{ij} = \frac{x_{ij}}{\sum_i \sum_j x_{ij}} \qquad (6-6)$$

第 i 项指标的信息熵相关公式为式（6-7）：

$$e_i = -\frac{1}{\ln 5} \sum_i P_{ij} \cdot \ln(P_{ij}) \qquad (6-7)$$

指标的冗余度的计量公式为式（6-8）：

$$d_i = 1 - e_i \qquad (6-8)$$

指标的熵权的计量公式为式（6-9）：

$$\omega_i = \frac{d_i}{\sum_i d_i} \qquad (6-9)$$

系统的熵值的计算公式为式（6-10）：

$$E = \sum_i \omega_i e_i \qquad (6-10)$$

其计算结果如表 6-2 所示。

表 6-2　　　　A 市 B 市灾后重建系统正负熵指标统计情况

| 地区 | 系统正熵 | 熵值 | 系统负熵 | 熵值 |
|---|---|---|---|---|
| A 市（正熵 0.3538；负熵 0.3899） | 政府救助制度满意度 | 0.054901 | 安全事故下降率 | 0.062500 |
| | 防救灾宣传活动情况 | 0.036696 | 死亡下降率 | 0.050250 |
| | 政府救助工作满意度 | 0.040600 | 排查督导整改数量增长率 | 0.036652 |
| | 财产补助落实满意度 | 0.032642 | 行政处罚增长率 | 0.040650 |
| | 政府灾后补给满意度 | 0.044184 | 灾害救助投入比例 | 0.038775 |
| | 生活条件改善满意度 | 0.034645 | 新建救灾场所增长率 | 0.060260 |
| | 政府物资供应满意度 | 0.059096 | 灾害重建支出 | 0.046380 |
| | 灾后收入情况满意度 | 0.051060 | 救灾管理人员增长率 | 0.054416 |

| 地区 | 系统正熵 | 熵值 | 系统负熵 | 熵值 |
|---|---|---|---|---|
| B市<br>（正熵0.2866；<br>负熵0.4206） | 政府救助制度满意度 | 0.038824 | 安全事故下降率 | 0.063612 |
| | 防救灾宣传活动情况 | 0.032785 | 死亡下降率 | 0.050700 |
| | 政府救助工作满意度 | 0.038070 | 排查督导整改数量增长率 | 0.064064 |
| | 财产补助落实满意度 | 0.046632 | 行政处罚增长率 | 0.040570 |
| | 政府灾后补给满意度 | 0.035260 | 灾害救助投入比例 | 0.046765 |
| | 生活条件改善程度 | 0.023625 | 新建救灾场所增长率 | 0.051450 |
| | 政府物资供应满意度 | 0.035426 | 灾害重建支出 | 0.057488 |
| | 灾后收入情况满意度 | 0.036056 | 救灾管理人员增长率 | 0.045994 |

最终计算得到 A 市灾后重建系统的熵值为 0.744，B 市的熵值为 0.707，根据前述结论，B 市灾后治理的评价指标有序性较 A 市偏高。也就是说，A 市灾后重建系统在社工主体介入后，可以引入 -0.037 的负熵流，从而使系统向可能形成耗散结构的方向演化。

基于方程 $3k_2k_4^2|B| - (k_4^2 + k_1^2k_3A^2) > 0$，基于反应中社工主体介入的自催化作用，加快了系统的反应速率，令 $k_1 = k_4 = 1$，$k_2 = k_3 = 2$，在此条件下，系统形成耗散结构的判据式为 $|B| > (0.5 + A^2)$。经过计算，A 市的 $|B| = 0.3899$，$(0.5 + A^2) = 0.625$；B 市的 $|B| = 0.4206$，$(0.5 + A^2) = 0.5821$，虽然两市的灾后重建系统都没有形成耗散结构，但是，可以看出，B 市的正熵值较 A 市的正熵值明显降低，这样，使得 B 市的 $|B|$ 和 $(0.5 + A^2)$ 差异明显缩小，系统更接近于形成耗散结构。原因为社工主体的介入使得民众对政府多项政策和社会救助的满意度差异化缩小，在指标的取值上降低了系统的正熵，使得 $(0.5 + A^2)$ 减小，当系统正熵减少到足以小于负熵的取值时，即可满足本模型中的耗散结构判据，系统形成耗散结构。

## 第五节　灾后重建多元主体系统运转机理和演化逻辑

基于案例研究结论，社工多元主体的介入使灾民对政府多项社会政策和社会救助的满意度差异化缩小，进而降低灾后重建多元主体系统的正熵，系统变得更加有序。其运转机理和演化逻辑如图 6-4 所示。

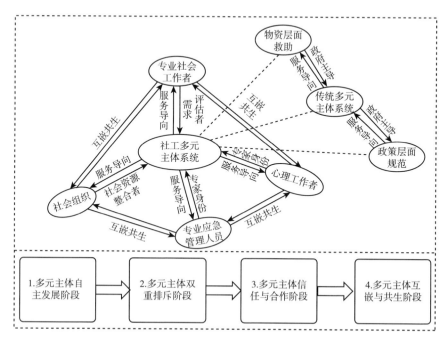

**图 6-4　灾后重建多元主体系统运转机理和演化逻辑**

首先，传统多元主体和社工多元主体共同构成灾后重建多元主体系统，传统多元主体以政府为主，社工多元主体包括专业应急管理主体、专业社会工作者、心理工作者、社会组织。专业应急队伍主要包括安全生产、自然灾害防治、应急救援等领域高素质专业化人才，也包括应急管理研究型人才。应急管理研究型人才的学科背景不是单一的，而是多元化的，包括心理学、社会学、管理科学与工程专业等多种学科背景。社会工作主体依据优势视角理论帮助灾民挖掘自身优势潜能和开发优势资源，对作出积极贡献的灾民进行典型树立，培养模范人物。心理工作者主要负责灾民的心理疏导。社会组织可以凝聚人心、重建社区文化。各主体各司其职、发挥所长，共同服务于灾后重建工作。

其次，灾后重建多元主体系统分为四个阶段，即多元主体自主发展阶段、多元主体双重排斥阶段、多元主体信任合作阶段、多元主体互嵌与共生阶段。

多元主体自主发展阶段存在灾民权利虚置化。在我国，应根据复杂的灾害情景调整关键应急任务和任务执行的优先级（郭雪松和黄纪心，2021）。专业应急管理人员更容易接触到核心信息，相比其他主体掌握的信息更多。但各主体掌握的信息资源不对等，各方互不沟通出现信息孤岛导致工作冗余重复。多元主体之间的联系紧密程度不够、配合度低，甚至在灾后重建中不知道对方的存在，此时各主体处于独立自主发展阶段。此时的灾害重建多元主体系统处于无序状态。灾民的各项权利如知情权、同意权、监督权会被忽略，甚至被他人冒用和虚置。各主体以"己"为出发点思考灾民的需要，而不是倾听灾民的心声，由于长时间被忽视，灾民形成了被动等待的心态，最终导致资源错配和浪费，灾民的权利也逐渐虚置化。

多元主体双重排斥阶段存在灾民监管制度缺位。社工多元主体从自主发展阶段进入双重排斥阶段，第一个排斥是社工主体之间的排斥，但社工主体还处在磨合期，因为不熟悉导致疏离感、陌生感。第二个排斥是社工主体和传统多元主体之间的排斥，灾民天然信任政府的工作人员，有时出于个体心理的"首因效应"只信任最先开始的帮助者，灾民因为信任感不足也会排斥多个主体的服务。各主体间的排斥和服务对象的排斥阻碍工作效率的提升。灾后重建多元主体系统处于无序状态。各主体在双重排斥阶段因沟通欠佳会出现对灾民的重复冗余服务，部分灾民也会心安理得地享受救助服务。民政部门无法对申报社会救助家庭的灾民的经济状况进行全面的衡量和判断，从而在精准认定各类社会救助对象方面还存在一些薄弱环节。对灾民的监管制度缺失导致灾民同时享受双份甚至多份福利资源，影响整体公平，因此迫切需要严格的监管制度来维持公平。

多元主体信任合作阶段存在灾民的双重依赖性。社工多元主体秉承着"助人自助，为灾民服务，灾民利益至上"的价值观。传统多元主体主要以政府为主导，秉承着"为人民服务"的价值观。灾民逐渐开始出现"福利依赖"和"服务依赖"。对灾民救助对象的识别认定应是动态监管的过程，当灾后重建之后两年甚至十年，灾民家庭经济收入发生变化后，必须主动及时将情况向村委会（社区）反映，由村委会（社区）上报乡（镇）民政等有关部门。而在调查中可以了解到，灾民家庭各项收入繁杂，常有变化，但其并未再主动向村委会（社区）去上报收入的变化情况。从这方面来讲，部分救助户存在一定的"物质福利依赖"状况。应急管理人员、专业社会工作者、心理工作者、社会组织、政府等多元主体对灾民的帮扶涉及多个方面，包括文化社区培育、社区骨干培育、心理疏导、团体辅导等，部分灾民会对此产生服务依赖。目前所取得的成果一部分会被保留，另一部分会随着多元主体的撤出而消失，行为倒退。因为灾民并没有形成"自助"，仍停留在"他助"阶段。

在多元主体互嵌与共生阶段（何静，2021），灾民开始互助与自助。互嵌与共生是关系演化发展的高级阶段，多元主体既能保持自身独立性，又能在相互嵌入和共生中达到共赢，提高整个应急管理工作的效率。灾后重建多元主体系统在这个阶段处于有序状态。"内外协同呼应"是指灾害预防治理外部溢出性即经济社会效应与组织形象效应。政府与社会协同开展灾害预防治理能够减轻其对经济社会破坏的影响，提升全社会的防灾减灾救灾能力和齐抓共管协调配合创新能力，政府与社会协同开展灾害预防能够使政府部门与社会组织间的交流合作更加紧密，充分发挥各自制度机制等方面的优势以统筹抵御灾害，通过灾害防治创新途径提升各自的组织形象（张伟静和周密，2022）。在主体间内外协同呼应阶段，各主体有不同的分工，但能够做好互相协调和工作补位。

## 第六节　本章小结

灾后重建多元主体介入灾后重建的主要启示和实践路径包括以下五个方面，即宣传灾后重建工作、引导灾民"助人自助"、培育灾区社区新文化、提高灾后重建发展的共建共享水平、提升弱势群体的灾害复原力，如图 6-5 所示。

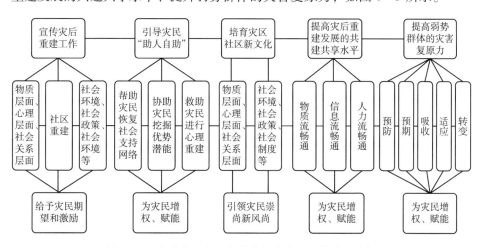

**图 6-5　灾后重建多元主体介入灾害重建的实践路径**

## 一、宣传灾后重建工作

灾后重建服务的宗旨是以人为本、尊重自然、科学重建。多元主体大力宣传灾后重建服务的宗旨，并时刻将宗旨贯穿于灾后重建全方位、全过程。宣传灾后重建中涌现出来的英雄模范人物、社区领袖骨干等，做好新闻宣传报道。通过宣传优秀事迹鼓舞灾区人民自力更生、艰苦奋斗，参与到灾后重建服务。

灾后重建服务包含微观、中观、宏观三个层面，微观层面是指灾民个人的物质层面、心理层面、社会关系重建层面；中观层面是指社区重建方面；宏观层面是指社会环境、社会政策、社会制度等。从这三个层面进行灾后重建服务，并不断向灾民宣传，宣传服务目标实现的可能性、服务实现后的美好愿景，在潜移默化中提高灾民对灾后重建服务的认可度，发挥灾民的主观能动性，提升灾后重建服务的效果。

## 二、引导灾民"助人自助"

1. 帮助灾民恢复社会支持网络。专业社会工作者是优势资源的整合者，社会工作者针对灾民生活重建、家园重建与心灵重建等需求扮演服务提供者、资源链接者、个案管理者、方案设计者、推进者与使能者等多元化角色，为灾害服务提供了重要的专业力量（王思斌，2008）。社会工作者扮演着多元角色，一是需求评估者，运用马斯洛需要层次理论评估案主的需求，案主包括伤员、家属、医务人员、救援人员等；二是信息收集和加工处理者，帮助家属联系医护人员、宣传政府政策；三是资源链接者，帮助案主链接社会组织、医院、政府等相关的社会资源。彭小兵等（2015）提出社会工作可以促进灾区的社会信任、促进社会资本的增进、需要整合灾区福利资源，在救灾和灾后重建体系中明确社会工作的地位、角色、权利，并搭建社会工作交流平台，促进灾区社会秩序的重建。

2. 协助灾民挖掘自身优势潜能。社会工作者相信人具有治愈能力（王曦影，2010）；相信受助者具有潜能；在对案主赋权的过程中，社会工作者重视获取和运用受助者的意见、资源和强项，促使受助者建立正面自我形象和内在的控制感，帮助他们寻找到适切个人需要和适合他们生活处境的解决办法，以在专业关系中实现平等、尊重（徐文艳等，2009）。社会工作者通过开展多种功能小组来为灾民提供具有针对性的个性化服务。开展成长小组引导灾民通过小组互动彼此建立联系，获得良好的成长体验，并实现自我；开展就业指导小组，依据每个灾民的优势与劣势，为灾民量身定做就业帮扶计划，认知决定行为，消除懒就业、慢就业观念，同时链接社会资源帮助他们就业，实现自身价值。

3. 援助灾民进行自我心理重建。社会工作者援助灾民进行自我心理重建，在灾变场景发生后，专业社会工作者利用专业技术为幸存者开展哀伤辅导。社会工作者通过协助幸存者制作生命笔记、举行送别仪式，让幸存者以自己的方式和逝者告别，降低创伤后应激障碍（PTSD）发病概率。创伤后应激障碍是导致个体延迟出现和持续存在的精神障碍，女性比男性更易发展为 PTSD。因此专业社会工作者更加重视对女性的哀伤辅导和治疗。心理工作者援助灾民进行自我心理重建，心理工作者是心灵创伤的抚平者。灾民的创伤包括外在创伤和内在创伤，同时也包括个人创伤和集体创伤，有些灾害虽不是亲身经历，但经过新闻报道和媒体的渲染，看到此条新闻消息的人或者从别人口中得到消息的人，或者身边的人发生灾难，他们的心灵都在不同程度上受到创伤，这些隐形的受伤者也需要得到我们的关注和关爱。有学者通过构建一般恐慌行为的概念模型系统阐释了突发灾害情境下个体行为产生恐慌心理的影响因素，自然灾害发生后，受灾人员遭受情景而产生恐慌心理，其恐慌程度因受灾人员受伤康复情况、家庭人员情况等因素的差异而有所不同，但自然灾害给人的心理层面带来的负面影响是确实存在且被学者认同的（孙研和王绍玉，2011）。

## 三、培育灾区社区新文化

1. 灾害文化的积极培育。"文化"可以有不同的含义，例如一个特定的人或社会的习俗和社会行为，但这里我们把文化理解为"表征"的形式，指的是灾难后产生的多种人类制造的视觉制品和文本（Libby，2010）。无论是过去还是现在，人们都在参与制作灾难的具体内涵和表征，并利用它们作为身份标记，以创造一种社区意识。通过给灾难赋予意义，使其易于理解，甚至可以被接受（Jennifer and Charles, 2016）。培育灾区社区新文化需要重建灾民社区实体，培育灾民社区意识、社区归属感。灾区社区新文化中的"新"在于加入了新的文化元素，是旧的社区没有的文化元素，即灾害文化。灾害文化是人类在与自然不断的斗争中形成的一种集体智慧、经验总结文化。灾害文化的培育是灾区社区新文化的重要内涵。培育灾害文化需要社会组织的参与，社会组织通过链接社会资源打造特色灾害文化社区和灾害文化长廊，并将其作为一个载体供社区人民缅怀过去、哀悼苦难，同时通过灾害文化长廊展示灾后重建中人民迎难而上、坚韧不拔、感恩进取的重建精神。

2. 社区文化的凝聚再生。联合国给社会组织的定义是在地方、国际或国际级别上组织起来的非营利性、自愿发起的公民组织。社会组织在我国是指非营利组织、慈善组织，由以下三个主体组成：社会团体、基金会和社会服务机构。一个好的社会组织一定是灾民整体利益的维护者，社会服务机构包括社会工作机构和当地社区的社会组织。社会组织能够利用组织的力量为弱势群体争取权益、帮助弱势群体链接资源。一个运作良好的社会组织有利于社区向外界发出一个统一的声音，提高社区利益的可见性（周利敏，2018）。社区文化的凝聚再生是一项大工程，功能性党支部是社区文化凝聚的重要力量。功能性党支部区别于正式的党支部，功能性党支部不具备发展党员的功能，可以向组织建议党员人选。同时功能性党支部也具备社会组织的属性。它是以灾民的兴趣爱好为依据组建的党支部，功能性党支部有绘画主题党支部、扭秧歌主题党支部、唱歌主题党支部、读书主题党支部、旅游主题党支部等，以党支部为载体开展形式多样的活动，达到凝聚人心的目的，进而再造社区文化。

## 四、提高灾后重建发展的共建共享水平

灾后重建多元主体系统要求各主体协同配合，共同协作，分工明确，共享信息流、物质流、人力流。积极推动形成基础设施资源共享、物质保障资源共享、技术资源共用的应急资源保障体系，全方位提升自然灾害应急响应中物资管理的整体效益（刘纪达和麦强，2021）。根据各参与主体的职责与能力进行专业化分工，实现灾害情景应急任务与参与组织网络的适应性匹配（郭雪松和赵慧增，2021）。共建共享水平的提高需要依靠制度环境和舆论环境，应构

建群众参与应急管理的路径和方法以及提高群众办在应急管理各个环节的应对素质和行为能力，在全社会形成良好的应急管理共建共享环境（陈晓春和苏美权，2018）。

信息流的畅通是指灾民基本信息共享、服务信息公开透明、各主体间信息畅通，不会出现信息的叠加覆盖和混乱无序，信息畅通是信息有序的前提，信息有序是服务效率的保证。信息流如果存在明确的时间差，不能及时共享，各主体之间信息不畅通、信息不对等、信息的滞后性、接收者对信息的偏差性理解、信息传递的失真性，这些问题导致的后果是以损害灾民的实际利益为最终代价。物质流的畅通是指物质、资源分配是公开透明的，各主体对物质资源的调动也是透明的，同时可以有效避免物质、资源的浪费，提高物质、资源的有效利用率，达到物尽其用。人力流的畅通是指人力资源的高效利用，互通有无，畅通无阻。人力的分配公开透明，分工精细明确，不存在冗余的人员，人尽其才、人尽其用。因此需要应用互联网技术手段搭建信息共享网站，定期发布物质、资源分配，服务进度，灾民反馈，社会捐助金额以及资金去向等信息，方便灾民查阅，实现共享。

## 五、提升弱势群体的灾害复原力

曼雅（Manyena，2016）在对灾害恢复力和能力相关文献的综述中提出了五种能力作为恢复力的操作手段：预防、预期、吸收、适应和转变。在灾后重建中许多贫困和弱势家庭不断增加的债务负担可能使社会阶层根深蒂固的权力动态永久化，政策的制定需要更深入地理解各种形式的经济脆弱性，使不可见变得可见（Bothara et al.，2018），帮助弱势群体提高灾害复原力。

# 第七章 军民融合产业集群数字化创新发展研究

## 第一节 军民融合深度发展研究现状

### 一、概念界定

党的十九大报告提出，要形成军民融合深度发展格局，坚定中国特色社会主义道路自信、理论自信、制度自信和文化自信，以融合的自信走向自信的融合，重点提升军转民的内在动力、增强民参军的融合能力、不断激发亦军亦民的发展潜力。

军民融合深度发展的特征，首先表现为改革程度深刻，要继续发挥改革创新的驱动作用，完善军民融合组织管理体系，优化军民双向互动机制，发挥军地联合保障作用；其次表现为发展内容深刻，以多主体多形式丰富军民融合内容，完善国防人才培育体系，发挥双拥共建模范作用，提升国防科技创新竞争力；最后表现为保障体系深刻，保持军民融合经济发展新常态，建立军民融合深度发展测评体系，完善军民融合深度发展政策保障机制。

军民融合深度发展要实现三大类发展目标，一是全要素融合，实现多主体在信息、技术、人才、资金、物资等多方要素的有效融合，发挥要素聚集优势，实现资源的有序流动。二是多领域融合，随着军民两大体系在关联性、互通性、共用性方面的增强趋势，军工企业和民营企业之间的融合范围更加广阔，从而实现不同领域的军民融合深度发展同频共振。三是高效益融合，发挥军事效益、经济效益和社会效益最大化作用，建立军地良好互动模式（胡浡洲和李湘黔，2018；许梅芳，2019）。

军民融合深度发展集中表现在成熟度和辐射度两个方面，其中，成熟度主要从军民融合深度发展成熟度现状、制约因素、规则体系与实践、优化策略进行深度分析，辐射度按照军民融合深度发展辐射度现状及问题、制约因素、规则体系与实践、优化建议开展深度研究，具体内容如表 7 – 1 和表 7 – 2 所示。

表 7 –1　　　　　　　　　军民融合深度发展——成熟度分析

| 研究主题 | 核心观点 | 代表文献与人物 |
|---|---|---|
| 军民融合深度发展成熟度现状 | 宏观环境约束、社会资本缺失、技术创新滞后、相关法律法规不完善、体制机制运行不畅、军民融合发展的关键环节难点突出等是当前主要障碍，实现军民一体化、发挥各类主体的积极主动性成为深度发展的关键内容 | 褚倩倩（2016）；王梦洺等（2018）；林启湘等（2018）；杨超文等（2019） |
| 军民融合深度发展成熟度制约因素 | （1）管理机构层面，机构设置重复、关系复杂、整合难度大、职能模糊、管理范围不明确、管理人员能力素质不够；（2）资源配置层面，应从国家、政府、军队、产业、企业不同层级有所侧重开展优化资源配置工作 | 杜人淮（2016）；曾立等（2017）；张成岗（2017）；何海燕等（2018） |
| 军民融合深度发展成熟度规则体系与实践 | 在传统时期，主要通过主导机制、规范机制、协调机制、互惠机制以及保障机制等发挥军民融合制度的作用；在新时代，信息技术的迅猛发展为军民企业构建了资源信息共享平台，创造了军民融合创新集群模式 | 李晓华（2017）；胡宇萱（2017）；杨静文（2018）；张于喆等（2018）；何培育等（2019） |
| 军民融合深度发展成熟度优化策略 | 建立军民融合顶层管理统筹机制，加强军地管理体系建设；建立两级军民融合领导机构，完善约束与监督机制；加强干部队伍建设，加强顶层设计和法治建设，建立沟通平台，优先发展重点领域 | 陈仕平等（2017）；董小君等（2018）；袁超越（2021） |

表 7 –2　　　　　　　　　军民融合深度发展——辐射度分析

| 研究主题 | 核心观点 | 代表文献及人物 |
|---|---|---|
| 军民融合深度发展辐射度现状及问题 | 贸易摩擦、概念炒作、制度设计、机构设置及运行机制不健全、统筹管理和实施机构不完善、技术转移困难且效率低下、市场化需求不匹配、相关法规结构存在局限等是主要障碍 | Williamson（1985）；Johnson（2014）；杜人淮（2016）；陈仕平等（2017）；张于喆等（2018）；胡红安等（2018） |

| 研究主题 | 核心观点 | 代表文献及人物 |
|---|---|---|
| 军民融合深度发展辐射度制约因素 | （1）资金支持，资金支持体系是推动军民融合深度发展的基本保障，应关注军民融合资金支持体系转型的重点和难点；（2）人才培养，加强科技人才的培养是军民深度融合体系化建设的重要组成部分；（3）架构创新，军民融合必须嵌入产业网络；（4）法治保障，军民融合相关法律法规内容相对滞后且存在冲突，应用性和操作性不足等；（5）体制机制，军民融合创新主体间协同机制不完善、中介机构不能满足市场需求、创新体系不健全 | 李晓华（2017）；董小君等（2018）；何海燕等（2018）；何培育等（2019） |
| 军民融合深度发展辐射度规则体系与实践 | 国防军工产业已形成以核、航天等六大行业为主体的军工体系；构建了以管理集成为核心、要素集成和职能集成为支撑的军民融合供应链集成化管理概念模型以及以关系深度、关系广度、关系高度为代表的军民融合社会关系网络、耦合共生与军民融合新创企业成长理论模型 | 林启湘等（2018）；古贞等（2019）；彭本红等（2021） |
| 军民融合深度发展辐射度优化建议 | 统筹建设军民融合综合公共服务平台；树立技术创新生态系统观；聚焦数字化转型新路径；营造军民融合发展友好环境；实现技术转移管理制度体系的协同、完善政策体系的整体设计、优化技术转移组织管理机构、强化技术转移管理制度运行的保障支撑；构建中国特色多元化资金支持体系以及基于创新元素、结构体系、创新环境的创新驱动系统；明晰国防科技安全立法原则、完善优化保护法规体系、加强国防安全立法建设 | Little（1997）；Torkzadeh（2003）；李翔龙等（2021）；杜丹丽等（2021） |

## 二、作用机理

军民融合深度发展需要建立一个多角度、宽领域的创新互动体系，需要在供需侧寻找驱动因素，为深度发展提供全新的发展动力；深刻把握军民融合当前主要发展特征，结合实际需求寻找军民融合深度发展新要求新体制；全面掌握完善军民融合工作机制，为探究军民融合深度发展作用机理提供基础支撑。

## （一）军民融合深度发展的驱动因素

一是体制机制完善需要，准确把握习近平总书记关于军民融合发展重要论述的精髓要义，全面进行资源整合和规划协调，通过军民融合深度发展地域集中设计、增量存量并重考虑和要素集成融合，实现军民融合深度发展体制机制健全和市场化发展；二是创新发展需要，军民融合发展战略与创新驱动战略紧密结合，协同完善国家战略体系，进一步拓展军民融合组织形式和空间布局，培育创新发展的军民融合科技产业园区；三是资源高效整合和利用需要，当前军民科技成果双向转移基础相对薄弱，双向收益的程度不深刻，一定程度上阻碍了军民信息共建共享，同时军民双向人才培育建设体系相对落后，企业和科研院所融合程度较差，需要进一步统筹各方力量，实现全方位融合；四是数字化建设需要，当前国家之间的竞争，不仅表现在军事建设，还表现在以大数据为基础的信息对抗，对国防科技体系提出了全新的要求（袁超越，2021）。

## （二）军民融合深度发展特征

一是融合层次宽阔。军民融合发展战略作为一项重要的国家战略，强调上层建筑和其他层级内容有序建设，是涵盖国家、战区、省（自治区、直辖市）、市等多个层面的发展。二是融合领域广泛。新时代加强海洋、太空、网络空间、新能源、应急安全等领域军民领域深度融合发展。三是融合程度深刻。其体现在体制、机制、法治以及资源基础的深层次融合，进而实现，凝聚军民融合发展合力，实现有机统一。由传统的计划与国家主导，向市场与计划相结合、国家主导与市场机制相融合等多种形式演变（张纪海和乔静杰，2016）。四是融合形式多样。其体现在多类军民融合创新主体共同开展价值创造活动，可以按照不同的融合需求和发展目标进行区分，体现时代性和特殊性。

## （三）军民融合深度发展作用机制

在军民融合深度发展的作用机理和特征研究基础上，继续完善军民深度融合作用机制，建立以"政产学研介"五类主体为基础的主导机制，充分调动各方资源和优势，凝聚军民融合发展多方力量。建设以军民融合生态系统为主的互惠机制，完善相关激励机制，实现多方高效互动。形成高度相关的军民融合深度发展保障机制，完善相关法律法规，健全管理体制，实现军民融合高质量评价等（王梦洺和方卫华，2018）。

## 三、工作机制

军民融合深度发展是一项具有系统性、复杂性的工作体系，需要建立全方位的工作机制，凝聚军民融合多主体创新优势，从而实现军民融合领域的高质量发展，军民融合深度发展工作机制体现在以下四个方面。

### （一）建设军民融合深度发展统筹机制

统筹"政产学研介"多主体价值共创力量，在政府方面基于"委托—代理"关系，建立"中央—地方"的两级军民融合领导机构，建立中央和地方分区域的军民融合领导机制，发挥政府统筹、协调和约束作用，地方省级政府发挥枢纽和协调作用，制定与国家规范统一、与地方实际协调的军民融合深度发展机制；军方企业和民营企业要加强军民两用技术的有效转移，做好知识成果转移转化；学校和科研院所要继续构建军民两用高素质人才培养体系；在金融、信息平台等中介机构方面，要充分把握各自优势，实现军民信息共享共创。统筹各类军民资源要素，实现军民资源优化配置。充分实现国防建设与经济建设协调推进，充分发挥政府调控和市场有机调节作用，以国家总需求为依据，有效配置各类军民融合资源，注重产业集群发展和融合发展，完善区域协调发展政策，激发市场创新活力（褚倩倩，2016；曾立和胡宇萱，2017；杨静文，2018）。

### （二）构建军民融合深度发展融合机制

第一，提高军民融合的广度和深度，用严格的法律制度保障军民融合深度发展，健全法律法规体系，完善标准化流程，建立军民信息共享实践平台，进而提升整体竞争力。第二，实现军民企业与产业链中其他产业融合发展，发挥国防科技工业在国家创新体系建设中的重要作用，通过国防科技开发和军品科研生产的发展形成产业链拉动作用，通过用先进技术改造传统产业，积极推动高新技术产业、新兴产业的发展等，实现产业结构优化升级。第三，融合多方科技创新力量。军工技术的开发过程复杂、时间周期长、人力物力等耗能高，存在较多难以解决的"卡脖子"问题，面临较大的失败风险，因此需要汇聚企业、科研院所和高等院校等多方力量，实现军民理论与实践结合。第四，构建军民融合深度发展基础设施附属建设工程融合体系。在数字经济时代，依托数据资源和平台经济，通过整合军民双方的公共服务信息资源，基于工业互联网平台形成军民融合创新生态系统，拓宽军民融合内容和程度，推动军工企业转型发展，激发科研人员的积极性和主动性，提高应对风险的能力（杜人淮，2016；李晓华，2017；张于喆等，2018）。

### （三）建立军民融合深度发展创新机制

第一，创新军民融合深度发展领域。全面推进不同类型的军民融合知识集群"混搭式创新"，寻找合乎规范的军民融合科技体系，畅通军民融合领域和全过程管理。第二，充分利用国家重大战略优势，如发挥好西部在"一带一路"倡议中的重要区位优势，建设广泛的军民融合国际空间；创新军民融合机制，构建军民高度融合的创新发展体系，提出富有地方特色、发展潜力的军民融合深度发展新机制、新模式和新路径；创新军民融合技术转移管理制度，通过建立良好的技术互动模式，完善军民融合成果的多项政策协同，动态调整技术转移中面临的新问题和新方案，高效率完成技术转移工作；创新军民融合发展模式和路径。第三，根据军民融合深度发展现实条件和发展现状，建立完善的成果转化机制，特别集中在决策咨询、智力支持、科技创新平台等建设方面，培育军民融合创新高素质复合人才（胡红安和仪少娜，2018；林启湘等，2018；郭洪飞等，2020）。

### （四）健全军民融合深度发展社会保障机制

第一，保障军民深度发展资金支持体系。建立符合当地发展需求的军民融合领域资金支持体系，具体由政府、金融机构、企业、科研部门协同开展"从财政投入为主向间接投融资为主"转变，"从间接投融资为主向间接投融资＋直接投融资＋内源性投融资"转变，拓宽五大渠道，进一步完善多主体合作机制，实现军民融合深度发展。第二，保障军民融合监督和落实支撑体系。在国防科技安全领域，推进相关法律法规规范化体系化建设，保护信息安全（陈仕平和孙君，2017；董小君和钟震，2018；何海燕等，2018；谭清美和武翠，2019）。

## 四、军民融合深度发展与相关理论

### （一）军民融合与价值共创理论

在数字经济背景下，通过构建价值共创、军民深度融合知识耦合结构和价值共创、军民深度融合动态网络结构，分析价值共创与新业态新平台、军民融合信息共享、军民融合信息交换链、军民融合社会组织网络和军民融合创新生态系统，连结军民融合与价值共创理论，如图 7 - 1 所示。

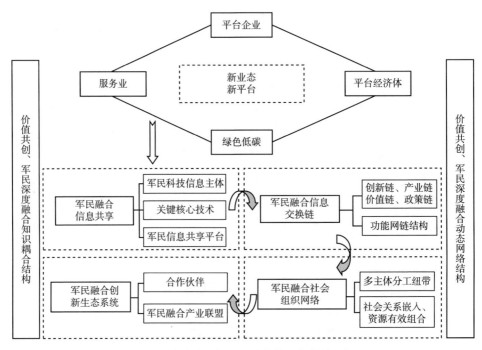

图 7 - 1　价值共创与军民融合协同创新作用机理

当前学者将价值共创理论与军民融合深度发展紧密结合，主要研究内容集中在基于价值共创理论军民融合主体架构、基于价值共创理论军民融合协同创新机理和基于价值共创理论军民融合支撑机制，丰富了军民融合深度发展研究内容，具体如表 7 - 3 所示。

表 7 - 3　　　　　　　　基于价值共创理论的军民融合深度发展分析

| 研究主题 | 核心观点 | 代表文献及人物 |
| --- | --- | --- |
| 基于价值共创理论军民融合主体架构 | 现阶段价值共创领域有三类研究重点，分别是价值共创理论研究、外部环境与服务生态系统研究和客户参与实践研究。一条研究主线是深入探讨军民融合主体观念、互动关系、管理体制、产权制度壁垒等；另一条主线是在数字化背景下研究军民融合价值共创模式和机制 | Vargo（2004）；Lusch（2006）；Groenroos（2010）；谭清美 等（2019）；狄蓉等（2020）；姜尚荣等（2020）；苏昕等（2021）；张宝建等（2021） |
| 基于价值共创理论军民融合协同创新机理 | 基于价值共创理论、网络嵌入理论和平台架构研究相关理论，从创新链的视角出发，构建价值共识、知识整合与价值共赢关系的理论框架，军工系统内部、军民系统之间的科技信息共享价值创造模型以及创新生态系统价值共创行为协调机制演化模型，表明企业与顾客交互作用而形成的价值共识推动了创新知识的整合作用、企业与顾客之间达成价值共识对企业实现价值共赢的影响是通过知识整合的中介作用来实现的、企业对待创新的态度对价值共识与创新知识整合之间的关系产生重要影响 | Maglio（2009）；Chen（2011）；王发明等（2019）；白景坤等（2020）；解学梅等（2020）；杜华勇等（2021） |
| 基于价值共创理论军民融合支撑机制 | 破除制度约束，进行双重治理提升生态系统松散耦合质量；构建军民科技信息共享的价值创造绩效评价指标体系，打破封闭创新链条；构建开放、融合的协同创新体系；创建价值协同机制，建立开放、兼容、有活力的工业基础 | Greer（2016）；Kaartemo（2017）；郭永辉等（2020）；余维新等（2020）；王新新等（2021）；杜丹丽等（2021）；张超等（2021） |

价值共创理论最早产生于服务业的发展进程中，在"互联网＋"背景下，传统的商品主导逻辑转向全新的服务主导逻辑，价值共创活动是由各类网络成员开展信息共享、交换和创造过程，服务创新与价值共创，消费者参与价值共创活动，既是生产者又是消费者，产生重要的顾客效应机制、企业经济价值、社会和生态效益价值。

军民深度融合是包含政府、军工企业与民用工业、高校和科研院所、金融和信息等多项价值共创主体的军民融合信息体系，随着数字化建设和应急管理需要的发展，敏捷动员成为主流的动员模式，多方价值共创主体开展集成化运动，共享军民资源和信息，建立高效运行的信息公开共享协同机制，在发生应急事件时按照既定模式有效应对各类风险，利用云模型对军民融合信息数据库和突发事件数据库的应急信息进行有效处理。做好军民融合深度发展的信息保障和应急处理工作，建立军民信息共享"数据库"（何文盛和李雅青，2020；徐文强等，2020）。

1. 军民融合信息共享。军民融合信息共享机制是军民价值创造的重要举措，需要进一步完善军民科技信息主体的价值意识以及共享共赢基本观念和相关法律，推动军民数据信息共享和价值创造、军民科技信息产权制度、军民科技信息共享平台建设工作，大力破除军民科技信息共享的制度壁垒，从而建立丰富的军民信息共享平台，为建设军民信息"知识库"提供重要基础。军民融合信息共享机制具有重要的现实意义，通过构建由军队、"民参军"中小企业以及风险投资机构组成的三方主体信息共享机制，形成集驱动要素、内外部运作环境、五类结构样式为主题的共享体系，提高军民信息质量，增强创新主体发展活力。在军民融合信息共享和技术成果转移过程中，深刻把握关键核心技术，以创新链上游、中游和下游为主要研究内容，发挥军民融合创新协同作用。有效开展军民知识共享活动，在技术开发和基础研究过程中实现知识、人才和资金的密集性流动，形成完善的知识体系，进而发挥规模生产效益（郭永辉等，2020；余维新和熊文明，2020）。

建设军民融合创新链、产业链、价值链体系，在无人机领域的产业生态系统中，用创新链驱动经济高质量发展，用产业链整合上下游资源，生产相应的产品，最终达到价值链增值。在此基础上，外部环境中的政府相关部门、大学以及科研院所等因素都会对军民融合产业的协调发展产生影响，因此增加"政策链"作为军民融合发展的重要内容，产生交互作用。军民融合供应链是由军工企业和社会企业组成的功能网链结构模式，具有融合性、目标双效性、成员复杂性、参与形式多样性和不确定性的特征，在资金集成、信息集成和物流集成相互作用下，通过军民融合供应链管理集成开展研发集成、供应集成、生产集成和销售集成的职能集成过程，根据实际发展情况循环往复（谭清美和马俊华，2019；古贞和谭清美，2019；唐欣和许永斌，2020）。

2. 军民融合社会组织网络。在军民融合深度发展社会组织网络中，不同创新主体与各方的联系强度不一致，相对距离也不一致，需深入分析军民融合网络架构。军民融合协同创新集中体现在将军工企业和民用工业的社会网络关系嵌入军民融合创新生态系统中，实现人才、信息、技术等多项资源的有效组合，推动军民融合组织、知识、产业等多类创新的高效益凝结，进而提升军民融合产业协同创新绩效。建立军民融合社会关系网络，在此系统中，为了更好地实现军事成果共享而产生的生产分工关系纽带，以"政、军、产、学、研、金、服"为主体，政府参与部门政策颁布，以国防科技工业为主要内容，以"民参军"企业的成果为主要研究内容，学校和科研机构提供重要的科技创新成果，中介机构提供多样化的服务保障。该组织的优势主要体现在有利于"民参军"新创企业提高军品行业市场进入能力，畅通信息交流渠道，降低不确定性，为"民参军"新创企业成长提供支撑（彭本红和王雪娇，2021；李翔龙等，2021）。

在军民融合深入发展的研究中，一些军民企业通过与相关高校和科研机构等外部参与者的协同创新发展，构建军民融合企业协同创新网络，各参与者之间通过知识共享行为，使军民企业获得了新的知识和技术，以期达到提升军民企业绩效的目的，这对于推动军民融合的深度发展、提高国防军事实力和社会经济具有重要意义。通过研究可以发现，第一，军民融合企业协同创新网络对军民融合企业绩效有正向作用。第二，知识共享在军民企业协同创新网络特征和军民融合企业绩效间起到部分中介作用。第三，知识权力在军民融合协同创新网络特征和知识共享之间起到负向调节作用。研究内容丰富了军民融合企业协同创新网络特征对军民融合企业绩效影响机理的研究，验证了知识共享的中介作用和知识权力的调节作用，丰富了军民融合创新驱动因素研究，对推动军民融合企业协同创新网络的发展有一定的研究价值。

3. 军民融合创新生态系统。在创新生态系统中，各类军民融合创新主体在统一的创新环境下，综合利用合作伙伴间的优势资源，通过资源的重新整合为技术创新提供充足的信息、技术和资金等要素，不断创造利润和价值，服务于共同的创新目标，在实现自身独立发展的同时维持整个生态系统。其中政府起到环境支持作用，企业提供丰富的创新人才、高端技术装备等，聚焦于企业共同创造价值。在创新生态系统中，价值共创对企业创新绩效的促进作用不完全直接发生。价值共创行为和网络嵌入作为商业生态系统的行为和结构对创新绩效发挥了积极显著的影响。在价值共创行为和创新绩效之间，网络嵌入发挥了中介效应。通过建立创新生态协调机制、开放机制、数字化机制，进而合理配置资源要素，创新军民融合创新生态运行机制，提高军民融合创新生态绩效。新时期兴起了一大批军民融合产业联盟，搭建以人才、设备和实验基地为基础的军民融合创新平台，为形成军民融合创新生态系统提供坚实支撑。目前创新系统中存在军民相对分离的传统体制未发生根本性转变、创新主体间协同机制不完善、中介机构尚不能满足市场需求等多类问题，需要建立以创新元素、创新环境和创新体系为基础内容的军民融合创新生态驱动体系，整合军民创新资源要素，完善创新运行机制，进一步优化军民融合创新发展环境（王发明和朱美娟，2019；姜尚荣等，2020；解学梅和王宏伟，2020；杜丹丽等，2021；张超等，2021）。

## （二）军民融合与知识转化理论

野中郁次郎在《创造知识的企业》和《知识创造的螺旋》中对知识转化理论的机理和实践运用作出了深入阐述。从认识论维度可以将知识划分为形式知识和暗默知识，形式知识是在客观条件下存在的理性知识，一般没有具体的时间维度，与理论内容密切相关。而暗默知识包括认知层面和技术层面，认知层面是人类内心运用类比等方式来创造世界的基本认知，如范式、理念、信念和观点等，技术层面包括秘诀、手艺和技能，总体而言，暗默知识是主观形势下得到的经验知识，强调在最新环境下获得的实践知识，具有一定的现实意义。知识转化在社会化、外显化、内隐化和组合化的基础上，基于形式知识—暗默知识、个体—团组—组织—组织间的知识螺旋基础，实现军民融合产业集群协同创新应用，具体如图7-2所示。

军民融合深度发展与知识转化理论紧密结合，集中表现为基于知识转化理论的军民融合主体架构、基于知识转化理论的军民融合发展影响因素、基于知识转化理论的军民融合协同创新模式和基于知识转化理论的军民融合优化路径，具体如表7-4所示。

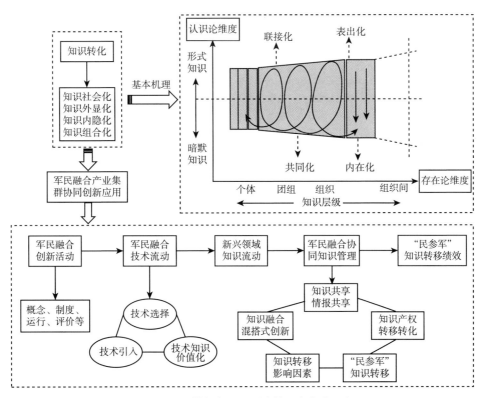

**图7-2 知识转化与军民融合协同创新作用机理**

表7-4 基于知识转化理论的军民融合深度发展分析

| 研究主题 | 核心观点 | 代表文献及人物 |
|---|---|---|
| 基于知识转化理论的军民融合主体架构 | 知识转化不仅存在知识转化的四种形式,构成了复杂的知识转化网络。一个视角是采取定性模拟方法对军民融合知识转移绩效的相关因素进行探索分析;另一个视角是选择创新价值链理论探究科技体系主要内容、建设目标、发展阶段和未来发展路径 | Forbes(2002);Chesbrough(2003);Hagedoorn(2012);蒋兵等(2017);刘一君等(2018);马海群(2020) |
| 基于知识转化理论的军民融合发展影响因素 | 对知识转移绩效具有重要作用的因素主要涉及5类,包括融合环境、运行机制、创新主体、主体交互和合作障碍。其中,前四类对知识转移绩效存在显著正向影响,合作障碍对知识转移绩效存在负向影响 | 张勇等(2016);方炜等(2019);史良等(2020) |
| 基于知识转化理论的军民融合协同创新模式 | 基于交叉融合创新源理论和知识创造理论,运用模糊综合评价和AHP法,构建融合创新模式选择模型,建立了知识转化推动研发能力获取的理论模型,搭建了"内在机理、案例分析、运行环境"的分析框架以及军民融合企业知识产权协同管理的理想结构 | 李潭(2016);谭华霖等(2019);赵云等(2019) |

续表

| 研究主题 | 核心观点 | 代表文献及人物 |
| --- | --- | --- |
| 基于知识转化理论的军民融合优化路径 | 重视资源共享、合作研发和成果共享；完善国防特色高校科研评价体系，建立知识产权转化机制；加快建立健全国防知识产权转化政策，着力打破制度性障碍；加大政产学研协同力度，完善国防特色知识产权制度建设；制定相应法律法规，完善创新环境，建立人才体系；重视知识产权开发及运用，实现企业资源的优化配置，加强军民知识产权内、外部协同管理 | Okamuro（2007）；Nonaka（2009）；Berchicci（2013）；张成岗（2020） |

1. 军民融合知识共享与创新。在军民融合领域，特别是"民参军"过程中，需要建立稳定的合作关系，维持合作主体之间的有效关联，加强双方有效互动，进而保持知识转移绩效的增长，通过建立弱联结的策略，衍生关系网络的主体架构，丰富不同领域的研究内容，实现知识的有效创新，并提高知识转移绩效。知识共享在技术融合中的研究，通过集成创新发展适用于军民领域的通用技术，扩大知识的价值化过程，破解技术重大难题，需要经过技术研发选择、技术引入、技术知识价值化三个阶段实现显性知识交流与共享、外部知识内化、内化知识价值扩散，从而实现军民技术信息共享、交换和再创造过程。知识共享在知识融合中的研究，集中体现为各类军民融合主体由于不同存量之间的差异，产生了军民知识势差，遵循着"层流—紊流"规律，建立显性知识和隐性知识之间的互动模式，新兴领域知识场的知识主体通过不间断地学习、消化、理解和吸收等步骤，相互作用，最终形成全新的知识体系（张勇等，2016；方炜等，2019）。

2. 军民融合协同知识管理。为进一步实现军民融合领域知识协同管理，需要开展情报共享工作，特别是在构建情报共享制度体系、优化情报信息资源的获取和使用、提高情报机构的共享意愿、完善情报共享的政策法律等方面建立完备体系；构建军民知识互动机制，军工企业和民营企业一起开展新兴技术创新活动，军工企业资金雄厚，民营企业在新兴技术上具有重要的战略优势，加快建立健全国防知识产权转化政策，协同推动搭建军民融合科技成果转化平台；开展军民融合知识产权转移转化，一方面处理好知识产权部门与其他部门之间的关系，另一方面建立全要素覆盖、多方顺畅对接、线上线下结合的产业转移部门。在知识转移绩效管理中，众多因素对"民参军"产生重要影响，这些因素包括法律环境、准入机制、文化适应性、契约治理机制、军民信息对接、知识发送能力、知识吸收能力、政策环境、融合观念、主体关系结构、民参军知识转移绩效等，对军民融合运行环境产生重要影响（李潭，2016；谭华霖和贾明顺，2019；马海群和张铭志，2020）。

3. 军民融合知识转移绩效。军民融合创新生态建设具有系统性、全局性和深层次性，通过各类军民融合创新活动开展信息交流和价值共享，进而产生新知识，真正实现国防科技创新体系和国家创新体系相互兼容、同步发展。构建军民融合创新概念体系，利用制度创新、技术创新和其他创新内容之间的信息互动，实现军民知识共享、传递、交换和有效转移，同时从多个维度建立军民融合创新评价体系，提升军民融合创新发展效率。军民融合科技创新体系中创新主体的创新活动也可以分为知识产生、知识转化、知识传播3个阶段和单元内创新、跨单元合作、跨企业合作、选择、发展、传播6个环节，在国防科技生产和民营企业独立的生产过程中，不同的军民融合创新主体根据自身优势、市场需求和伙伴方的实际运营能力，不断提升军民融合创新链、价值链的运行效率。同时在军民知识转化和融合过程中，重点开展选择和发展两个关键活动，从而建成知识产生充分融合、知识转化充分融合和知识传播充分融合的科技创新体系（方炜等，2019；方炜等，2020）。

## （三）军民融合与组织生态理论

在生态学领域，生物群体通常由三部分组成，分别为种群（population）、群落（community）和生态系统（ecosystem）。其中同一类物种构成集合为种群，在一定的生态环境下，具有生态特性的种群集合形成群落，整个群落生物和自然环境共同构成一个有机生物体，即构成自然生态系统。组织生态系统是在一定区域内的产业集群集合构成的有机整体，在此过程中进行物质循环和能量交换。自然生态系统和组织生态系统均为有机整体，基于共同的结构特征和复杂的相互作用具备一些固有特征才能维持生态系统的动态平衡。生态位是一种包含个体、群落或生态系统等不同层级水平对象的主要特征，是一个组织相对其他组织所具备的核心竞争力，在不同的组织之间建立产业联盟，发挥多元主体的价值创新和技术升级活动，在不同的类型和技术差异维度下，形成组织自生的生态位，进而实现企业内部和企业外部协同，建立

"企业生态位—技术协同创新绩效"关系的动态变化系统。组织设立和组织演化过程是一个具有生态化、制度化和形态化的相互作用机制，政府、社区和行业协会等关键制度行动者的资源支持对组织设立与演化产生影响，受到组织惯性、组织合法性和组织生态位的影响（常春等，2019；肖国芳等，2021）。

在生态学视角下，生态学的基本内容包括个体、种群、群落和生态系统，形成涵盖多要素、多领域的创新生态系统，实现生物的"优胜劣汰"；在组织设立和组织演化方面，分别从个体层面和关系层面形成组织生态种群、组织惯性、组织合法性与组织生态位，完善组织形态建设；基于军民融合组织生态系统，分析军民融合组织融合、军民融合产业联盟、军民融合组织生态系统和"隐形冠军"创新机理，有效形成军民融合创新生态系统，推动军民融合高质量发展，具体如图7-3所示。

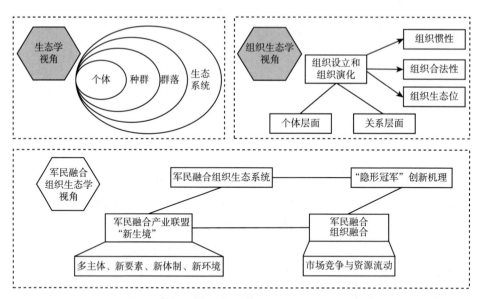

图7-3 组织生态学视角下军民融合深度发展作用机理

军民融合产业集群即在军民融合领域内，开展军民信息价值交换、共享和知识转化的活动，形成军民融合创新生态系统，当前研究主要集中在基于组织生态理论的军民融合系统模型和基于组织生态理论的军民融合发展动力机制，为军民融合深度发展提供借鉴，具体如表7-5所示。

表 7 - 5 　　　　　　　　　基于组织生态理论的军民融合深度发展分析

| 研究主题 | 核心观点 | 代表文献及人物 |
| --- | --- | --- |
| 基于组织生态理论的军民融合系统模型 | 将生态学的基本原理引入军民融合深度发展的研究内容中，细化和完善军民融合构架，分析总结各个层面的主要研究内容；借鉴创新生态系统、协同创新、生物四大进化理论等理论，遵循组织行为理论逻辑，从组织生态学的视角出发，厘清军民融合企业技术转移的原因和结果分析，构建军民融合企业技术转移机制的系统动力学模型；从生物进化视角出发，运用生物进化相关理论界定军民融合技术转移的边界，对仿真指标进行参数调整，构建大数据视角下生态体系模型 | 李海海等（2016）；段杰等（2017）；Grimes（2017）；高杰等（2019）；常春等（2019）；何郁冰（2020）；方炜等（2021） |
| 基于组织生态理论的军民融合发展动力机制 | 提高自主研发能力和技术接受能力；提高合作契约的违约惩罚或增加创新资金投入促进企业间的合作创新；运用互联网技术，推动政策制度和技术创新的有效结合，实现军民融合创新多主体信息互相交流、互相补充的军民融合创新生态系统；健全军民融合中小企业发展的创新制度、完善军民两用技术知识产权的保护法规、打破军民融合产学研结合的政策壁垒 | Fan（2009）；Lichtenthaler（2009）；Neyens（2010）；孙金云等（2016）；张华（2016）；蔡建峰等（2018）；蔡建峰（2018）；马浚洋等（2019）；肖国芳（2021） |

1. 军民融合产业联盟。军民融合产业联盟是一种包括军民主体成员和市场的创新组织，也是一类多融合的党政军民学合作产生的复杂组织，其中"新生境"主要是指组成军民融合产业联盟的多元主体、新要素、新体制与新环境之间构成的新型组织形式，基于多态重构理论与企业生态理论，进一步辨析多类军民价值创新主体的结构关系和作用机制，进而明晰军民融合产业联盟的组织形态与治理结构。创意产业集群是一条包括创作主体、生产主体、销售主体、传播主体和延伸主体五大主体的价值链，主体包括创意企业、金融机构、研发机构、高等院校、行业协会以及政府机构等，进而形成创意企业、创意产业集群、创意生态系统，与外部环境产生物质循环和能量交换，产生新知识，进而形成动态平衡体系（高杰和丁云龙，2019 曹霞等，2020）。

军民融合深度发展需要建立各方利益主体的博弈模型，涵盖多个创新主体，通过联盟博弈达到相对平衡状态，通过建立政府—军企—民企三方博弈模型和研究政府基础设施建设、政府采购、政府资助参与影响，分析政府支持不同方式对军民合作技术创新和协同创新产生的重要影响；通过建立科技中介、科研院所等其他重要主体与军工企业、民营企业之间的博弈模型，分析各自的利益需求，采取合作战略将深入获得相对稳定状态（曹霞等，2020；张芳和蔡建峰，2021）。

2. 军民融合组织生态系统。创业生态系统是一个松散耦合的组织网络体系。生态圈具有共生性、自洽性、进化性和溢出效应的特征，开展资源交换和双向动态调整，生态圈的组成要素可以划分为基础要素和结构要素两类，基础要素包括文化环境、制度环境和市场环境；而结构要素则是生态圈的必要组成，包括人力资本、金融资本和科技研发。在创新生态圈中开展各类要素的共生与发展，发挥自组织的基本优势，呈现共生、自洽、进化和溢出的演化特性。创新生态系统遵循于自组织进化，传统的创新生态系统研究以核心企业为主导，忽视了企业合作态度或参与动机对系统进化的影响，创新生态系统充分考虑企业的合作需求，将企业行为分为"互惠型合作"与"机会型合作"策略，并结合技术溢出、合作契约等影响合作稳定性的决策要素，分析了创新生态系统的进化机制。在数字经济时代背景下，依托大数据和智能装备为军民融合科学化管理提供重要依据，同时形成军民融合生态系统，实现知识、信息和价值的有效耦合和智慧融合，提升军民融合产业的数字化水平。军民融合生态系统在国防经济系统、社会经济系统和公共服务保障系统的强力支撑下，利用各类结构化或非结构化数据，形成云安全、云存储和大数据处理，然后在军民融合数据应用中发挥作用，指导各类军民融合主体实践活动（孙金云和李涛，2016；张华，2016；蔡建峰和张芳，2018）。

3. 军民融合"隐形冠军"创新机理。在军民融合深度发展的过程中，出现了一批知名度较低，但是技术含量高、市场份额较大的民营企业，为军民融合深度发展提供重要参考。部分学者将军民融合"隐形冠军"企业的判别标准归纳为三种类型，分别是长期生产军民两用产品、市场份额较低和知名度较低，创新的动因包括为满足军民需求而被动创新、通过主动创新改变和影响军民需求，创新的形式包括多元化的创新、持续性的创新，为了进一步解决军民融合深度发展中的问题，需要进一步打破政策壁垒，畅通信息交流渠道，发展良好的企业文化。当前"隐形冠军"企业创新的主要方式表现在市场竞争创新、融资方式创新、技术革命创新、价值链创新、商业模式创新、企业管理方式创新等，目标远大，提倡完善军民融合协同创新支撑机制，企业层面通过组织文化和高素质人才提升核心竞争力，进而提升军民融合整体运行效率（马浚洋等，2019；汤薪玉等，2019）。

## 第二节　军民融合产业集群研究现状

数字经济时代，信息互联互通架构为共建"一带一路"和推进区域协调发展提供新引擎，使得资源、知识和信息实现了更有效的市场配置，也使得多元主体价值共创活动不断涌现。与此同时，随着军民融合发展战略的深度实施，网络军民融合空间不断凝聚，以网信军民融合支撑数字经济和网络安全建设协调推进，从而发挥军民融合竞争力，实现突破式创新（闫佳祺等，2022）。因此，在新起点上贯彻新时代强军思想，统筹国防安全建设，以数字经济助推军民融合发展，打造军民融合数字化创新的新优势，发挥军民融合产业集群的经济辐射带动效益，对于形成军民深度融合发展新局面具有深刻的现实意义。

军民融合产业集群是富于活力、创造力和规模效益的重要创新主体，为高技术产业协同创新体系建设提供坚实支撑，对于国家安全体系和国防能力现代化水平提升具有特殊的战略意义。湖南和江苏等地通过建立云计算、大数据、航空航天制造、仪器设备等多个产业集群科技创新体系来培育核心竞争力，发挥多产业协同创新效应，形成军民深度融合产业发展的基础优势和鲜明特色（王小绪，2013；孙娜和王君，2017）。然而，目前军民融合产业集群呈现资源与经济发展脱轨、军民主体信息共享和价值交换渠道狭窄等问题（吴少华和焦沈祥，2019；郭永辉等，2020）。大数据赋能下，构建可控自主的信息化体系，搭建军民信息交流中介平台，完善军民融合技术、网站和基础设施建设，融通资源共享渠道，与国内外科研院所、大学、中介机构等共建互联网在线军民融合智库，发挥军民融合多元主体价值共创作用，为国防建设提供强有力的数字化基础。通过技术创新和管理创新构建网格化大数据安全产业集群（邓子云等，2017），提高军民双方知识网络化共享、交换、利用、创造和增值效率，提升军民融合产业集群数字化创新效能。

## 第三节　价值共创视域下的军民融合产业集群
创新发展研究现状

### 一、影响因素

价值共创理论最早是普哈拉（Prahalad）等在 21 世纪初期提出的，企业未来的竞争是消费者和企业共同创造价值，消费者积极参与产品研发、生产和销售整个价值链的活动，有序地融入企业价值创造活动（Prahalad and Ramaswamy，2004）。在数字经济时代，创新主体通过价值共创活动构建网络化发展价值体系，利用"有序的涨落"获得远离平衡态的动态稳定，关键创新活动引发知识价值功能的局部改变，如果没有合理措施修正则会形成结构的深刻变化，为下一轮的知识数字化创新提供变革方向（王成等，2019）。刘源和白景坤等研究了在平台经济体和平台企业中，价值流进发在组织内外部，组织和企业不同类型的知识治理方式对价值共创活动产生差别影响（刘源和李雪灵，2020；白景坤等，2020）。张超等（2021）提出数字创新生态系统中，多主体协同共生，两类生态系统改进了价值共创方式，提升了组织效能。魏琼琼和罗公利（2020）建立了三层超网络模型，在不同的节点、架构和网络模型中开展价值交换活动。还有部分学者探索了在军民融合领域，创新主体集合"要素—产业链—体系"的全局性价值共享和价值创造活动，如曹霞等（2021）提出军民双方在不同的技术融合模式下将采用对应的演进策略。学者在创新链—产业链—价值链的基础上增加了政策链，搭建军民融合产业协调发展的评价指标（唐欣和许永斌，2020）。还有学者构建科技信息主体观念、互动关系、管理体制、产权制度壁垒的信息共享价值创造体系，从系统角度把握军民融合方向（郭永辉等，2020）。从以上研究可以看出，军民深度融合是涉及多主体复合协调机制，需要一方根据伙伴方的需求生产相应的产品，从而不断开发新产品，实现市场上的价值共享、交换和再创造过程。

## 二、竞争优势

军民融合产业集群发挥科技协同作用，为价值共创活动提供产业支撑和实际运营载体。军民融合产业集群是指军方企业、民方企业及其上下游关联企业等集聚在特定区域，共享军民融合要素资源、产业空间和市场容量，发挥区域集聚作用和规模效应，从而提高军民融合产业集群内企业利益主体的潜在竞争力。迈克尔·波特提出"钻石体系"竞争优势模式，认为在四个关键要素和两个环境变量的多重作用下，产业集群发展可推动形成新的竞争优势（Michael，2022）。在数字化信息网络中，产业集群通过创新网络增强内外部网络建设的全面性和稳固性。马骥和汤小银（2019）构建整体网和个体网实现网络成员协同发展，强调了网络成员发挥重要的中介辅助作用。回亮潞和伍玉林（2020）分析新兴产业凝聚五类主体优势，培育集群体系创新力。朱桂龙等（2018）研究生态租金在创新生态系统中提供持续竞争优势。军民融合产业集群的研究集中在主体多元化、组织形式多样化和区域竞争力评价等内容。部分学者集中在军民融合主体研究，王亚玲（2017）提出建设高端装备制造业"产学研"协同创新主体框架，实现军民主体协同和要素聚集。史良等（2020）构建了军民融合"政产学研介"运行环境框架，为军民融合产业发展提供主体要素支撑。房银海等（2017）构建了公众、国防系统和经济系统内外部创新平台主体，充分发掘社会创新潜力。而部分学者则聚焦于研究军民融合产业集群的组织形式，包括产业联盟、产业园区和产业基地等。高杰和丁云龙（2019）认为军民融合产业联盟是协调有序、主体多元、具有中国特色的产业结合组织形式。乔玉婷（2018）提出长江经济带军民结合产业基地通过战略、知识、组织和制度等多方协同，推动新兴产业和新业态快速发展。还有部分学者对区域军民融合产业的创新竞争力进行评价，如黄西川和张天一（2017）对江苏的军民融合产业集群水平进行实证研究。由此可知，军民融合产业集群是推动军民企业主体实现产业、技术、资源、人才和资本等多个要素的有效集聚，以龙头企业为引领，发挥规模生产优势，凝聚创新竞争力量。然而，军民融合产业集群目前存在整体业态不稳定、垄断和同质化现象严重、融合方式单一等问题，需要通过实证研究测度军民融合产业集群数字化创新效能。

### 三、数字化创新发展水平测度

军民融合产业集群数字化创新发展水平测度是利用实证研究方法，从定性定量耦合的角度进行检验，为深度推进军民融合提供现实依据。一些学者集中在军民企业融合效益研究，如杜人淮和马宇飞（2016）对国防工业的军民融合水平进行测度，从国防、经济、社会、综合效益评价军民融合的广度、层次和深度水平；索超（2018）基于云模型添加融合基础和融合效果两个一级指标，对军民融合企业科技创新评价机制进行测度；姜梁和张庆普（2018）从实证视角探索了军民融合政策、技术融合、企业管理机制和人才队伍建设影响无人机产业深度发展的机理。部分学者集中研究了军民融合科技创新机制，如黄西川和张天一（2017）从产学研合作、研发投入、专利质量等对江苏省产业集群创新能力进行测度；申洪源和郑雪平（2019）从平台评价、核心评价和约束评价方面构建军民融合科技创新能力评价体系；冯静和朱云龙等则从投入和产出角度设置评价指标（冯静等，2018；朱云龙和方正起，2019）。还有学者集中在军民融合相关产业的评价研究，如孙德梅等（2017）对军民融合领域的安全体系建设开展评价。基于上述文献分析可知，军民融合产业集群创新化发展的实证研究较多，但与军民融合产业集群数字化创新效能紧密结合的研究十分稀缺。

## 第四节　价值共创视域下的军民融合产业集群创新发展分析框架

### 一、发展态势

数字经济时代，数字开放共享、创新资源要素充分涌流，数据挖掘价值作用日益凸显，大数据生态体系建设呈现出周期化、动态平衡的发展态势，点线面体的知识传播、共享、交换、利用和再创造过程为军民融合产业集群提供有利的数字支撑。本章搭建了大数据赋能军民融合产业集群数字化创新发展新框架，如图 7－4 所示。

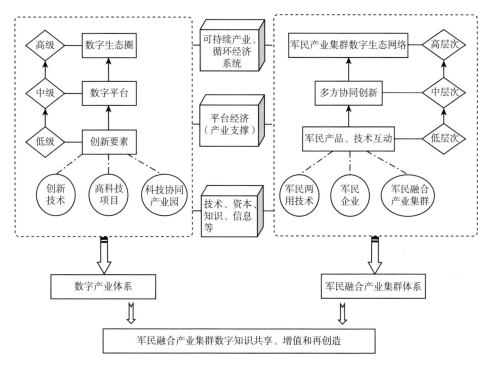

**图 7－4　大数据赋能军民融合产业集群数字化创新发展**

　　该模式借鉴了先验模型的理论分析框架，数字产业体系和军民融合产业集群体系存在紧密关联。数字产业体系中，组织要素从局部到整体分别为创新技术、高科技项目、科技协同产业园。在初级阶段，各类技术、人力、数据资产等创新要素有效汇集，搭建个人隐性数字知识和企业显性数字知识的知识传播和交换平台。在中级阶段，数字平台取得规模化、效益化发展，为数字知识的传播提供高效率的中介平台，形成知识共享和再创造的价值增值过程（孟韬和李佳雷，2021）。在高级阶段，数字生态圈基本形成，数字经济体系与其他经济体系和谐共生，形成协调有序、动态平衡的自组织结构体系。在军民融合产业体系中，从部分到全局分别为军民两用技术、国防科技工业和民用企业、军民融合产业集群。在低层次，军民双方开展军民产品、技术的互动共享，自主创新能力相对较弱。在中层次，充分发挥军民多方协同创新作用，实现多主体、全要素、宽领域、广范围、深层次的协调共享机制（龙云安和冯果，2019）。在高层次，军民融合产业集群数字生态网络基本形成，在不同的节点、区域范围中实现知识创造的螺旋式过程，通过"小涨落"推动形成军民融合有序结构（杨国立，2021）。初级阶段数字创新体系为军民融合产业集群体系提供技术、资本、知识、信息等创新要素，建立丰富的军民融合数字资源信息库和知识库；中级阶段数字平台创新为军民科技协同体系提供产业支撑，在平台经济等多元化的知识平台体系中提升产业集聚的规模效益；在高级阶段，数字创新系统为军民融合数字生态网络搭建可持续的产业和循环经济系统，军民融合产业集群生态圈与自然生态圈、经济生态圈等进入良性的循环模式，实现互惠互利共赢。

## 二、运行框架

本章在价值共创理论和数字赋能基础上，构建了一个军民融合产业集群数字化创新发展框架，如图 7-5 所示。构建以政产学研介五类创新主体为核心的 GE-FSS 模型，该模型从军民融合产业集群的投入阶段、生产阶段和产出阶段三个时期开展军民融合知识共享和价值共创过程。在投入阶段，劳动、资本、技术和数据多类要素为军民融合产业集群提供完善的信息知识数据库，强调数字知识的重要作用。当前大数据广泛应用于工业、政务、民生等关键领域和环节建设，在平台经济的支撑下形成庞大的数据知识网络，为军民融合多主体价值交换活动提供重要的信息平台，军民融合产业集群的发展环境不断优化、各类创新要素充分互动、高技术产业数字化趋势日益明显、产业配套设施日趋完备、治理体系不断完善，通过数据赋能，为开展军民融合产业集群创新活动提供基础资源和现实条件。通过大数据监测和管理，建立前馈—反馈相结合的军民融合产业集群动态优化控制系统，实现军民融合产业集群组织结构优化。在生产阶段，军民融合产业集群是包含多主体协同创新的发展过程，要在核心价值主体，即军民双方企业开展信息交流和知识传递过程，在上下游关联企业、竞争主体、互补产业之间建立Ⅰ类军民融合产业集群，发挥军民企业规模效应和关键环节的核心聚变作用，加强整个军民融合产业链的关系连通性和信息共享性,实现军民融合产业集群"质"的飞跃。同时积极发挥支撑主体在军民融合过程中的调节作用,即在政府、高校、科研院所和中介机构之间进行多方监管、政策支持、服务支撑、政产学研合作活动,由此建立Ⅱ类军民融合产业集群,发挥多元主体协同作用。在核心主体和四类支撑主体的协同作用下,挖掘数据库中的数字知识,建立统筹规划、多方协同、供需平衡和信任共享的军民融合深度发展机制。在产出阶段,用新产品产出程度、专利产出、军民融合产业融合度和军民融合平台产出度对军民融合效益进行评价,由此形成Ⅲ类军民融合产业集群,最终实现军民融合产业集群相关主体数据知识共享、交换、利用、再创造活动,发挥军民融合产业集群的规模效应,为数字化创新提供理论支撑。

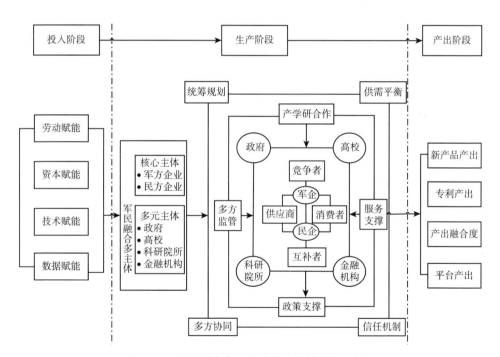

**图7-5 军民融合产业集群数字化创新发展框架**

本章基于价值共创理论,研究数字化背景下军民融合产业集群的数字化创新效能测度,基于数据赋能和GE-FSS模型,构建"价值共创—数据赋能—军民融合产业集群—科技创新协同—军民知识和价值共享共创—军民深度融合发展"的链式知识传递机理,设计军民融合产业集群数字化创新效能评价指标体系，采用改进 TOPSIS 方法客观研判广东、山西和四川等 16 个省份的数字化创新效能，并提出相关决策参考。本章可能的边际贡献在于：（1）深入剖析价值共创、产业集群和数字化创新在军民融合领域的内在逻辑和耦合关系，为后续研究提供一定参考；（2）从宏观方面对军民融合产业集群进行动态测度研究，弥补传统研究的不足；（3）测度范围和时期扩大，实现横纵向的动态可比，揭示了军民融合产业集群多元主体的运行机理，丰富了军民深度融合的实证研究内容。

## 第五节　价值共创视域下的军民融合产业集群创新发展研究设计

### 一、样本选取及数据来源

随着军民融合发展战略的深度推进，军民融合示范基地不断增加，军民双方资源共享能力持续加强，军民融合产业集群呈现出欣欣向荣的发展态势。国家积极建设应急救援体系，医疗设备在军民融合中发挥重要的平台作用，军用医疗装备与应急处理装备在很大程度上可以实现转化和应用，因此制造一个军民双重使用的医学急救装备是非常必要的。仪器仪表为数字经济提供重要的基础信息处理手段，在目标探测和精确制导等多方面发挥重要作用，要把军工中的高技术应用于民用仪器仪表上，实现军民价值共创。因此，本章以军民融合产业中的医疗仪器设备及仪器仪表制造业为行业选择，以军民融合示范基地的典型代表广东、山西和四川等 16 个省份为主要评价对象，以 2010～2019 年为测度时间，在遵循科学性、规范性、可比较性的原则基础上，测度了军民融合产业集群数字化创新效能，数据来自《中国高技术产业统计年鉴》《中国科技统计年鉴》以及国家统计局官网和各省份的统计年鉴。

### 二、测度指标构建

本章遵循系统性、真实性、实用性、导向性、可比性等原则，以 GE－FSS

模型为基础，从创新环境、创新投入、创新产出三个方面构建军民融合产业集群创新效能动态测度指标体系，从政府、市场、劳动投入、技术投入、资本投入、数据资产投入和创新产出 7 个方面构造准则层，构建了政府支持度、R&D 人员总数和高技术产业产出度等 12 个方案层指标，力求该评价体系能有针对性地衡量军民融合产业集群数字化创新效能，如表 7 – 6 所示。

表 7 – 6　　　　　　军民融合产业集群数字化创新发展评价指标体系

| 目标层 | 准则层 | 方案层 | 测算方法 | 指标属性 |
|---|---|---|---|---|
| 创新环境（A₁） | 政府（B₁） | 政府支持度（C₁） | 政府资金/研发经费内部支出 | + |
| | 市场（B₂） | 企业活跃度（C₂） | 从事 R&D 活动的企业数 | + |
| | | 高校参与度（C₃） | 高等学校数量 | + |
| | | 科研院所融合度（C₄） | 科学研究、技术服务法人单位数 | + |
| | | 金融机构参与度（C₅） | 金融业法人单位数 | + |
| 创新投入（A₂） | 劳动投入（B₃） | R&D 人员总数（C₆） | R&D 人员总数 | + |
| | 技术投入（B₄） | 新增高技术企业研发机构数（C₇） | 高技术企业研发机构数增加值 | + |
| | 资本投入（B₅） | R&D 经费投入强度（C₈） | R&D 经费内部支出/GDP | + |
| | 数据资产投入（B₆） | 新产品经费支出增长率（C₉） | 新产品经费支出增长率 | + |
| 创新产出（A₃） | 创新产出（B₇） | 新产品销售收入增长率（C₁₀） | 新产品销售收入增长率 | + |
| | | 高技术产业有效发明专利数（C₁₁） | 高技术产业有效发明专利数 | + |
| | | 高技术产业产出度（C₁₂） | 从事 R&D 活动的企业数 | + |

创新环境是军民融合产业集群的重要支撑，反映了军民融合主体与外部环境开展物质、能量、信息、数据和知识等要素的共享过程，进而产生新的负熵流，在系统内外部进行价值交换，为军民融合产业提供重要载体。政府在军民融合宏观政策调控、技术双向转移等方面发挥重要作用；市场环境中的核心主体，即军方企业、民方企业和上下游关联企业在其价值共创活动中形成"涨落的有序"。高校、科研院所为军民融合产业集群的创新活动提供高技术、新知识、新动能的核心技术创造活动，孵化关键"数字化创新因子"。金融等中

介机构作为数字经济时代的重要参与主体，将在资本投入、信息共享等方面为军民融合企业主体间的融合提供金融支撑。

创新投入直接关系到军民融合产业集群数字化创新的投资性和可持续性，反映了各类数字化创新要素在实践活动中的要素投入度和融合度。劳动投入和资本投入是军民融合产业集群传统的要素价值投入方式，通过人力、物力和财力的投资，提供坚实的物质基础。在数字经济时代，创新化的管理变革需要数据和技术的双向支撑。高技术研发机构增长数越高，说明企业技术投入度和技术水平均呈现正向、复杂、爆发式的"飞跃"增长，为军民融合企业开展技术创新活动提供重要价值。数据资产则是一个全新的资产组织方式，利用高质量的数据资源提升企业组织效率、实现业务流程再造和创新效能提升，在数据标准化和数据服务等方面发挥了重要作用。新产品经费支出增加，将为数据资产的优化和稳定增长提供有力支撑。

创新产出过程可衡量军民融合产业集群的效益和作用机制水平，良好的产出能为下一轮的军民融合数字化创新提供决策参考。新产品销售既包括新产品研制更新，也包括原有产品的改进和技术提升过程，是衡量军民融合产品的重要因素。高技术产业发明专利和高技术产业产出度对军民融合其他产业的渗透度强、影响范围广泛、发展相对迅速，属于关键的结果参量，为军民融合高密度价值共创活动凝聚核心竞争力，有力推进军民融合产业集群数字化创新发展。

## 三、基于改进 TOPSIS 的因子分析模型

因子分析方法是将多个复杂的统计变量归纳为几个独立的主成分因子，这些综合因子可以更好地反映军民融合创新环境、创新投入和创新产出之间的关联性，从而为军民主体价值共创活动提供重要的参考依据。但是传统的因子分析只能对截面数据进行分析，无法衡量面板数据的时间动态变化过程。因此，本章在借鉴已有研究成果的基础上，采用改进 TOPSIS 方法（吴朋等，2017；匡丽花等，2018；傅为忠和储刘平，2020），对军民融合产业集群数字化创新效能进行动态测度，具体研究包括以下五个步骤：

（1）将军民融合产业集群测度对象每年的综合因子得分作为一个评价指

标数据，从而构建新的军民融合发展水平矩阵为 $(S_{ij})_{mn}$，其中 m 为测度对象的个数，n 为测度区间。

（2）为了排除军民融合产业集群各类方案层指标在方式、数量、规模上的差异因素，对矩阵内的数据进行标准化处理。

$$C_{ij} = S_{ij} \bigg/ \sqrt{\sum_{i=1}^{m} S_{ij}^2} \qquad (7-1)$$

（3）为了对军民融合产业集群多目标多方案进行决策，以得分矩阵各列最大值、最小值分别构造矩阵的正理想解和负理想解，寻找最优决策。

$$S^+ = (S_{max,1}, S_{max,2}, S_{max,3}, \cdots, S_{max,n}) \qquad (7-2)$$

$$S^- = (S_{min,1}, S_{min,2}, S_{min,3}, \cdots, S_{min,n}) \qquad (7-3)$$

（4）根据向量确定测度对象与正理想解和负理想解的接近程度。

$$D_i^+ = \sqrt{\sum_{j=1}^{n} (C_{max,j} - C_{ij})^2} \qquad (7-4)$$

$$D_i^- = \sqrt{\sum_{j=1}^{n} (C_{min,j} - C_{ij})^2} \qquad (7-5)$$

（5）计算测度对象的最终得分与最优方案的相对贴近度，即评价军民融合产业集群数字化创新综合得分。

$$L_i = \frac{D_i^-}{D_i^- + D_i^+} \qquad (7-6)$$

# 第六节　价值共创视域下的军民融合产业集群创新发展实证研究

## 一、创新效能综合分析

本章运用 SPSS 26 软件，对 16 个省份的军民融合产业集群数字化创新效能进行 KMO 检验和 Bartlett 球形检验，检验结果如表 7 - 7 所示。以 2016 年为例，KMO 度量结果为 0.615，大于 0.6，Bartlett 球形检验中近似卡方数值较大，且显著性水平小于 0.05，可进行因子分析。

表7－7                         **KMO 检验和 Bartlett 球形检验**

| 检验方法 | 指标 | 值 |
|---|---|---|
| KMO 取样适切性量数 | KMO | 0.615 |
| 巴特利特球形度检验 | 近似卡方 | 197.357 |
| | 自由度 | 66 |
| | 显著性 | 0.000 |

对因子载荷矩阵进行最大方差旋转，寻找公共因子。解释的总方差贡献率如表7-8所示，确定公共因子个数为4，累积方差贡献率为82.364%，说明选取的公共因子能够体现军民融合产业集群相关变量的绝大部分信息。

表7－8                          **解释的总方差贡献率**

| 成分 | 初始特征值 | | | 提取载荷平方和 | | | 旋转载荷平方和 | | |
|---|---|---|---|---|---|---|---|---|---|
| | 总计 | 方差百分比 | 累积% | 总计 | 方差百分比 | 累积% | 总计 | 方差百分比 | 累积% |
| 1 | 6.036 | 50.298 | 50.298 | 6.036 | 50.298 | 50.298 | 4.967 | 41.391 | 41.391 |
| 2 | 1.693 | 14.106 | 64.404 | 1.693 | 14.106 | 64.404 | 2.050 | 17.086 | 58.477 |
| 3 | 1.121 | 9.338 | 73.743 | 1.121 | 9.338 | 73.743 | 1.536 | 12.799 | 71.277 |
| 4 | 1.035 | 8.622 | 82.364 | 1.035 | 8.622 | 82.364 | 1.330 | 11.087 | 82.364 |
| 5 | 0.919 | 7.657 | 90.022 | | | | | | |
| 6 | 0.449 | 3.745 | 93.767 | | | | | | |
| 7 | 0.379 | 3.159 | 96.925 | | | | | | |
| 8 | 0.265 | 2.212 | 99.137 | | | | | | |
| 9 | 0.089 | 0.743 | 99.880 | | | | | | |
| 10 | 0.007 | 0.061 | 99.941 | | | | | | |
| 11 | 0.004 | 0.037 | 99.979 | | | | | | |
| 12 | 0.003 | 0.021 | 100.000 | | | | | | |

各军民融合产业集群的因子的方差贡献率代表该因子的重要程度，通过计算各个公共因子方差值占累积贡献率的百分比确定各公共因子的系数，为能够最大限度解释军民融合产业集群创新效能，将得到的因子载荷矩阵进行最大方

差旋转，结果如表 7 - 9 所示。

**表 7 - 9**　　　　　　　　　　旋转后的因子载荷矩阵

| 指标 | 成分 | | | |
|---|---|---|---|---|
| | 1 | 2 | 3 | 4 |
| 政府支持度 | - 0. 176 | 0. 017 | 0. 114 | **- 0. 798** |
| 企业活跃度 | **0. 909** | 0. 272 | - 0. 071 | 0. 125 |
| 高校参与度 | **0. 784** | 0. 27 | 0. 141 | - 0. 205 |
| 科研院所融合度 | **0. 913** | 0. 303 | - 0. 086 | 0. 053 |
| 金融机构参与度 | 0. 57 | **0. 771** | - 0. 005 | 0. 019 |
| R&D 人员总数 | **0. 908** | 0. 322 | - 0. 062 | 0. 135 |
| 新增高技术机构数 | 0. 335 | 0. 826 | **0. 087** | 0. 129 |
| R&D 经费投入强度 | - 0. 018 | 0. 414 | 0. 381 | **0. 673** |
| 新产品经费支出增长率 | 0. 072 | 0. 024 | **0. 759** | - 0. 114 |
| 新产品销售收入增长率 | - 0. 069 | 0. 036 | **0. 862** | 0. 153 |
| 有效发明专利数 | **0. 851** | 0. 443 | 0. 006 | 0. 135 |
| 高技术产业产出度 | **0. 816** | - 0. 25 | 0. 126 | 0. 301 |

由表 7 - 9 可知，企业、高校、科研院所、R&D 人员总数、高技术企业有效发明专利和高技术产业产出度表示军民融合产业集群数字化创新投入量和产出程度，被命名为绩效因子；金融机构等中介为军民融合产业集群提供重要的产出平台，被命名为协调因子；新增高技术企业数、新产品经费支出增长率、新产品销售收入增长率衡量军民融合产业集群数字化创新的作用效果，被命名为效益因子，政府支持度和 R&D 经费投入力度都表示政府对军民融合产业集群的调控和支撑作用，被命名为保障因子。

## 二、分省份创新效能分析

为了更全面地了解东中西部的军民融合产业集群数字化创新效能，同样采用因子分析方法对广东、山西和四川等 16 个省份的集群创新水平进行测度。由于指标增长率存在负值，且对数据进行过标准化处理，因此集群创新水平结果存在小于 0 的情况，具体测度结果如表 7 - 10 所示。

表 7 – 10　　　　　2010～2019 年 16 个省份医疗仪器设备及仪器仪表

制造业集群创新效能测度值

| 省份 | 2010 年 | 2011 年 | 2012 年 | 2013 年 | 2014 年 | 2015 年 | 2016 年 | 2017 年 | 2018 年 | 2019 年 |
|---|---|---|---|---|---|---|---|---|---|---|
| 山西 | – 0.77 | – 0.43 | – 0.38 | – 0.42 | – 0.43 | – 0.61 | – 0.75 | – 1.4 | – 0.17 | – 0.27 |
| 安徽 | – 0.15 | 0.07 | – 0.28 | – 0.42 | – 0.28 | – 0.08 | 0.01 | 1.04 | – 0.52 | – 0.49 |
| 江西 | – 0.27 | – 0.44 | – 0.50 | – 0.43 | – 0.15 | – 0.44 | – 0.05 | – 0.59 | – 0.41 | 0.20 |
| 河南 | – 0.17 | – 0.20 | – 0.28 | – 0.08 | – 0.13 | 0.02 | 0.07 | – 0.71 | 0.04 | 0.18 |
| 湖北 | – 0.40 | – 0.16 | – 0.07 | – 0.35 | – 0.19 | 0.03 | – 0.09 | 0.70 | – 0.33 | – 0.22 |
| 湖南 | 0.18 | – 0.22 | – 0.39 | – 0.24 | – 0.25 | – 0.07 | – 0.05 | – 0.36 | – 0.30 | – 0.44 |
| 重庆 | – 0.33 | – 0.52 | – 0.50 | – 0.02 | – 0.32 | – 0.57 | – 0.42 | – 1.14 | – 0.31 | – 0.4 |
| 四川 | – 0.49 | – 0.45 | 0.02 | – 0.49 | – 0.26 | – 0.43 | – 0.30 | – 0.41 | 0.02 | – 0.03 |
| 贵州 | – 0.49 | – 0.68 | – 1.02 | – 0.65 | – 0.44 | – 1.01 | – 0.71 | – 1.31 | – 0.65 | – 1.23 |
| 陕西 | – 0.06 | – 0.34 | 0.47 | 0.01 | – 0.46 | – 0.73 | – 0.06 | – 1.50 | 0.52 | – 0.22 |
| 河北 | – 0.36 | – 0.32 | – 0.30 | – 0.33 | – 0.28 | – 0.16 | – 0.4 | 0.41 | – 0.38 | 0.04 |
| 辽宁 | – 0.27 | – 0.11 | 0.41 | 0.32 | – 0.42 | 0.01 | – 0.25 | 0.30 | – 0.37 | – 0.47 |
| 江苏 | 1.91 | 1.87 | 1.80 | 1.94 | 2.34 | 1.83 | 1.96 | 0.65 | 1.29 | 0.91 |
| 浙江 | 1.05 | 0.90 | 0.48 | 0.75 | 0.55 | 0.98 | 0.35 | 0.87 | 0.57 | 0.85 |
| 福建 | – 0.36 | 0.11 | – 0.54 | – 0.30 | – 0.08 | – 0.35 | – 0.22 | – 0.71 | – 0.42 | – 0.20 |
| 广东 | 0.98 | 0.92 | 1.10 | 0.71 | 0.82 | 1.58 | 0.89 | 4.16 | 1.43 | 1.83 |

　　为客观评价广东、山西和四川等 16 个省份 2010～2019 年和 2015～2019 年集群创新综合效能，采用改进 TOPSIS 方法，并利用 Matlab 计算各省份集群创新综合得分及差值，具体结果如表 7 – 11 所示。

表 7 – 11　　　　　2010～2019 年 16 个省份医疗仪器设备及仪器仪表

制造业集群创新效能综合得分

| 省份 | 2010～2019 年整体水平 | | | 2015～2019 年整体水平 | | | 差值 |
|---|---|---|---|---|---|---|---|
| | $D_i^+$ | $D_i^-$ | $L_i(1)$ | $D_i^+$ | $D_i^-$ | $L_i(2)$ | $L_i(2) - L_i(1)$ |
| 山西 | 2.8395 | 0.5004 | 0.1498 | 1.9610 | 0.4219 | 0.1771 | 0.0273 |
| 安徽 | 2.4551 | 0.8344 | 0.2537 | 1.6318 | 0.6908 | 0.2974 | 0.0437 |
| 江西 | 2.5795 | 0.7196 | 0.2181 | 1.6925 | 0.6481 | 0.2769 | 0.0588 |
| 河南 | 2.3666 | 0.8945 | 0.2743 | 1.5491 | 0.7623 | 0.3298 | 0.0555 |
| 湖北 | 2.4293 | 0.8376 | 0.2564 | 1.5763 | 0.7066 | 0.3095 | 0.0531 |
| 湖南 | 2.4855 | 0.7431 | 0.2302 | 1.7017 | 0.5628 | 0.2485 | 0.0183 |

| 省份 | 2010~2019 年整体水平 | | | 2015~2019 年整体水平 | | | 差值 |
| --- | --- | --- | --- | --- | --- | --- | --- |
| | $D_i^+$ | $D_i^-$ | $L_i(1)$ | $D_i^+$ | $D_i^-$ | $L_i(2)$ | $L_i(2) - L_i(1)$ |
| 重庆 | 2.7126 | 0.5246 | 0.1620 | 1.9070 | 0.3821 | 0.1669 | 0.0049 |
| 四川 | 2.5697 | 0.7392 | 0.2234 | 1.6856 | 0.6116 | 0.2662 | 0.0428 |
| 贵州 | 3.1256 | 0.1092 | 0.0338 | 2.2254 | 0.0386 | 0.0170 | −0.0168 |
| 陕西 | 2.4849 | 0.9470 | 0.2759 | 1.7654 | 0.6695 | 0.2750 | −0.0009 |
| 河北 | 2.5305 | 0.7593 | 0.2308 | 1.6562 | 0.6676 | 0.2873 | 0.0565 |
| 辽宁 | 2.3925 | 0.9209 | 0.2779 | 1.6934 | 0.5903 | 0.2585 | −0.0194 |
| 江苏 | 0.7332 | 2.9001 | 0.7982 | 0.7332 | 1.8412 | 0.7152 | −0.0830 |
| 浙江 | 1.4858 | 1.7773 | 0.5447 | 1.0507 | 1.2724 | 0.5477 | 0.0030 |
| 福建 | 2.5647 | 0.6653 | 0.2060 | 1.7817 | 0.5103 | 0.2227 | 0.0167 |
| 广东 | 1.1054 | 2.4634 | 0.7081 | 0.4312 | 2.0464 | 0.8260 | 0.1179 |

　　由表 7-11 可知，本章共选取广东、山西和四川等 16 个省份的数据，2015~
2019 年产业集群创新效能整体处于上升态势，但是区域发展不均衡，呈现"东
中西"梯度水平递减态势，五类创新主体在军民融合产业集群中协调合作，为
军民融合产业集群的发展重点和关键领域贡献重要力量。为了更加直观地展现对
军民融合产业集群数字化创新效能开展时间、区域、变化过程的动态分析，本章
列出不同时间段的产业集群数字化创新效能、不同区域的创新综合得分，以更
好地反映军民融合产业集群数字化创新动态变化过程，具体如图 7-6 所示。

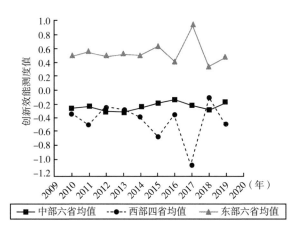

**图 7-6（a）　东中西创新效能动态变化**

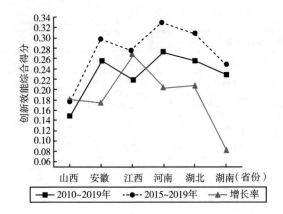

图 7 - 6（b） 中部地区创新得分动态变化

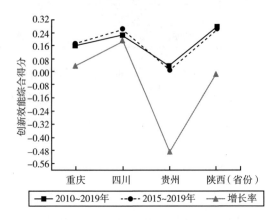

图 7 - 6（c） 西部地区创新得分动态变化

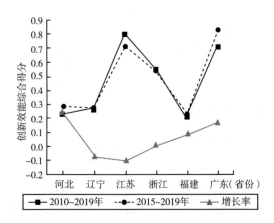

图 7 - 6（d） 东部地区创新得分动态变化

从图 7 – 6 可以看出，随着军民融合发展战略的有力推进，2010 ~ 2019 年中国东部、西部、中部数字化创新水平综合呈现均衡上升的发展态势。从区域来看，呈现东—中—西梯度水平递减的发展态势，这与区域之间的军民融合产业基础、经济发展水平、对外开放程度、高层次人才聚集水平等密切关联，中西部地区要吸引东部地区的高新技术企业，如贵州承接大数据技术，成为数字技术的后驱动力区域，赋予全新的区域竞争优势。值得注意的是，2017 年东部发生了一个向上的突变转折、西部发生了向下的突变转折，这是因为当年军民融合进入了新发展阶段，党的十九大全面推进军民融合发展战略，形成了一次基因突变上的"巨涨落"，国防工业设置了全新的顶层设计，重大专项规划协调推进，军事管理革命稳步实施，东部地区作为高新技术的核心发展区域，涌现出大量的军民融合核心产品和技术，形成潜力市场。

中部地区 2015 ~ 2019 年发展态势较好，综合得分高于 2010 ~ 2019 年的发展均值，具有较大的发展潜力，其中稳步推进中部崛起战略、转变中部地区经济增长方式、构建全新的军民融合产业价值增长方式带来重要影响。中部地区各省份之间的发展差异相对较小，河南和湖北具有良好的军民融合国防工业发展基础，产业集群数字化创新效能较强；山西和湖南依赖传统的资源能力，军民融合数字化创新发展能力弱，未来需在军民融合产业园区建设中深入投资。

西部地区四个省份 2010 ~ 2019 年和 2015 ~ 2019 年的军民融合产业集群数字化创新效能基本稳定，整体处于协调发展状态，但也需要外部的"随机小涨落"提供从量变到质变的军民融合产业集群数字化创新实践。四川和陕西由于军民融合产业基础好，具备良好的航空航天制造业、电子与通信设备制造业、大数据产业基础等优势，处于领先位置；贵州和重庆受到区位因素的限制，将在完善基础设施的基础上进一步开展军民融合产业迭代升级。

东部地区六个省份 2010 ~ 2019 年和 2015 ~ 2019 年的集群创新得分亦处于动态稳定态势，但是 2015 ~ 2019 年的发展相对缓慢，主要与东部地区产业体系多样、市场容量有限等密切相关。广东和江苏具有深厚的经济基础、创新技术基础和军民融合产业基础，因此在军民融合产业集群中处于高层次的发展态势；辽宁和福建受到区位因素和产业类型的限制，在东部地区处于较差的发展层次，未来需要进一步凝聚军民融合高技术科研团队，提升军民融合产业集群数字化创新效能。

# 第七节　本章小结

从时间跨度来看，军民融合产业集群数字化创新综合水平多年来动态稳定上升，广东、山西和四川等 16 个省份 2015～2019 年综合得分大体上高于 2010～2019 年的综合得分，说明军民融合产业集群数字化创新效能在国家战略支撑下，呈现出加速发展的态势。近年来国家政策引导和市场活跃性提高，军民融合领域从单一的国防科技领域转向信息安全、机电装备和新材料等多个领域，军民融合产业集群创新主体共享数据资源、高新技术、市场空间等，军方企业根据民用市场需求生产军民两用技术，民方企业为军工领域提供高新技术和民间资本，政府为军民融合市场提供政策支持，高校和科研院所提供军民融合产学研合作基础，金融等中介机构提供信息共享平台，从而维持军民市场供需动态平衡，实现军民融合价值分享、转移和再创造。数字时代背景下，多种经济模式力量迸发，产业互联网信息全面渗透在传统产业价值链当中，建设多创新主体军民信息"知识库"，实现知识流和信息流的网络性互联互通，打造军民融合智慧连接的"内链"和"外链"。军民融合产业深度融合不再是传统企业的信息分享与利益交换机制，而是市场多元创新主体的价值共创过程，因此要在政府引领和政策支持下，充分把握军民双方企业的市场供需要求，凝聚高校和科研院所的高技术要素，发挥金融机构等中介平台的协调作用，实现军民融合价值共创活动，推动军民融合深度融合高质量发展。

从区域发展来看，整体发展不均衡，呈现"东中西"梯度水平递减态势。2010～2019 年，江苏和广东的综合得分遥遥领先，而山西和贵州的综合得分较为落后，且与其他省份的差值较大。2015～2019 年，广东和江苏依然占据较高水平，而贵州和重庆发展水平较差。东部地区由于对外开放水平较高，经济发展较为繁荣，吸引了大量的高素质人才和团队聚集，军民融合产业资源要素、技术水平、产业集群规模等呈现出繁荣的景象；中部地区长期依靠资源型经济取得发展，在中部崛起战略的推动下具有较强的市场容量和发展潜力；西部地区由于地理位置等因素，难以吸引高质量的军民融合人才和产业集聚，需要根据自身产业基础重新确定发展优势。数字时代背景下，多种经济模式力量迸发，产业互联网信息全面渗透在传统产业价值链当中，凝聚技术创新高层次团队，在高技术领域增加投资，需要切实培育一大批军民两用技术和知识管理人才，深入开展混班学习交流机制，为创新活动提供技术和理念支撑。同时，军民深度融合是涉及电子及通信设备制造业、航空航天制造业、医疗仪器设备及仪器仪表制造业等多个高新技术领域，要在高新技术领域中继续提取军民深度融合的最新热点，凝聚高新技术驱动力量，全面提升高新技术智慧应用水平。

从 2010～2019 年和 2015～2019 年的差值来看，大部分省份军民融合产业集群数字化创新能力呈现正向的发展态势，其余省份呈现负向的发展态势。其中，2015～2019 年中部地区数字化创新效能稳中"有劲"，综合得分都处于正向变动趋势，区域差异和时间跨度变动相对稳定，将为高质量发展提供有力的军民信息化支撑。中部地区稳步推进中部崛起战略，中部地区制造业总产值占全国的比重显著提升，长江中游城市群和中原城市群发展迅速，军民融合产业集聚发展面临重要的"黄金机遇"，以创新理念推动军民融合产业快速升级，同时中部地区面临广阔的市场空间，军民融合市场需求量较大，民方企业发挥重要作用，需从高层次谋划中部地区军民融合产业集群数字化创新发展路径，优化军民产业集群发展环境，做强军民融合产业集聚。军民融合产业集群近年来发展较快，但是过快的发展速度下会出现市场主体不规范、军民双方信息不对称等问题，未来继续深化军方企业和民方企业的知识创造协同活动，构建多元中介平台和监督管理机制，需要建立以政府为主导、多元主体共同参与的监督管理机制，营造一个良好的军民融合市场竞争环境，同时培育一批发展潜力大的军民融合龙头企业和标杆产业集群，建设标准化生产体系，更好地发挥在军民融合深度发展中的示范作用，为培育军民融合领域的新业态新模式提供重要参考。

# 第八章 军民融合产业集群知识共享机理探究与演化分析

## 第一节 研究背景

军民融合产业集群是军民融合深度发展的典型路径之一，现有文献表明，产业集群能够促进信息、知识、技能等在各军民融合主体间相互共享，推动技术创新与突破。多数学者认为，军民融合将双方科技相结合、人才相融合，通过共享机制，解决国防和民用相互分割的问题，推动科技资源要素兼容共享（贺新闻等，2011；刘效广和杨乃定，2011；王路昊等，2020）。还有部分学者就军民融合的内涵、特点进行阐述，有学者分别从宏观层面与微观层面解读军民融合的内涵，军民融合发展要协调和平衡兼顾，在制度上融合、机制上耦合，将军工企业长期积累的先进装备与民营企业所培育良好的企业管理能力相结合（胡宇萱等，2017；汤薪玉等，2019）。与此同时，相关学者指出社会的不同分工将军企与民企分割开来，当社会分工有交点时，军民间边界逐渐模糊（王萍萍和陈波，2019），企业间进行技术转移，参与军民融合的企业将军民等多方主体无缝衔接（方炜和郑立明，2021）。

随着军民融合发展战略上升为国家战略，学术界掀起了研究军民融合的热潮（Xu and Zhang，2020；方炜等，2020；袁超越，2021；闫佳祺等，2022），涌现出许多丰硕的成果。当前，军民融合主要面临"不愿融""无力融""融不好"三大瓶颈（张于喆，2017），相关学者从整体思想观念、局部政策措施以及具体运行制度三方面研究，认为军民双方要实现"融合"发展，则需政府、科研机构等多方主体的协助，政府作为资源的主导者与统筹者，可充分推动资源共享、企业创新，在共享活动中担当重任（葛慧丽，2010；方炜等，2019；徐建中，2021；Yang et al.，2021）。政府补贴、政府支持方面对军民融合企业协同创新发展具有正向激励作用（刘小元和林嵩，2013；白俊红和卞元超，2015），各类军事资源的筹谋渠道需要政府政策的配合，同时，政府监管是企业积极行为的保障（曲国华等，2020；曲国华等，2020；曲国华等，2021），政策引导、政府资助、惩罚机制也对军民融合深度发展协同创新有促进作用（Vincenzo and Roberto，2014；白礼彪，2019；陈晓和和周可，2021），可见，军民融合产业集群创新依赖于政府的政策支持，政府监管有利于协调各参与主体的积极性和主动性。

军民融合产业集群作为推动军民融合深度发展的有效路径，具有整合不同类型、优势企业资源的作用，陕西省为大力促进军民融合产业集群发展，已建立多个军民融合产业基地。相关学者从知识共享博弈视角认为军民融合产业集群的技术存在相互作用（钱春丽等，2007），董晓辉（2013）以军民融合产业集群协同创新为目标，提出"战略—知识—制度—组织"四位一体的模型，米俊等从价值共创视角出发，认为集群发展与集群创新对军民深度融合具有显著作用（米俊和杜泽民，2019；董晓辉，2020）。不同角度研究表明，军民融合产业集群能够带动技术、知识的交融互动，军方企业与民方企业的知识共享、融合深度的能力需要多方主体参与。

学者们对知识共享、知识溢出有诸多研究，有学者认为知识的价值逐渐超越实物资本，是组织中主要的经济资源和唯一可持续性竞争优势（张同建，2014）。还有学者认为知识共享的价值在于显性知识和隐性知识间的相互转换，促进知识的重组、吸收、再创造，从而达到知识共享的目的（Nonaka and Takeuchi，1995；贾生华和疏礼兵，2004）。知识共享的特别之处在于，通过知识传播交流，增加了知识的流动性、互动性和创新性，突破了知识产权边界，扩大了知识的有效利用价值并产生知识溢出效应（谢康等，2002；樊治平和孙永洪，2006）。相关研究表明，知识共享主体的意愿对知识共享行为有显著影响（李梅芳等，2020），共享意愿越高，对共享平台越为信任。集群企业间的网络关系同样也有助于企业间的知识共享，网络关系程度越高，集群企业间的知识共享越顺畅，知识溢出效应也越明显（侯光文和薛惠锋，2017），集群中拥有关键性资源、占据优势地位的企业被认为具有较大的集群网络权力（韩莹等，2017），网络权力较大的企业更容易获得更有价值的知识资源，其进行知识共享的动力愈强（Massimo et al，2013）。因此，军民融合产业集群要求利益相关主体通过知识转移、知识共享，产生知识溢出效应，从而为各相关主体提供知识储备，修订创新标准，实现各主体间利益的均衡。

现有关于军民融合与知识共享的定量研究较为丰富，部分学者利用 Nash 非合作博弈、Stackelberg 主从博弈、文献分析方法、网络层次分析法（ANP）、PMC 模型等方法，考察军方企业和民方企业的知识共享与产品效率问题（赵黎明等，2017；Evslin，2018；方炜等，2019；刘纪达等，2020）。吴少华和焦沈祥（2019）、曹霞等（2020）运用演化博弈理论从企业或政府的角度探索军民融合，构建了军队、"民参军"中小企业和风险投资机构三方主体的信息共享机制，认为政府对军工企业、民营企业有显著的推动作用，韩国元等（2020）基于双边匹配方法剖析了军企、民企与科技中介间的博弈关系；而商淑秀和张再生（2015）则探究虚拟企业知识共享中的影响因素，张华（2016）构建知识共享模型研究产学研的协同创新过程；针对制造企业，徐建中等（2018）解释团队知识转移现象，宋芳和张再生（2021）剖析员工压力对知识共享行为的影响。

通过文献梳理发现，相关学者多聚焦于对军民融合产业集群的定性分析，而缺乏相应的定量研究，涉及军民融合发展前景或发展过程中某一方面研究居多，有关知识共享的研究也存在一定不足，学者们对知识共享在团队内重要性关注较高，影响军民融合产业集群与知识共享关联机理的文献较少。而这些为数不多的文献也未意识到知识共享在军民融合产业集群中的潜在竞争力，忽视了政府、"军转民"企业和"民参军"企业三方共同间的竞合博弈，更鲜有文献将政府监管、军民融合产业集群与知识共享三方整合研究。因此，本章基于军民融合发展战略，聚焦军民融合产业集群，运用演化博弈的思想探究军民融合知识共享的稳定因子，结合系统动力学仿真模拟，考虑政府监管下军民融合主体间的知识共享策略，从而提出科学合理的军民融合创新模式，以期为我国推进军民深度融合发展提供实践依据和决策参考。

## 第二节　军民融合产业集群知识共享的演化博弈模型构建

为全面形成军民融合深度发展格局，构建一体化的国家战略体系和能力，形成全要素、多领域、高效益的军民融合深度发展格局，针对军民融合深度发展集群中面临的知识共享瓶颈，明晰军民融合产业集群知识共享的影响因素尤为重要。本章在前述分析的基础上，对军民融合产业集群创新发展进行研究，通过构建基于军民融合产业集群的知识共享演化博弈模型，对军民融合产业集群内各主体的知识共享行为进行分析。

## 一、知识共享创新协同行为分析

本章构建了基于军民融合产业集群的知识共享演化博弈模型，模型认为集群各参与主体均是有限理性"经济人"，均以追求自身利益最大化为主要目标，不同的是，军工企业以追求国防建设利益最大化为主要目标，民营企业以追求自身发展为主要目标，故集群内参与主体的策略选择均对伙伴方的策略选择具有影响，整体的策略选择、状态均处于不断变化之中，为此分别对集群主体运行方式进行分析。

政府作为军民融合的重要参与主体，与军民融合企业间的关系为"监管"与"被监管"，监管程度取决于政府的监管利润。政府为加强对军民融合的监管，对进行知识共享的企业进行奖励，并对不进行知识共享的企业进行惩罚，"军转民"企业和"民参军"企业若均"无私奉献"，将本企业所拥有的知识进行共享，以换取不熟悉的知识，政府将奖励这种行为，若任一方军民融合企业因信任缺失或其他原因不进行知识共享，政府也将对此行为进行惩罚。与此同时，政府将根据监管的程度付出相应成本，获取的收益也将根据监管的成果不同而有差异。故政府应从政策、补贴等方面入手，鼓舞军民融合"军转民"企业和"民参军"企业发挥各自的优势，以互相学习的态度参与知识共享。

"军转民"企业加入军民融合产业集群、参与知识共享可有效激发军工行业发展的潜力，"军转民"企业参与知识共享的程度将取决于其本身具有的知识存量、对自身知识的保护程度，集群企业参与其中也花费一定的成本，其中，企业内化知识、创新知识均会有损耗，并且参与知识共享的企业可能会面临"搭便车"现象，存在知识外溢风险；此外，政府的监管程度将对企业共享度造成影响，也会相应给予军民双方企业补贴与惩罚。"军转民"企业应根据国防建设的专有需要，针对特殊领域发挥自己的专长，并强化企业间的牵头作用，有效分享知识、吸收知识，尤其是对于军工企业薄弱的部分，政府也应创造严谨的军民融合环节，降低企业知识外溢风险，使得企业更加愿意共享知识，从而提升行业影响力、企业再创力。

"民参军"企业通过信息交换和获取，推动民营企业参与国防科技的研发和创新，"民参军"企业参与知识共享的程度也与其自身具有的知识量、保护知识的程度以及外界的监管力度有关，其参与知识共享后会获得超额收益也会产生成本，伴随外界影响所带来的风险。要打破军民融合产业集群间的信息孤岛，需要军民融合企业积极参与知识共享，要求政府解决好企业参与过程中有可能出现的问题，如知识交换带来的安全问题，并且由于不同军民主体间知识的高低位势的不同，存在知识的势差，高低位势的知识主体应在一定的位势阈值限制内，否则企业间的知识转移将不能被完全实现（杜静和魏江，2004），企业间可能会出现由于知识势差过大导致知识共享效果不佳。

## 二、基本假设

作为军民融合产业集群的重要参与主体，政府、"军转民"企业与"民参军"企业参与企业间的知识共享，互为知识共享监督伙伴，政府监管的强弱与企业是否愿意参与知识共享是相互博弈的过程，除对监管和知识共享的收益与成本进行衡量，还要考虑如企业间的信任度、知识存量等方面综合因素的影响。与此同时，知识共享依靠于隐性知识的共享，隐性知识具有难以观察和衡量的特征，在集群企业间的知识共享博弈中，信息不完全难以克服，信息的价值性尚未可知，因此，军民融合产业集群知识共享博弈在很大程度上是不完全信息博弈（张作凤，2004），在此情形下，集群企业间的知识共享博弈呈现出"共享困境"。一方面，企业如果将自己的知识共享，就有可能丧失原本具有竞争优势的知识资本，因此其不愿意进行知识共享；另一方面，若企业间信任不足，打破签订的"隐形契约"而不进行知识共享，则会给知识共享方带来极大的风险与挑战。集群企业间仅一方选择共享时，共享方付出了知识共享成本，失去了共享知识的独占性，也失去了原本相对的竞争优势或特有价值，但却没有得到对方有用的知识，即付出了共享成本，却没有得到共享收益，其收益将是负值，不选择知识共享的一方不仅得到共享收益，还得到对方失去的知识共享收益。

基于上述分析，提出政府—"军转民"企业—"民参军"企业知识共享演化博弈机理，如图8-1所示。该框架主要分为两大部分，首先，政府主要利用自身优势监管"军转民"企业与"民参军"企业的知识共享行为，其监管程度影响企业间的共享效果，集群企业的共享行为影响政府对企业的奖励、惩罚机制以及政府获得的超额收益；其次，"军转民"企业与"民参军"企业参与到知识共享中受到知识共享意愿、收益与成本、知识溢出风险、监管敏感度等各因素的影响，导致军民双方面临愿意共享以及共享困境两种情形抉择。

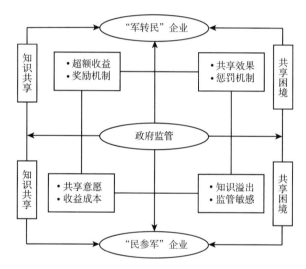

图8-1　政府监管—"军转民"企业—"民参军"企业知识共享演化博弈机理

## 三、参数分析

为剖析政府监管—"军转民"企业—"民参军"企业知识共享演化博弈机理，建立政府、"军转民"企业和"民参军"企业三方知识共享演化博弈模型来探讨军民融合产业集群的知识共享行为，设定的主要相关参数如表8-1所示。首先，就学习成本而言，军民融合企业知识共享时，既是知识共享源头又是知识共享接收者，须付出共享成本、学习成本等，共享成本主要来自知识共享过程中的收集、转化、表达等费用，学习成本主要来自内化知识所产生的成本，此处借鉴其他研究中的成本函数（Kissan，1998），则"军转民"企业和"民参军"企业两者的成本分别为：$C_a = \frac{1}{2} k_a (\pi_a \partial)^2$，$C_b = \frac{1}{2} k_b (\pi_b \partial)^2$。

其次，知识共享为双方带来的价值取决于知识共享度，即知识共享意愿系数 $\partial$（$\partial \in [0,1]$），知识共享度会受到企业间的信任度、知识存量等方面综合因素的影响，可理解为对知识的保护程度，知识保护程度越高则知识共享度越低，即 $\partial$ 越小，当将知识全部共享时，$\partial = 1$，当集群企业知识不共享时，$\partial = 0$。现实情况中，知识共享度可通过企业提供的内部信息、资料的数量等有价值的内容来衡量。最后，基于军民双方知识可转移性和可共享性，军民知识势差不宜过大，假设"军转民"企业知识存量（$\pi_a$）与"民参军"企业知识存量（$\pi_b$）相差不大，两者的共享成本 $C_a$、$C_b$ 差距较小，政府对企业的奖励 L、R 也几乎持平。

表 8-1 相关参数及其含义

| 参数 | 含义 |
|---|---|
| $\pi_a$ | "军转民"企业本身具有的知识存量，$\pi_a > 0$ |
| $\pi_b$ | "民参军"企业本身具有的知识存量，$\pi_b > 0$ |
| $D_a$ | 政府进行"弱监管"下，"军转民"企业参与知识共享时企业因无外界推力使其知识共享效果降低幅度，$D_a > 0$ |
| $D_b$ | 政府进行"弱监管"下，"民参军"企业参与知识共享时企业因无外界推力使其知识共享效果降低幅度，$D_a > D_b > 0$ |
| $G_1$ | 集群企业参与/不参与知识共享，政府"强监管"的各项开支（时间成本、资源成本等），$G_1 > 0$ |
| $G_2$ | 集群企业参与/不参与知识共享，政府"弱监管"的各项开支（时间成本、资源成本等），$G_1 > G_2 > 0$ |
| $\mu$ | 知识共享中集群企业对网络权力大小、政府监管程度敏感系数，$\mu \in (0,1)$ |
| $p_a$ | 政府"强监管"下，"军转民"企业的网络权力大小，$p_a > 0$ |
| $p_b$ | 政府"强监管"下，"民参军"企业的网络权力大小，$p_b > 0$ |
| $\pi_a p_a$ | "军转民"企业因网络权力大小决定其所获知识共享收益，$\pi_a p_a > 0$ |
| $\pi_b p_b$ | "民参军"企业因网络权力大小决定其所获知识共享收益，$\pi_b p_b > 0$ |
| $\pi_a \mu p_a$ | 企业进行知识共享时，"军转民"企业知识共享获得能力，$\pi_a \mu p_a > 0$ |
| $\pi_b \mu p_b$ | 企业进行知识共享时，"民参军"企业知识共享获得能力，$\pi_b \mu p_b > 0$ |

| 参数 | 含义 |
|---|---|
| L | 政府"强监管"下，企业共享效益时给予"军转民"企业奖励，$L>0$ |
| R | 政府"强监管"下，企业共享效益时给予"民参军"企业奖励，$R>0$ |
| m | 政府"强监管"下所获收益，$m>0$ |
| b | 政府"弱监管"下所获收益占政府"强监管"下所获收益的比值，$b\in(0,1)$ |
| bm | 政府选择"弱监管"所获收益，$bm>0$ |
| $m_a$ | "军转民"企业知识共享前的初始收益，$m_a>0$ |
| $m_b$ | "民参军"企业知识共享前的初始收益，$m_b>0$ |
| Em | 企业均参与知识共享时，政府"强监管"时获得超额收益，$Em>bm>0$ |
| U | 企业均参与知识共享时，企业获得总超额收益，$U>0$ |
| a | 企业均参与知识共享时，"军转民"企业获得超额收益分摊比例，$a\in(0,1)$ |
| $\partial$ | 企业知识共享意愿系数，$\partial\in[0,1]$ |
| $\varepsilon$ | 企业知识吸收以及转换、创造新知识系数，$\varepsilon\in(0,1)$ |
| $k_a$ | "军转民"企业间的知识共享成本、学习成本系数，$k_a\in(0,1)$ |
| $k_b$ | "民参军"企业间的知识共享成本、学习成本系数，$k_b\in(0,1)$ |
| $\sigma$ | 知识共享方的知识溢出风险系数，$\sigma\in(0,1)$ |
| $\pi_a\sigma$ | "军转民"企业知识溢出风险成本，$\pi_a\sigma>0$ |
| $\pi_b\sigma$ | "民参军"企业知识溢出风险成本，$\pi_a\sigma>0$ |
| $F_a$ | "军转民"企业不参与知识共享时，政府对其进行惩罚的惩罚金，$F_a>0$ |
| $F_b$ | "民参军"企业不参与知识共享时，政府对其进行惩罚的惩罚金，$F_a>0$ |
| $\eta$ | 政府对采取知识共享行为企业进行补偿，从惩罚金中拿取的补偿比例，$\eta\in[0,1]$ |

## 四、收益矩阵构建

在政府、"军转民"企业和"民参军"企业三方博弈模型中，政府策略选择为｛强监管，弱监管｝，"军转民"企业策略选择为｛参与，不参与｝，"民参军"企业策略选择为｛参与，不参与｝。其中，政府的监管程度因受军民融合知识共享环境影响，划分为"强监管"与"弱监管"两个维度，"强监管"表明政府对军民融合企业的知识共享行为有较强的干预作用，"弱监管"表明政府虽参与军民融合知识共享行为，对军民融合知识共享环境的监督作用较弱，监管行为的程度大小主要影响知识外溢风险、知识共享意愿等参数的变化，政府"强监管"时知识外溢风险较低，参与度较高，"弱监管"时军民融合企业由于对共享环境的不确定导致其参与度较低；"军转民"企业和"民参军"企业受政府监管、外界环境等影响，分为"参与知识共享"与"不参与知识共享"两个维度。

政府"强监管"的概率为 $x(0 \leqslant x \leqslant 1)$，"弱监管"的概率即为 $1-x$。"军转民"企业与"民参军"企业参与知识共享的企业概率分别为 $y(0 \leqslant y \leqslant 1)$、$z(0 \leqslant z \leqslant 1)$；不参与知识共享的企业概率分别为 $1-y$、$1-z$，并根据上述假设条件以及博弈模型构建博弈支付矩阵（如表 8-2 和表 8-3 所示）。

表 8-2　　　　政府"强监管"下"政军企"知识共享博弈支付矩阵

| 类型 | 选择 | "民参军"企业 | |
|---|---|---|---|
| | | 参与知识共享 | 不参与知识共享 |
| "军转民"企业 | 参与知识共享 | $m + Em - G_1 - R - L$<br>$m_a + aU + \pi_a(\varepsilon - \partial - \sigma) - C_a + R + \pi_a \mu p_a$<br>$m_b + (1-a)U + \pi_b(\varepsilon - \partial - \sigma) - C_b + L + \pi_b \mu p_b$ | $m - G_1 - R + (1-\eta)F_b$<br>$m_a + \pi_a(-\partial - \sigma) - C_a + R + \eta F_b$<br>$m_b + \pi_b \varepsilon - F_b$ |
| | 不参与知识共享 | $m - G_1 - L + (1-\eta)F_a$<br>$m_a + \pi_a \varepsilon - F_a$<br>$m_b + \pi_b(-\partial - \sigma) - C_b + L + \eta F_a$ | $m - G_1 + F_a + F_b$<br>$m_a - F_a$<br>$m_b - F_b$ |

表 8-3　　　　政府"弱监管"下"政军企"知识共享博弈支付矩阵

| 类型 | 选择 | "民参军"企业 | |
|---|---|---|---|
| | | 参与知识共享 | 不参与知识共享 |
| "军转民"企业 | 参与知识共享 | $bm - G_2$<br>$m_a + aU + \pi_a(\varepsilon - \partial - \sigma) - C_a - D_a$<br>$m_b + (1-a)U + \pi_b(\varepsilon - \partial - \sigma) - C_b - D_b$ | $bm - G_2 + (1-\eta)F_b$<br>$m_a + \pi_a(-\partial - \sigma) - C_a + \eta F_b - D_a$<br>$m_b + \pi_b \varepsilon - F_b$ |
| | 不参与知识共享 | $bm - G_2 + (1-\eta)F_a$<br>$m_a + \pi_a \varepsilon - F_a$<br>$m_b + \pi_b(-\partial - \sigma) - C_b + \eta F_a - D_b$ | $bm - G_2 + F_a + F_b$<br>$m_a - F_a$<br>$m_b - F_b$ |

## 第三节 军民融合产业集群知识共享演化博弈模型分析

### 一、考虑政府监管的知识共享决策模型分析

由表 8-2 和表 8-3 可知，政府在博弈时选择"强监管"策略的期望收益为 $U_{g1}$，选择"弱监管"策略的期望收益为 $U_{g2}$，得出政府平均期望收益 $\overline{U}_g$ 为：

$$\begin{aligned}\overline{U}_g = x\,U_{g1} + (1-x)\,U_{g2} &= xyzEm - xyR - xzL + yz\eta(F_a + F_b) \\ &\quad + x[(1-b)m - G_1 + G_2] - y(\eta F_b + F_a) - z(\eta F_a + F_b) \\ &\quad + (bm - G_2 + F_a + F_b)\end{aligned} \tag{8-1}$$

由 $U_{g1}$、$U_{g2}$、$\overline{U}_g$ 可得政府的复制动态方程为：

$$F(x) = \frac{dx}{dt} = x(U_{g1} - \overline{U}_g) = x(1-x)[yzEm - yR - zL + (1-b)m - G_1 + G_2] \tag{8-2}$$

为方便计算，令，

$$z_0 = \frac{(1-b)m - G_1 + G_2 - yR}{L - yEm} \tag{8-3}$$

对政府的演化稳定策略进行分析，令 $F(x) = 0$，则：（1）若 $yzEm - yR - zL + (1-b)m - G_1 + G_2 = 0$，即 $z = z_0$，此时 $F(x) \equiv 0$，意味着无论 $x$ 取何值，博弈均为稳定状态。（2）若 $z \neq z_0$，令 $F(x) = 0$，得 $x_1 = 0$，$x_2 = 1$ 是两个稳定点。

对 $F(x)$ 求导可知：

$$\frac{dF(x)}{dx} = \frac{dx}{dt} = (1-2x)[yzEm - yR - zL + (1-b)m - G_1 + G_2] \tag{8-4}$$

令，

$$yzEm - yR - zL + (1-b)m - G_1 + G_2 = 0 \qquad (8-5)$$

可得：

$$z(L - Em) = (1-b)m - G_1 + G_2 - yR \qquad (8-6)$$

此时可分为两种情况：（1）若 $z > z_0$，即 $yzEm - yR - zL + (1-b)m - G_1 + G_2 > 0$，当 $x = 1$ 时，$\dfrac{dF(x)}{dx} < 0$；当 $x = 0$ 时，$\dfrac{dF(x)}{dx} > 0$。故 $x = 1$ 时演化稳定状态，此时政府倾向于选择"强监管"。（2）若 $z < z_0$，即 $yzEm - yR - zL + (1-b)m - G_1 + G_2 < 0$，当 $x = 1$ 时，$\dfrac{dF(x)}{dx} > 0$；当 $x = 0$ 时，$\dfrac{dF(x)}{dx} < 0$。故 $x = 0$ 时演化稳定状态，此时政府倾向于选择"弱监管"。

进一步分析，由式（8-3）可知，（1）当 $G_1$ 减少、$G_2$ 增加或 R 减少并保持其余参数不变时，即当政府"强监管"成本减少、政府"弱监管"成本增加或政府对参与知识共享的"军转民"企业奖励降低时，$z_0$ 变大，由政府"强监管"构成的空间体积缩小，政府"强监管"成本降低，政府趋向于选择"强监管"策略。（2）同理，当 $G_1$ 增加、$G_2$ 减少或 R 增加并保持其余参数不变时，即当政府"强监管"成本增多、政府"弱监管"成本降低或政府对参与知识共享的"军转民"企业奖励增加时，$z_0$ 变小，由政府"弱监管"构成的空间体积缩小，政府"弱监管"成本降低，政府趋向于选择"弱监管"策略。

通过上述对政府的演化结果分析，可知在政府参与"军转民"企业与"民参军"企业的知识共享过程中，政府"强监管"军民融合企业时成本低或者给予"军转民"企业的奖励下降时，政府更愿意选择"强监管"策略，这符合当前我国政府发展的现状。对于政府来讲，既可以降低监管成本，又可以对参与知识共享的企业增加激励强度，其用较小的成本换取更高的收益是符合成本最小化实现收益最大化的原则。反之，政府"弱监管"军民融合企业时成本降低或政府对参与知识共享的"军转民"企业奖励增加时，政府更愿意选择"弱监管"策略。

## 二、"军转民"企业知识共享决策模型分析

由表 8-2 和表 8-3 可知，"军转民"企业在博弈时选择"参与知识共

享"策略的期望收益为$U_{m1}$，选择"不参与知识共享"策略的期望收益为$U_{m2}$，得出"军转民"企业平均期望收益$\bar{U}_m$为：

$$\bar{U}_m = y U_{m1} + (1-y) U_{m2} = xyz\pi_a \mu p_a + xy(R+D_a) + yz(aU - \eta F_b)$$
$$+ y[\pi_a(-\partial-\sigma) - C_a - D_a + F_a + \eta F_b] + z\pi_a\varepsilon + m_a - F_a \quad (8-7)$$

根据上述分析，由$U_{m1}$，$U_{m2}$，$\bar{U}_m$可得政府的复制动态方程为：

$$F(y) = \frac{dy}{dt} = y(U_{m1} - \bar{U}_m) = y(1-y)[x(R+D_a) + z(aU - \eta F_b)$$
$$+ zx\pi_a \mu p_a - \pi_a(\partial+\sigma) - C_a - D_a + F_a + \eta F_b] \quad (8-8)$$

为方便计算，令，

$$z_1 = \frac{\pi_a(\partial+\sigma) + C_a + D_a - F_a - \eta F_b - x(R+D_a)}{aU - \eta F_b + x\pi_a \mu p_a} \quad (8-9)$$

对政府的演化稳定策略进行分析，令$F(y)=0$，则：（1）若$x(R+D_a) + z(aU-\eta F_b) + xz\pi_a \mu p_a - \pi_a(\partial+\sigma) - C_a - D_a + F_a + \eta F_b = 0$，即$z=z_1$，此时$F(y) \equiv 0$，意味着无论$y$取何值，博弈均为稳定状态。（2）若$z \neq z_1$，令$F(y) = 0$，得$y_1 = 0$，$y_2 = 1$是两个稳定点。

对$F(y)$求导可知，

$$\frac{dF(y)}{dx} = \frac{dy}{dt} = (1-2y)[x(R+D_a) + z(aU-\eta F_b) + xz\pi_a \mu p_a$$
$$- \pi_a(\partial+\sigma) - C_a - D_a + F_a + \eta F_b] \quad (8-10)$$

令，

$$x(R+D_a) + z(aU-\eta F_b) + xz\pi_a \mu p_a - \pi_a(\partial+\sigma) - C_a - D_a + F_a + \eta F_b = 0$$
$$(8-11)$$

可得：

$$z(aU - \eta F_b + x\pi_a \mu p_a) = \pi_a(\partial+\sigma) + C_a + D_a - F_a - \eta F_b - x(R+D_a)$$
$$(8-12)$$

此时可分两种情况：（1）若$z > z_1$，即$x(R+D_a) + z(aU - \eta F_b) + xz\pi_a \mu$

$p_a - \pi_a(\partial + \sigma) - C_a - D_a + F_a + \eta F_b > 0$，当 $y = 1$ 时，$\dfrac{dF(y)}{dx} < 0$；当 $y = 0$ 时，$\dfrac{dF(y)}{dx} > 0$。故 $y = 1$ 时演化稳定状态，此时"军转民"企业倾向于选择参与知识共享策略。（2）若 $z < z_1$，即 $x(R + D_a) + z(aU - \eta F_b) + xz\pi_a \mu p_a - \pi_a(\partial + \sigma) - C_a - D_a + F_a + \eta F_b < 0$，当 $y = 1$ 时，$\dfrac{dF(y)}{dx} > 0$；当 $y = 0$ 时，$\dfrac{dF(y)}{dx} < 0$。故 $y = 0$ 时演化稳定状态，此时"军转民"企业倾向于选择不参与知识共享策略。

进一步分析，由式（8-9）可知，（1）当 $F_a$ 增加或 $\pi_a \mu p_a$ 增加，并保持其余参数不变时，即当不参与知识共享时惩罚力度增加或"军转民"企业对网络权力的敏感程度增加时，$z_1$ 数值下降，"军转民"企业参与知识共享的空间增大，企业参与其中的意愿增强，"军转民"企业更倾向于参与知识共享。（2）同理，当 $F_a$ 降低或 $\mu p_a \pi_a$ 降低，并保持其余参数不变时，即当不参与知识共享时惩罚力度减少或"军转民"企业对网络权力的敏感程度减弱时，$z_1$ 数值上升，"军转民"企业参与知识共享的意愿减弱，"军转民"企业更倾向于不参与知识共享。

通过上述对"军转民"企业的演化结果分析，可发现"军转民"企业在是否参与知识共享过程中受到多重因素的影响，当惩罚力度增加、共享成本降低或"军转民"企业对网络权力的敏感程度增加时，"军转民"企业更倾向于参与知识共享；反之，当惩罚力度降低、共享成本增加或"军转民"企业对网络权力的敏感程度减弱时，"军转民"企业更倾向于不参与知识共享，这符合当前知识经济时代下的发展现状。若要在一定程度上激发"军转民"企业积极参与知识共享，应降低知识共享风险，较低的知识外溢风险会增强企业知识共享的信心；降低知识共享成本，减少因无外界强有力的监管使其知识共享效果不佳；政府增强对不参与知识共享的"军转民"企业的惩罚力度，同时增大对参与知识共享的"军转民"企业的奖励幅度；增强市场对企业的网络权力敏感程度等。

## 三、"民参军"企业知识共享决策模型分析

由表 8-2 和表 8-3 可知，"民参军"企业在博弈时选择"参与知识共

享"策略的期望收益为$U_{p1}$，选择"不参与知识共享"策略的期望收益为$U_{p2}$，

得出"民参军"企业平均期望收益$\bar{U}_p$为：

$$\bar{U}_p = z U_{p1} + (1 - z) U_{p2} = xyz \pi_b \mu p_b + xz(L + D_b) + yz[(1 - a)U - \eta F_a]$$
$$+ y \pi_b \varepsilon + z[\pi_b(-\partial - \sigma) - C_b - D_b + \eta F_a + F_b] + m_b - F_b \qquad (8 - 13)$$

根据上述分析，由$U_{p1}$，$U_{p2}$，$\bar{U}_p$可得政府的复制动态方程为：

$$F(z) = \frac{dz}{dt} = z(U_{p1} - \bar{U}_p) = z(1 - z)[x(L + D_b) + y((1 - a)U - \eta F_a)$$
$$+ xy \pi_b \mu p_b - \pi_b(\partial + \sigma) - C_b - D_b + F_b + \eta F_a] \qquad (8 - 14)$$

为方便计算，令，

$$x_0 = \frac{\pi_b(\partial + \sigma) + C_b + D_b - F_b - \eta F_a - y((1 - a)U - \eta F_a)}{L + D_b + y \pi_b \mu p_b} \qquad (8 - 15)$$

对政府的演化稳定策略进行分析，令$F(z) = 0$，则：（1）若$x(L + D_b) + y((1 - a)U - \eta F_a) + xy \pi_b \mu p_b - \pi_b(\partial + \sigma) - C_b - D_b + F_b + \eta F_a = 0$，即$x = x_0$，此时$F(z) \equiv 0$，意味着无论$y$取何值，博弈均为稳定状态。（2）若$x \neq x_0$，令$F(z) = 0$，得$z_1 = 0$，$z_2 = 1$是两个稳定点。

对$F(z)$求导可知，

$$\frac{dF(z)}{dx} = \frac{dz}{dt} = (1 - 2z)[x(L + D_b) + y((1 - a)U - \eta F_a)$$
$$+ xy \pi_b \mu p_b - \pi_b(\partial + \sigma) - C_b - D_b + F_b + \eta F_a]$$
$$(8 - 16)$$

令，

$$x(L + D_b) + y((1 - a)U - \eta F_a) + xy \pi_b \mu p_b - \pi_b(\partial + \sigma) - C_b - D_b + F_b + \eta F_a = 0$$
$$(8 - 17)$$

可得：

$$x(L + D_b + y \pi_b \mu p_b) = \pi_b(\partial + \sigma) + C_b + D_b - F_b - \eta F_a - y((1 - a)U - \eta F_a)$$
$$(8 - 18)$$

此时可分两种情况：（1）若 $x > x_0$，即 $x(L + D_b) + y((1 - a)U - \eta F_a) + xy\pi_b\mu p_b - \pi_b(\partial + \sigma) - C_b - D_b + F_b + \eta F_a > 0$，当 $z = 1$ 时，$\dfrac{dF(z)}{dx} < 0$；当 $z = 0$ 时，$\dfrac{dF(z)}{dx} > 0$。故 $z = 1$ 时演化稳定状态，此时"民参军"企业倾向于选择参与知识共享策略。（2）若 $x < x_0$，即 $x(L + D_b) + y((1 - a)U - \eta F_a) + xy\pi_b\mu p_b - \pi_b(\partial + \sigma) - C_b - D_b + F_b + \eta F_a < 0$，当 $z = 1$ 时，$\dfrac{dF(z)}{dx} > 0$；当 $z = 0$ 时，$\dfrac{dF(z)}{dx} < 0$。故 $z = 0$ 时演化稳定状态，此时"民参军"企业倾向于选择不参与知识共享策略。

进一步分析，由式（8-15）可知，（1）当 $F_b$ 增加或 $\pi_b\mu p_b$ 增加，并保持其余参数不变时，即当不参与知识共享时惩罚力度增加或"民参军"企业对网络权力的敏感程度增加时，$x_0$ 数值变小，"民参军"企业参与知识共享的空间增大，"民参军"企业参与知识共享的意愿增强，"民参军"企业更倾向于参与知识共享。（2）同理，当 $F_b$ 降低或 $\pi_b\mu p_b$ 降低，并保持其余参数不变时，即当不参与知识共享时惩罚力度减少或"民参军"企业对网络权力的敏感程度减弱时，$x_0$ 数值变大，"民参军"企业不参与知识共享的意愿减弱，"民参军"企业更倾向于不参与知识共享。

通过上述对"民参军"企业的演化结果分析，可发现"民参军"企业在是否参与知识共享过程中同"军转民"企业类似，受到多重因素的影响。当惩罚力度增加、共享成本降低、共享风险减弱或"民参军"企业对网络权力的敏感程度增加时，"民参军"企业更倾向于参与知识共享；反之，当惩罚力度降低、共享成本增加、共享风险减弱或"民参军"企业对网络权力的敏感程度减弱时，"民参军"企业更倾向于不参与知识共享。若要在一定程度上激发"民参军"企业积极参与知识共享，也应降低知识共享风险，降低知识共享成本，减少因无外界强有力的监管使其知识共享效果不佳；政府也应增加对不参与知识共享的"民参军"企业的惩罚力度，同时增大对参与知识共享的"民参军"企业的奖励幅度；增加市场对"民参军"企业的网络权力敏感程度等。

## 四、三方主体知识共享博弈均衡分析

通过以上对政府、"军转民"企业和"民参军"企业策略选择的均衡分析，将各参与主体的初始状态进行组合，由此得到局部均衡点，分别为 (0,0,0)、(0,0,1)、(0,1,0)、(0,1,1)、(1,0,0)、(1,0,1)、(1,1,0)、(1,1,1)。

根据已有的演化博弈均衡点的判断方法（Friedman，1991），分别对 F(x)、F(y)、F(z) 依次求关于 x、y、z 的偏导数，可得相应的雅克比矩阵 J 为：

$$
J = \begin{bmatrix}
(1-2x)\left[-Ry - Lz + (1-b)m - G_1 + G_2\right] \\
y(1-y)(R + D_a + z\pi_a \mu p_a) \\
z(1-z)(L + D_b + y\pi_b \mu p_b)
\end{bmatrix}
$$

$$-Rx(1-x)$$

$$(1-2y)\left[x(R+D_a) + z(aU - \eta F_b) + zx\pi_a \mu p_a - \pi_a(\partial + \sigma) - C_a - D_a + F_a + \eta F_b\right]$$

$$z(1-z)\left((1-a)U - \eta F_a + x\pi_b \mu p_b\right)$$

$$-Lx(1-x)$$

$$y(1-y)(aU - \eta F_b + x\pi_a \mu p_a)$$

$$(1-2z)\left[x(L+D_b) + y((1-a)U - \eta F_a) + xy\pi_b \mu p_b - \pi_b(\partial + \sigma) - C_b - D_b + F_b + \eta F_a\right]$$

$$(8-19)$$

当 det(J) > 0 且 tr(J) < 0 时，上述均衡点就会逐步接近于演化均衡状态，即达到稳定状态（ESS），如表 8-4 所示。

表 8-4　　　　　　　　　　均衡点稳定性分析

| 均衡点 | det(J) 的值 | tr(J) 的值 |
|---|---|---|
| (0,0,0) | $\left[(1-b)m - G_1 + G_2\right]\left[-\pi_a(\partial + \sigma) - C_a - D_a + F_a + \eta F_b\right]\left[-\pi_b(\partial + \sigma) - C_b - D_b + F_b + \eta F_a\right]$ | $(1-b)m - G_1 + G_2 - (\pi_a + \pi_b)(\partial + \sigma) - C_a - D_a - C_b - D_b + (1+\eta)F_a + (1+\eta)F_b$ |
| (0,0,1) | $-\left[-L + (1-b)m - G_1 + G_2\right]\left[aU - \pi_a(\partial + \sigma) - C_a - D_a + F_a\right]\left[-\pi_b(\partial + \sigma) - C_b - D_b + F_b + \eta F_a\right]$ | $-L + (1-b)m - G_1 + G_2 + aU + (\pi_b - \pi_a)(\partial + \sigma) - C_a - D_a + C_b + D_b + (1-\eta)F_a - F_b$ |

| 均衡点 | det(J) 的值 | tr(J) 的值 |
|---|---|---|
| (0,1,0) | $-[-R+(1-b)m-G_1+G_2][-\pi_a(\partial+\sigma)-C_a-D_a+F_a+\eta F_b][(1-a)U-\pi_b(\partial+\sigma)-C_b-D_b+F_b]$ | $-R+(1-b)m-G_1+G_2+(1-a)U+(\pi_a-\pi_b)(\partial+\sigma)+C_a+D_a-C_b-D_b-F_a+(1-\eta)F_b$ |
| (0,1,1) | $[-R-L+(1-b)m-G_1+G_2][aU-\pi_a(\partial+\sigma)-C_a-D_a+F_a][(1-a)U-\pi_b(\partial+\sigma)-C_b-D_b+F_b]$ | $-R-L+(1-b)m-G_1+G_2-U+(\pi_a+\pi_b)(\partial+\sigma)+C_a+D_a+C_b+D_b-F_a-F_b$ |
| (1,0,0) | $-[(1-b)m-G_1+G_2][R-\pi_a(\partial+\sigma)-C_a+F_a+\eta F_b][L-\pi_b(\partial+\sigma)-C_b+F_b+\eta F_a]$ | $-(1-b)m+G_1-G_2+R+L-(\pi_a+\pi_b)(\partial+\sigma)-C_a-C_b+(1+\eta)F_a+(1+\eta)F_b$ |
| (1,0,1) | $[-L+(1-b)m-G_1+G_2][R+aU+\mu p_a\pi_a-\pi_a(\partial+\sigma)-C_a+F_a][L-\pi_b(\partial+\sigma)-C_b+F_b+\eta F_a]$ | $-(1-b)m+G_1-G_2+R+aU+\pi_a\mu p_a+(\pi_b-\pi_a)(\partial+\sigma)-C_a+C_b+(1-\eta)F_a-F_b$ |
| (1,1,0) | $[-R+(1-b)m-G_1+G_2][R-\pi_a(\partial+\sigma)-C_a+F_a+\eta F_b][L+(1-a)U+\pi_b\mu p_b-\pi_b(\partial+\sigma)-C_b+F_b]$ | $-(1-b)m+G_1-G_2+(1-a)U+L+\pi_b\mu p_b+(\pi_a-\pi_b)(\partial+\sigma)+C_a-C_b-F_a+(1-\eta)F_b$ |
| (1,1,1) | $-[-R-L+(1-b)m-G_1+G_2][R+aU+\pi_a\mu p_a-\pi_a(\partial+\sigma)-C_a+F_a][L+(1-a)U+\pi_b\mu p_b-\pi_b(\partial+\sigma)-C_b+F_b]$ | $-(1-b)m+G_1-G_2-U-\mu(\pi_a p_a+\pi_b p_b)+(\pi_a+\pi_b)(\partial+\sigma)+C_a+C_b-F_a-F_b$ |

可以看出，det(J) 和 tr(J) 的符号取决于各参数的取值，即政府、"军转民"企业和"民参军"企业之间的演化博弈均衡状态受多种因素的影响，故无法明确上述均衡点的稳定点是否存在。因此，对下列均衡点进行稳定性分析。可概括为以下几项多项式：（1）$(1-b)m-G_1-G_2$；（2）R；（3）L；（4）$\pi_a(\partial+\sigma)+C_a$；（5）$\pi_b(\partial+\sigma)+C_b$；（6）$F_a+\eta F_b$；（7）$F_b+\eta F_a$；（8）$F_a+aU$；（9）$F_b+(1-a)U$；（10）$D_a$；（11）$D_b$；（12）$\pi_a\mu p_a$；（13）$\pi_b\mu p_b$。局部均衡点分析如表 8-5 所示。

由局部均衡点的稳定性分析可知，政府监管下"军转民"企业和"民参军"企业知识共享博弈的局部均衡点稳定性在一定程度上取决于各参数间的大小关系，当政府给予军民融合企业的奖励大于政府监管的净利润，军民融合企业知识共享的成本以及知识溢出风险总和小于企业知识共享获得能力、政府给予企业的奖励和参与共享的超额收益时，局部稳定性将增加。然而，影响政府监管下"军转民"企业和"民参军"企业知识共享博弈的敏感性因子未有

表 8-5 局部均衡点分析

| 均衡点 | 符合情形 | det(J) | tr(J) | 稳定性 |
|---|---|---|---|---|
| (0,0,0) | (1)>0；(4)+(10)>(6) | 不确定 | + | 鞍点 |
| (0,0,0) | 0<(1)<(2)；(4)+(10)>(6)；(5)+(11)<(9) | + | + | 不稳定 |
| (0,1,0) | 0<(1)<(2)；(4)+(10)>(6)；(5)+(11)<(9) | − | 不确定 | 鞍点 |
| (0,1,0) | (1)>0；(4)+(10)>(6) | + | − | ESS |
| (1,0,0) | (1)>0；(4)<(2)+(6)；(5)<(3)+(7) | 不确定 | − | 鞍点 |
| (1,0,0) | 0<(1)<(2)；(4)<(2)+(6)；(5)<(3)+(7) | + | − | ESS |
| (1,1,0) | 0<(1)<(2)；(4)<(6)；(5)>(3)+(9)+(13) | − | 不确定 | 鞍点 |
| (1,1,0) | 0<(1)<(2)；(4)>(2)+(8)+(12)；(5)>(3)+(9)+(13) | + | − | ESS |
| (0,0,1) | 0<(1)<(3)；(4)+(10)>(8) | 不确定 | 不确定 | 鞍点 |
| (0,0,1) | 0<(1)<(3)；(4)+(10)<(8)<(7)；(5)+(11)<(7) | + | − | ESS |
| (0,1,1) | 0<(1)<(2)+(3)；(4)+(10)>(8)；(5)+(11)>(9) | − | 不确定 | 鞍点 |
| (0,1,1) | 0<(1)<(2)+(3)；(4)+(10)<(8)；(5)+(11)>(9) | + | − | ESS |
| (1,0,1) | 0<(1)<(3)；(4)>(2)+(8)+(12)；(5)>(7) | − | 不确定 | 鞍点 |
| (1,0,1) | 0<(1)<(3)；(4)>(2)+(8)+(12)；(5)>(7) | + | − | ESS |
| (1,1,1) | 0<(1)<(2)+(3)；(4)>(2)+(8)+(12)；(5)>(3)+(9)+(13) | 不确定 | 不确定 | 鞍点 |
| (1,1,1) | 0<(1)<(2)+(3)；(4)>(2)+(8)+(12)；(5)>(3)+(9)+(13) | + | − | ESS |

明确表示，本章将进一步利用系统动力学、结合仿真工具，分析不同初始值状态下的博弈演化过程，探究参与主体的演化稳定情况。

## 第四节　军民融合产业集群知识共享的系统动力学仿真模型分析

### 一、情景分析

党的十九大报告中强调要立足中国国情军情，推进军民融合深度发展，走出一条中国特色军民融合的路子，即在更广范围、更高层次、更深程度上将国防和军队现代化建设与经济社会发展结合起来。进行军民深度融合创新发展，军民融合产业集群主体是重要的知识创新源头，集群可有效集聚各创新要素进行协同创新，产业集群间的互通关系将决定着军民融合协同创新的成果，这种互通关系是长久稳定的，军民为达到"相融"的目的，需要持续性的创新、共享知识与成果（蓝定香和吴有锋，2018；申洪源和郑雪平，2019；高杰和丁云龙，2019；周阳等，2020）。

### 二、系统动力学仿真模型构建

在上述政府、"军转民"企业和"民参军"企业三方知识共享演化博弈模型的过程中，参与主体会自行按照其他主体的策略选择而改变自身行为。系统动力学通过要素间的因果关系构建模型，认为内部的结构与反馈机制决定了系统的特性（王其藩，1994），能够为理解复杂的内部关联提供解释，从某角度通过仿真过程提供决策支持。因此，为进一步从系统角度研究政府、"军转民"企业、"民参军"企业的复杂行为关系，根据表8-2和表8-3的知识共享博弈支付矩阵，对政府、"军转民"企业和"民参军"企业的期望收益分析，以及表8-4和表8-5中的均衡点分析，采用系统动力学方法分析均衡点的稳定性情况。通过VensimPLE7.3.5建立政府、"军转民"企业、"民参军"企业三方行为演化博弈SD仿真模型，如图8-2所示。在调研中发现多

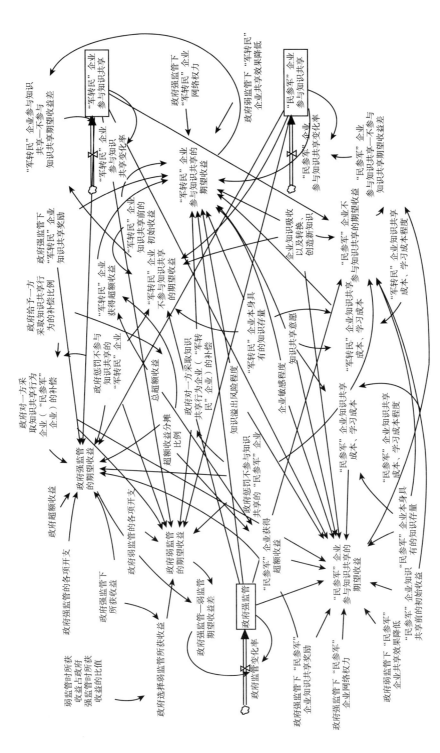

图 8 - 2 政府、"军转民"企业、"民参军"企业三方行为演化博弈的 SD 仿真模型

数军民融合企业对相关指标进行技术设密，因此，本章采用仿真数据以进行政府—"军转民"企业—"民参军"企业三方知识共享演化博弈模型的研究。

图 8 - 2 中博弈主体受各变量间的影响由图中的箭头表示，即政府强监管、政府弱监管、"军转民"企业参与知识共享、"军转民"企业不参与知识共享、"民参军"企业参与知识共享及"民参军"企业不参与知识共享六方的期望收益所受因素的影响。模型的主要变量根据三方博弈的支付函数进行设定，其中包含政府"强监管" x、"军转民"企业参与知识共享 y、"民参军"企业参与知识共享 z 三个水平变量，分别为政府监管变化率（dx/dt）、"军转民"企业参与知识共享变化率（dy/dt）、"民参军"企业参与知识共享变化率（dz/dt）三个速率变量的积分；$U_{g1}$、$U_{g2}$、$U_{m1}$、$U_{m2}$、$U_{p1}$、$U_{p2}$ 为系统的中介变量，其余变量为辅助外生变量，其中模型中水平变量、速率变量、中介变量以及各变量间的主要公式由前述公式得出。

## 三、初始仿真模型分析

根据模型中设定的博弈关系间的各类函数关系，设定在仿真过程中外部变量的初始值，设 INITIALTIME = 0，FINALTIME = 10，TIMESTEP = 0.25，UnitsforTIME = Years。模型中的参数初始赋值如表 8 - 6 所示。在政府、"军转民"企业、"民参军"企业三方中，参与主体采取纯策略时共有八种策略组合，策略选择分别为 (0,0,0)，(0,0,1)，(0,1,0)，(0,1,1)，(1,0,0)，(1,0,1)，(1,1,0)，(1,1,1)。

表 8 - 6 模型参数初始赋值

| m | Em | b | $m_a$ | $m_b$ | $\pi_a$ | $\pi_b$ | U | a | $\mu$ | $F_a$ | $F_b$ | $\eta$ |
|---|----|---|-------|-------|---------|---------|---|---|-------|-------|-------|--------|
| 10 | 12 | 0.6 | 6 | 8 | 35 | 30 | 15 | 0.55 | 0.2 | 8 | 9 | 0.3 |
| $\varepsilon$ | $\partial$ | $p_a$ | $p_b$ | $\sigma$ | $k_a$ | $k_b$ | $G_1$ | $G_2$ | R | L | $D_a$ | $D_b$ |
| 0.7 | 0.2 | 0.4 | 0.3 | 0.1 | 0.2 | 0.3 | 5 | 3 | 6 | 4.5 | 3 | 4 |

通过对策略仿真分析可发现，当三方参与主体初始状态均采用纯策略时，博弈过程中没有任何一方愿意主动改变初始策略，达到相对稳定状态，但这并

不是永久保持不变的，只要参与主体任意一方作出微小的改变，系统所达到的相对均衡状态均会被打破，继而发生改变。

如图 8 - 3 所示，以（0，0，0）为例，将（0，0，0）代入上述演化博弈系统的 SD 模型中，仿真结果显示各方均不愿意主动改变自身的初始状态，表明军民融合企业在政府"弱监管"下没有一方愿意主动改变自身策略，产生此现象的原因可能是，在政府"弱监管"军民融合企业时，由于对市场监管不力导致知识外露、军民融合企业间信用缺失等问题发生，使得博弈主体无法承受较大风险。

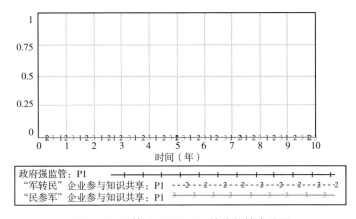

**图 8 - 3　纯策略（0，0，0）的演化博弈结果**

当政府、"民参军"企业初始策略不发生改变，"军转民"企业以较小的概率（y = 0.1）进行策略调整时，如图 8 - 4 所示，会发现系统均衡状态将从（0，0，0）较微弱演化至（0，0，1）；当保持政府、"军转民"企业初始策略不发生改变，"民参军"企业以较小的概率（z = 0.1）进行策略调整时，如图 8 - 5 所示，会发现系统均衡状态将从（0，0，0）亦较微弱演化至（0，1，0）。上述两种企业突变的演化博弈结果较为相似，可与分析政府"强监管"军民融合企业时的突变态势形成较强对比，由于政府监管程度变弱使得军民融合企业间可能发生机会主义行为，使企业对于市场把控力的信任度减弱，军民融合企业参与知识共享度降低，以其微弱的态势突变演化至"1"。总体而言，仿真结果显示（0，0，0）的均衡状态较不稳定。

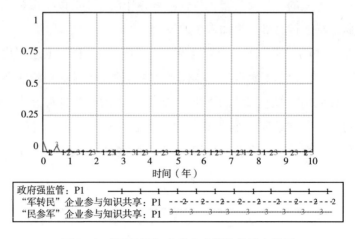

**图 8 - 4 "军转民"企业突变的演化博弈结果**

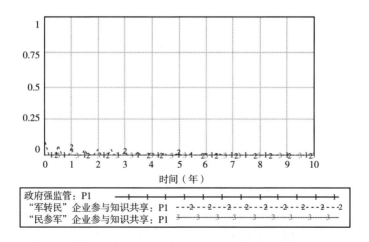

**图 8 - 5 "民参军"企业突变的演化博弈结果**

当保持"军转民"企业、"民参军"企业初始策略不发生改变，政府以较小的概率（x = 0.1）进行策略调整时，如图 8 - 6 所示，会发现系统均衡状态将从（0,0,0）较快速演化至（1,0,0），政府加强对军民融合企业的监管力度时，虽然其监管成本增加，与之相对应的监管收益将会以更大幅度增加，政府"强监管"行为也会对军民融合企业知识共享具有较大影响，从而使政府更加愿意采用"强监管"策略参与军民融合产业集群知识共享行为。

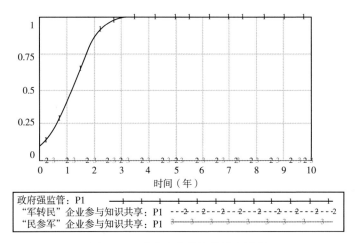

**图 8 - 6　政府突变的演化博弈结果**

在仿真过程中可发现，当政府"强监管"军民融合企业时，无论是"军转民"企业以较小的概率（y = 0.1）进行策略调整，还是"民参军"企业以较小的概率（z = 0.1）进行策略调整，如图 8 - 7 和图 8 - 8 所示，其最终演化策略均会达到 1 的稳定状态，表明政府"强监管"军民融合企业行为将会激励企业主体愿意参与知识共享，同时增加军民双方企业知识共享意愿程度，提升知识共享的质和量，间接提高政府"强监管"军民融合企业行为的收益，这既符合共享收益又能达到军民融合的目的。

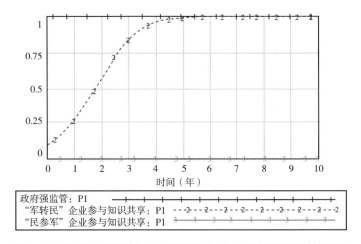

**图 8 - 7　政府"强监管"时"军转民"企业突变的演化博弈结果**

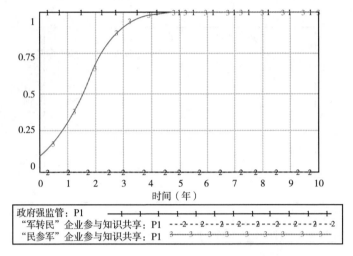

**图8-8　政府"强监管"时"民参军"企业突变的演化博弈结果**

如图8-9所示，当"军转民"企业与"民参军"企业一方参与知识共享时，另一方由0至0.1突变中，如"军转民"企业参与知识共享，"民参军"企业以较小的概率（z=0.1）进行策略调整时，可发现"民参军"企业会更加快速地演化至（1,1,1）的稳定状态，可知军民融合企业在政府选择"强监管"策略，一方积极参与知识共享的前提下，另一方企业主体更加倾向于积极参与知识共享，这将增强企业合作度、共享度等，有利于维持军民融合企业的合作关系，增加军民双方的知识储存，使参与知识共享的各方主体受益。

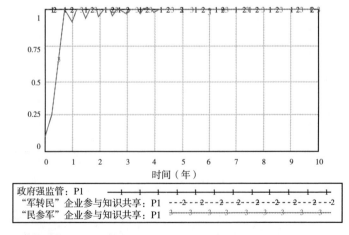

**图8-9　政府"强监管"军民融合企业下，一方企业参与，另一方企业突变的演化博弈结果**

由上述分析可知，当政府处于"弱监管"军民融合企业状态下，"军转民"企业与"民参军"企业参与知识共享的意愿较低；而当政府处于"强监管"军民融合企业状态下，"军转民"企业、"民参军"企业参与知识共享的意愿较高。政府选择"强监管"策略时，当一方军民融合企业参与知识共享时，其所带来的利益会间接鼓励另一方企业参与知识共享。因此，政府更加愿意采取"强监管"策略，能够促使军民融合集群企业更加愿意、有序参与知识共享，使得政府监管付出最小成本，得到最大收益；并且，政府"强监管"军民融合企业下的知识外泄风险最小化，共享主体的共享程度增加，使整体博弈达到（1，1，1）的稳定状态，军民双方共享成果安全性、创新性达到最大。

## 四、三方主体敏感性因子分析

为研究不同变量的变化情况对政府、"军转民"企业、"民参军"企业三方知识共享策略选择的影响，本部分对各变量的初始值进行变动调整，以模拟、观察、分析军民融合产业集群三方主体知识共享策略的变化趋势。本部分将对军民融合产业集群三方主体的初始策略进行突变分析，继而找出各主体较为敏感的变量并对其进行仿真分析，分析其变量的数值变化对仿真结果的影响。

### （一）政府策略选择的敏感性因子分析

假设政府的初始状态为"弱监管"，并以 $x = 0.1$ 的概率进行突变，对其相关参数进行动态仿真可发现，政府"强监管"军民融合企业成本 $G_1$、"强监管"军民融合企业收益 $m$ 以及政府"弱监管"军民融合企业时所获收益占政府"强监管"时所获收益的比值 $b$ 会较敏感地影响政府的策略选择。

如图 8 − 10 所示，其表现了"强监管"军民融合企业成本 $G_1$ 的数值变化对政府策略选择的影响，$G_1$ 取值分别为 3、4、6，从图中曲线变化趋势可以看出，当政府"强监管"军民融合企业成本越高时，政府"强监管"策略选择收敛速度将越慢，即随着"强监管"成本增大到一定数额，政府将不愿意继续采取"强监管"策略，其监管力度对于军民融合企业参与知识共享程度有重要影响，政府应重点关注如何在现有条件下降低监管成本以维持市场秩序，吸引更多企业参与军民融合。

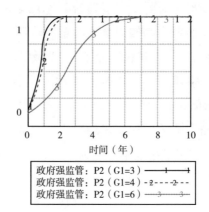

**图 8 - 10  "强监管"军民融合企业成本 $G_1$ 对政府策略选择的影响**

如图 8 - 11 所示，其表明了政府"强监管"军民融合企业收益 m 对政府策略选择的影响，m 取值分别为 7、10、13，从图中可以发现政府"强监管"收益越大时，曲线收敛至稳定状态的速度越快，表明政府收益越高时，政府越愿意加强对军民融合企业的监管力度；图 8 - 12 表示政府"弱监管"军民融合企业时所获收益占政府"强监管"时所获收益的比值 b 对政府策略选择的影响，曲线 1、2、3 分别表示比值 b 为 0.5、0.6、0.7，曲线的变化趋势充分表明，政府"弱监管"收益占比越高，政府倾向于"强监管"军民融合企业的意愿越低，政府达到"强监管"策略的稳定状态速度越慢。政府"强监管"军民融合企业的收益不断增多时，政府将会不断增加对军民融合企业的投资，

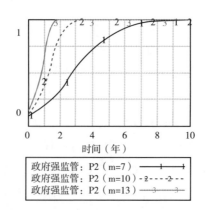

**图 8 - 11  "强监管"收益 m 对政府策略选择的影响**

并加强各项公共资源的供给，以提升军民融合企业的创新能力，因此，应尽可能增加政府"强监管"军民融合企业的收益，减少政府"弱监管"的收益，正向激励政府加强对军民融合企业的监管程度。

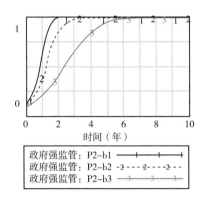

图 8 - 12　"弱监管"时所获收益占比 b 对政府策略选择的影响

## （二）"军转民"企业策略选择的敏感性因子分析

假设"军转民"企业的初始状态为不参与知识共享，并以 $y = 0.1$ 的概率进行突变，对其相关参数进行动态仿真可以发现，政府对不参与知识共享的"军转民"企业惩罚 $F_a$、政府对不参与知识共享的"民参军"企业惩罚 $F_b$、"军转民"企业知识存量 $\pi_a$ 以及知识共享意愿系数 $\partial$ 四个方面对"军转民"企业的策略选择有较大影响。

如图 8 - 13 所示，曲线 1、2、3 分别表示 $F_a$ 为 17、18、19，观其走势可以看出，政府对不参与知识共享的"军转民"企业惩罚值越高，"军转民"企业达到参与知识共享策略的稳定状态速度越快；从政府对不参与知识共享的"民参军"企业惩罚曲线可以看出（如图 8 - 14 所示，曲线 1、2、3 分别表示 $F_b$ 为 37、40、44），政府对不参与知识共享的"民参军"企业惩罚会影响"军转民"企业的策略选择，当惩罚数额越大时，曲线趋向于 1 的速度越快，惩罚值较低时意味着"军转民"企业付出的知识成本降低，企业承担的风险上升，参与知识共享的概率下降，协同创新的概率也下降，而当政府惩罚值较高时，因难以平衡企业自身得失，将会积极参与知识共享并提高企业创新力，由此，政府应适度增加对不参与知识共享行为的惩罚金额，以维持企业间长期稳定的合作关系。

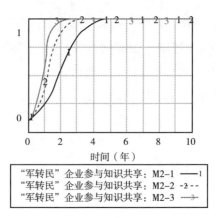

**图 8 - 13    对"军转民"企业惩罚$F_a$对其策略选择的影响**

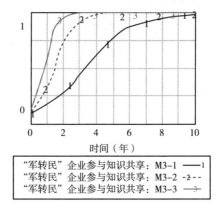

**图 8 - 14    对"民参军"企业惩罚$F_b$对其策略选择影响**

图 8 - 15 表示"军转民"企业知识存量 $\pi_a$ 对其策略选择的影响,其中 M4 - 1、M4 - 2、M4 - 3 分别为 15、17、19,曲线走势表示出"军转民"企业知识存量较小时趋向于稳定的速度较快,这是由于公式中与知识存量 $\pi_a$ 相关的变量——知识共享意愿系数 $\partial$ 以及知识溢出风险系数 $\sigma$,均与其所在公式呈负相关,当企业知识存量越小时,与之相关变量对公式的影响越小,故其趋向于 1 的速度越快;知识共享意愿系数 $\partial$ 也对"军转民"企业策略选择有较大的影响,图 8 - 16 中 M5 - 1、M5 - 2、M5 - 3 分别为 0.01、0.05、0.07,由上述对知识共享意愿系数的理解可以看出,知识共享意愿系数 $\partial$ 与企业选择参与知识共享的策略呈负相关,从曲线 1、2、3 走势中亦可看出知识共享意愿系数越大,"军转民"企业达到参与知识共享策略的稳定状态速度越慢,当共

享意愿 $\partial$ 较大或知识溢出风险系数 $\sigma$ 较大时，企业往往因怕受到"搭便车"影响丧失自身相对竞争优势，选择不参与知识共享直至 $\partial = 0$，企业间的合作关系也将终止，为维护企业间的合作创新关系，有效约束企业行为，政府应最大限度保障知识共享的安全性，鼓舞军民融合企业参与知识共享。

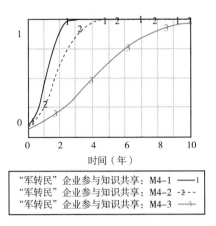

**图 8 – 15　知识存量 $\pi_a$ 对其策略选择的影响**

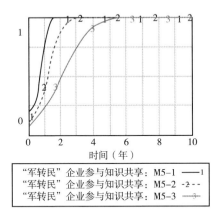

**图 8 – 16　知识共享意愿系数 $\partial$ 对其策略选择的影响**

## （三）"民参军"企业策略选择的敏感性因子分析

假设"民参军"企业的初始状态为不参与知识共享，并以 $z = 0.1$ 的概率进行突变，经过仿真可以看出，"民参军"企业策略选择的影响因子与"军转民"企业相似，影响因子分别为政府对不参与知识共享的"军转民"企业惩罚 $F_a$、政府对不参与知识共享的"民参军"企业惩罚 $F_b$、"民参军"企业知识

195

存量$\pi_b$以及知识共享意愿系数$\partial$，这四个方面的因子对"民参军"企业策略选择有较大的影响。

图 8-17 中曲线 1、2、3 分别表示$F_a$为 33、37、41，图 8-18 中曲线 1、2、3 分别表示$F_b$为 17、19、20，图 8-17 与图 8-18 中的曲线走势均表明政府对不参与知识共享的军民融合企业惩罚值较大时，曲线的稳定速度较快，企业更倾向于参与知识共享，同政府对"军转民"企业的惩罚值影响类似，政府对军民融合企业的奖惩力度与企业是否选择参与知识共享有一定关联，也进一步表明，罚金对于军民融合企业有直接的管控作用，对军民融合企业的参与度有影响力。

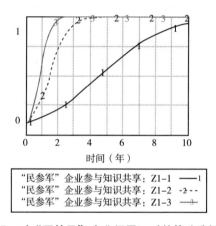

图 8-17　对"军转民"企业惩罚$F_a$对其策略选择的影响

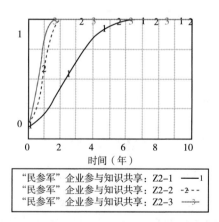

图 8-18　对"民参军"企业惩罚$F_b$对其策略选择影响

图 8 – 19 为"民参军"企业知识存量$\pi_b$对其策略选择的影响，其中 Z3 – 1、Z3 – 2、Z3 – 3 分别为 10、13、17，由于公式中与知识存量$\pi_b$相关的两个变量$\partial$和 σ 均与其所在公式呈负相关，当企业知识存量越大时，与之相关变量对公式的负向影响越大，故其趋向于 1 的速度越慢；当共享意愿系数为 0.03、0.06、0.09 时（如图 8 – 20 Z4 – 1、Z4 – 2、Z4 – 3 所示），知识共享意愿系数$\partial$ 与"民参军"企业选择参与知识共享的策略呈负相关，当共享意愿$\partial$ 越小时，曲线趋向于 1 的速度越快，企业选择不参与知识共享的概率也就越小。可以看出，军民融合企业的策略选择与政府监管、企业间的信任有较强的关系，政府的监管力度较大时，军民融合企业更加信任其所在市场，而选择参与知识共享的策略有利于军民融合企业的发展，"军转民"企业与"民参军"企业更主动参与其中。

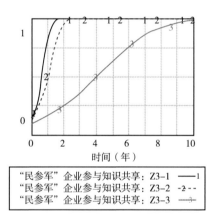

"民参军"企业参与知识共享：Z3–1 ——1
"民参军"企业参与知识共享：Z3–2 -2--
"民参军"企业参与知识共享：Z3–3 ——

**图 8 – 19　知识存量$\pi_b$对其策略选择的影响**

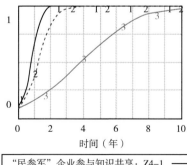

"民参军"企业参与知识共享：Z4–1 ——1
"民参军"企业参与知识共享：Z4–2 -2--
"民参军"企业参与知识共享：Z4–3 ——

**图 8 – 20　知识共享意愿系数 $\partial$ 对其策略选择的影响**

# 第五节　本章小结

本章应用演化博弈和系统动力学的思想，构建政府、"军转民"企业、"民参军"企业三方知识共享演化博弈模型，并通过构建 SD 模型对其仿真模拟分析。从其仿真结果中可以发现：无论政府、"军转民"企业和"民参军"企业在初始状态时为何种策略，为使博弈达到稳定状态，三方最终均会在政府"强监管"、"军转民"企业参与知识共享以及"民参军"企业参与知识共享时达到均衡；分析影响政府的策略选择的敏感性因子可以发现，政府"强监管"军民融合企业的成本 $G_1$ 越低、"强监管"军民融合企业的收益 m 越高以及政府"弱监管"军民融合企业时所获收益占政府"强监管"时所获收益的比值 b 越低时，政府倾向于"强监管"军民融合企业的意愿越强，政府采取"强监管"策略达到稳定状态速度越快；分析影响"军转民"企业和"民参军"企业的策略选择的敏感性因子可以发现，政府对各自不参与知识共享企业的惩罚（$F_a$，$F_b$）、"军转民"企业和"民参军"企业各自的知识存量（$\pi_a$，$\pi_b$）以及知识共享意愿系数 $\partial$ 会显著影响其策略选择。为提高"军转民"企业和"民参军"企业参与知识共享意愿，政府应提高监管力度，酌情提高其对不参与知识共享企业的惩罚力度，军民融合企业应考虑到与知识存量相关变量的影响程度，使曲线趋向于 1 的速度达到最佳。

基于上述研究结果，本章认为，军民融合产业集群内各主体通过正式或非正式的交流积极共享知识，实现知识的循环流动，降低共享知识成本，增加共享收益。针对知识共享与军民融合重难点——破解，政府应兼顾"军转民"企业、"民参军"企业等军民融合各方主体利益，积极搭建共享平台，加强监管力度，减少知识外溢风险，保证资源共享安全性、信息追踪及时性，加强对市场信息的反应度，如出现监管不到位导致的知识外溢现象，及时处理问题，增强军民融合企业知识共享信心；引导市场创造新需求，提高市场对共享企业的敏感度；通过政策支持以及对参与军民融合各主体的补贴强度给予扶持，对不参与军民融合各主体给予合理惩罚，有效设置补贴手段、惩罚机制将影响企业行为的选择，在提高军民融合主体努力程度的同时，保证参与主体不退出共享行为，如补贴比例、惩罚金额越高，军民融合主体参加共享的意愿、合作共赢的机会越高，推动军民融合产业集群创新；共享合作方要求技术保密，军民融合企业共享时尽可能技术匹配、"融合"的标准一致；"军转民"企业和"民参军"企业知识存量差距较大时，应结合军民双方的知识特征，通过共享机制进行知识交融，在知识碰撞中整合双方资源，推动创新要素集聚、生成，持续推进"融合"的工作进展，提升军民融合企业参与知识共享意愿。

总体来看，军民融合产业集群通过知识共享实现军民融合协调发展；通过政府监管手段，深度发挥军民融合产业集群的主导作用，鼓励军民融合企业积极参与知识共享，缩小军民融合企业间的知识势差，推动军民融合深度发展。然而，本章仅考虑了政府"强监管"与"弱监管"、"军转民"企业"参与"与"不参与"知识共享、"民参军"企业"参与"与"不参与"知识共享的策略选择，而并未考虑政府中等监管以及军民融合其他主体参与其中的策略选择，在考虑多方主体参与、多策略选择的情形下，如何实现军民深度融合需进行更深层次的探讨。

# 参 考 文 献

[1] 白景坤，张雅，李思晗. 平台型企业知识治理与价值共创关系研究 [J]. 科学学研究，2020，38 (12)：2193-2201.

[2] 白俊红，卞元超. 政府支持是否促进了产学研协同创新 [J]. 统计研究，2015，32 (11)：43-50.

[3] 白礼彪，白思俊，杜强，等. 基于"五主体动态模型"的军民融合协同创新体系研究 [J]. 管理现代化，2019，39 (1)：45-50.

[4] 蔡建峰，张芳. 大数据视角下"互联网＋军民融合"生态体系构建研究 [J]. 西北工业大学学报 (社会科学版)，2018，(4)：95-9.

[5] 蔡莉，尹苗苗. 新创企业学习能力、资源整合方式对企业绩效的影响研究 [J]. 管理世界，2009 (10)：1-10＋16.

[6] 曹霞，邢泽宇，张路蓬. 政府推动下的军民融合深度发展协同创新模式研究——以西安市为例 [J]. 运筹与管理，2020，29 (6)：10-18.

[7] 曹霞，杨笑君，张路蓬. 技术融合壁垒视角下我国军民技术融合模式及演化分析 [J]. 管理评论，2021，33 (3)：96-106.

[8] 常春，杨婧，李永泽. 知识组织生态系统构架形成与研究进展 [J]. 图书情报工作，2019，63 (7)：146-50.

[9] 陈安，师钰. 韧性城市的概念演化及评价方法研究综述 [J]. 生态城市与绿色建筑，2018 (1)：14-19.

[10] 陈国权，刘薇. 企业环境对探索式学习、利用式学习及其平衡影响的实证研究 [J]. 中国软科学，2017 (3)：99-109.

[11] 陈菊红，王昊，张雅琪. 服务生态系统环境下利益相关者价值共创的演化博弈分析 [J]. 运筹与管理，2019，28 (11)：44-53.

[12] 陈利，朱喜钢，孙洁. 韧性城市的基本理念、作用机制及规划愿景 [J]. 现代城市研究，2017 (9)：18-24.

［13］陈仕平，孙君．军民融合深度发展背景下国防科技安全保障相关立法体系建设论析［J］．法学杂志，2017，38（5）：19－27．

［14］陈文秀，陈洪波．国内应急物流研究的综述与展望［J］．物流工程与管理，2022，44（10）：1－6＋10．

［15］陈晓春，苏美权．新发展理念下的应急管理发展战略研究［J］．治理研究，2018，34（4）：74－84．

［16］陈晓和，周可．创新异质性、政府补贴与军民融合企业创新发展［J］．北京理工大学学报（社会科学版），2021，23（1）：117－126．

［17］陈欣．聚焦新发展格局下的应急管理体系和能力现代化——第五届虹桥国际经济论坛应急分论坛侧记［J］．中国应急管理，2022（11）：60－63．

［18］陈玉梅，李康晨．国外公共管理视角下韧性城市研究进展与实践探析［J］．中国行政管理，2017（1）：137－143．

［19］陈忠，盛毅华．现代系统科学［M］．上海：上海科学技术文献出版社，2005：24－35．

［20］程万里．提升基层应急管理能力的实施困境与路径选择［J］．人民论坛，2022（8）：55－57．

［21］迟铭，毕新华，徐永顺．治理机制对顾客参与价值共创行为的影响——虚拟品牌社区的实证研究［J］．经济管理，2020，42（2）：144－159．

［22］褚倩倩．关于推进军民融合深度发展的思考［J］．北京理工大学学报（社会科学版），2016，18（4）：109－12．

［23］邓渝．资源整合对突破性创新的影响研究——联盟伙伴竞争的调节作用［J］．管理评论，2019，31（11）：71－79．

［24］邓子云，陈磊，何庭钦，等．一种区域大数据产业发展战略形成方法及实例研究［J］．科技管理研究，2017，37（21）：160－170．

［25］狄鹤，张海涛，张连峰．WSR三元定位视角下突发公共事件的政府多主体信息协同机制研究［J］．情报杂志，2021，40（7）：189－194，188．

［26］丁俊发．"十四五"期间我国物流业亟待解决的问题与对策［J］．中国流通经济，2021，35（7）：3－8．

［27］丁璐，赵兰迎，李立，等．基于物联网的地震救援装备物资应急物

流技术系统研究 [J]. 灾害学, 2020, 35 (2): 200 - 205.

[28] 董保宝, 葛宝山, 王侃. 资源整合过程、动态能力与竞争优势: 机理与路径 [J]. 管理世界, 2011 (3): 92 - 101.

[29] 董小君, 钟震. 军民融合融资模式: 从财政主导到多元化资金支持 [J]. 国家行政学院学报, 2018, (2): 87 - 91 + 137.

[30] 董晓辉. 集群创新驱动下国防科技工业军民融合发展机理与路径研究 [J]. 社会科学, 2020 (2): 52 - 59.

[31] 董晓辉. 军民融合产业集群协同创新的研究评述和理论框架 [J]. 系统科学学报, 2013, 21 (4): 60 - 64.

[32] 都伊林, 马兴. 大数据构建城市应急预测预警体系 [J]. 信息化研究, 2017, 43 (2): 16 - 21.

[33] 杜丹丽, 付益鹏, 高琨. 创新生态系统视角下价值共创如何影响企业创新绩效——一个有调节的中介模型 [J]. 科技进步与对策, 2021, 38 (10): 105 - 13.

[34] 杜静, 魏江. 知识存量的增长机理分析 [J]. 科学学与科学技术管理, 2004 (1): 24 - 27.

[35] 杜人淮, 马宇飞. 国防工业军民融合水平测度与对策研究 [J]. 科技进步与对策, 2016, 33 (9): 108 - 116.

[36] 杜人淮. 推进国防工业多领域军民融合深度发展及其机理 [J]. 南京政治学院学报, 2016, 32 (3): 46 - 53 + 140 - 1.

[37] 杜人淮. 中国特色军民融合式发展: 内涵、特征与实现形式 [J]. 南京政治学院学报, 2013, 29 (6): 78 - 82.

[38] 杜运周, 贾良定. 组态视角与定性比较分析 (QCA): 管理学研究的一条新道路 [J]. 管理世界, 2017 (6): 155 - 167.

[39] 樊博, 聂爽. 应急管理中的"脆弱性"与"抗逆力": 从隐喻到功能实现 [J]. 公共管理学报, 2017, 14 (4): 129 - 140 + 159 - 160.

[40] 樊治平, 孙永洪. 知识共享研究综述 [J]. 管理学报, 2006 (3): 371 - 378.

[41] 方炜, 程鹏枭, 李正锋. "民参军"知识转移过程驱动因素与策略匹配——军民融合视角 [J]. 北京理工大学学报 (社会科学版), 2019, 21

（4）：127 - 36.

［42］方炜，冯启良．中国共产党推进经济与国防建设协调发展的经验及启示［J］．科技进步与对策，2021，38（17）：10 - 18.

［43］方炜，孙泽华，唐路路．军民融合创新研究综述与展望［J］．科研管理，2020，41（3）：61 - 71.

［44］方炜，校利敏，杨步，等．民参军知识转移影响因素实证研究——基于军民融合协同创新视角［J］．科学学研究，2019，37（4）：664 - 678.

［45］房银海，王磊，谭清美．军民融合产业创新平台运行机制与评价指标体系研究——以江苏省为例［J］．情报杂志，2017，36（12）：198 - 206.

［46］冯春，于彧洋．军民融合式应急物流体系运行机制及模式研究［J］．交通运输工程与信息学报，2014，12（4）：8 - 14.

［47］冯东梅，王静．露天矿区突发地质灾害公众应急安全疏散行为研究——以抚顺西露天矿区为例［J］．中国安全生产科学技术，2022，18（2）：132 - 138.

［48］冯静，顾雪松，韩立岩．我国军民融合示范区创新能力评价［J］．科技进步与对策，2018，35（23）：146 - 154.

［49］冯良清，陈倩，郭畅．应对突发公共卫生事件的"智慧塔"应急物流模式研究［J］．北京交通大学学报（社会科学版），2021，20（3）：123 - 130.

［50］冯敏良．社区智慧应急响应：可为空间、现实困境与在地建构［J］．中国应急管理科学，2022（10）：49 - 60.

［51］傅为忠，储刘平．长三角一体化视角下制造业高质量发展评价研究——基于改进的 CRITIC - 熵权法组合权重的 TOPSIS 评价模型［J］．工业技术经济，2020，39（9）：145 - 152.

［52］高东椰，刘新华．浅论应急物流［J］．中国物流与采购，2003（23）：22 - 23.

［53］高恩新．防御性、脆弱性与韧性：城市安全管理的三重变奏［J］．中国行政管理，2016（11）：105 - 110.

［54］高杰，丁云龙．军民融合产业联盟的新生境构成、组织形态与治理结构走向研究［J］．公共管理学报，2019，16（4）：119 - 131 + 174.

［55］高丽英．应急物流与军事物流——准军事化物流系统的建设与构想［J］．中国物流与采购，2003（23）：21．

［56］高文勇．人工智能应对突发事件的精准治理：基于"结构—过程"维度的要素分析［J］．学术探索，2021（8）：85－95．

［57］高小平，刘一弘．应急管理部成立：背景、特点与导向［J］．行政法学研究，2018（5）：29－38．

［58］葛慧丽．科技资源共享活动中的政府作用研究［J］．科技管理研究，2010，30（24）：14－16．

［59］葛慧敏，陈龙．基于按需物流机制的供应链信息共享模式研究［J］．中国流通经济，2010（8）：32－34．

［60］葛懿夫，翟国方，何仲禹，等．韧性视角下的综合防灾减灾规划研究［J］．灾害学，2022，37（1）：229－234．

［61］龚维斌．应急管理的中国模式——基于结构、过程与功能的视角［J］．社会学研究，2020，35（4）：1－24＋241．

［62］巩宜萱，史益豪，刘润泽．大安全观：超大型城市应急管理的理论构建——来自深圳的应急管理实践［J］．公共管理学报，2022，19（3）：46－57＋168．

［63］古贞，谭清美．军民融合供应链集成化管理研究［J］．科技管理研究，2019，39（11）：226－235．

［64］光明网．提升法治政府建设数字化水平［EB/OL］．（2022－2－21）．［2023－5－24］．https：//m.gmw.cn/baijia/2022－02/21/35531104.html.

［65］郭洪飞，史进程，庄淑铧，等．基于协同创新的广东省军民融合深度发展模式研究［J］．科技管理研究，2020，40（4）：268－74．

［66］郭雪松，黄纪心．基于复杂适应系统理论视角的疫后恢复组织协调机制研究［J］．中国行政管理，2021（5）：95－102．

［67］郭雪松，赵慧增．突发公共卫生事件应急预案的组织间网络结构研究［J］．暨南学报（哲学社会科学版），2021，43（1）：64－79．

［68］郭永辉，冯媛，夏冬秋．军民科技信息共享的价值创造模型及治理策略研究［J］．情报理论与实践，2020，43（6）：82－87＋101．

［69］国家突发公共事件总体应急预案［J］．中国中医基础医学杂志，

2006（1）：77 – 79.

　　［70］韩国元，武红玉，孔令凯，等. 科技中介参与下军民技术融合行为的演化博弈研究［J］. 运筹与管理，2020，29（11）：1 – 10.

　　［71］韩莹，陈国宏，梁娟. 基于网络权力的产业集群二元式创新下知识闭环系统知识定价、收益与协调研究［J］. 中国管理科学，2017，25（3）：68 – 75.

　　［72］郝玉龙，刘泽琴. 应急产业中的军民科技协同创新平台建设［J］. 商业经济研究，2020（18）：180 – 182.

　　［73］何爱平，安梦天. 黄河流域高质量发展中的重大环境灾害及减灾路径［J］. 经济问题，2020（7）：1 – 8.

　　［74］何海燕，王馨格，李宏宽. 军民深度融合下高校国防科技人才培养影响因素研究——基于双层嵌入理论和需求拉动理论的新视角［J］. 宏观经济研究，2018（4）：63 – 75.

　　［75］何静. 共生视角下城市建设综合类静脉产业生态园研究［J］. 经济问题，2021（8）：95 – 103.

　　［76］何黎明. 我国物流业2020年发展回顾与2021年展望［J］. 中国流通经济，2021，35（3）：3 – 8.

　　［77］何明珂. 应急物流的成本损失无处不在［J］. 中国物流与采购，2003（23）：18 – 19.

　　［78］何文盛，李雅青. 突发公共卫生事件中信息公开共享的协同机制分析与优化［J］. 兰州大学学报（社会科学版），2020，48（2）：12 – 24.

　　［79］贺新闻，侯光明，王艳. 国防科技工业的工业化路径：基于军民融合的战略视角［J］. 科学管理研究，2011，29（2）：47 – 51.

　　［80］贺银凤. 中国应急管理体系建设历程及完善思路［J］. 河北学刊，2010，30（3）：159 – 163.

　　［81］侯光文，薛惠锋. 集群网络关系、知识获取与协同创新绩效［J］. 科研管理，2017，38（4）：1 – 9.

　　［82］胡鞍钢. 中国：挑战腐败［M］. 浙江人民出版社，2001：53 – 54.

　　［83］胡涥洲，李湘黔. 湖南省军民融合新兴产业发展研究［J］. 科技进步与对策，2018，35（21）：112 – 8.

［84］胡红安，仪少娜．生产性服务业集聚对西部军民融合深度发展的影响——以西部装备制造业升级为例［J］．科技进步与对策，2018，35（4）：138 - 45.

［85］胡晓静．物流企业"智慧 + 共享"耦合机理及实现路径研究［D］．上海：上海工程技术大学，2019.

［86］胡英．物理化学（第五版）［M］．北京：高等教育出版社，2007：22 - 78.

［87］胡有林，韩庆兰．产品服务系统价值共创演化博弈分析［J］．管理评论，2021，33（6）：242 - 254.

［88］胡宇萱，曾立，邓建斌．委托代理视角下军民融合体制机制研究［J］．科技进步与对策，2017，34（6）：117 - 121.

［89］胡忠君．城市洪涝灾害应急物资调度与运输优化研究［D］．沈阳：沈阳工业大学，2018.

［90］黄定政，王宗喜．我国应急物流发展模式探讨［J］．中国流通经济，2013，27（4）：26 - 29.

［91］黄浩．匹配能力、市场规模与电子市场的效率——长尾与搜索的均衡［J］．经济研究，2014，49（7）：165 - 175.

［92］黄剑雄．加快构建应急管理"四化"体系 以新安全格局保障新发展格局［J］．湖北应急管理，2023（4）：10 - 11.

［93］黄西川，张天一．军民融合高技术产业集群创新能力评价——来自江苏省5个军民融合产业集群的实证研究［J］．科技进步与对策，2017，34（14）：147 - 153.

［94］黄再胜．网络平台劳动的合约特征、实践挑战与治理路径［J］．外国经济与管理，2019，41（7）：99 - 111 + 136.

［95］回亮澔，伍玉林．战略性新兴产业集群主体协同创新系统研究［J］．自然辩证法研究，2020，36（9）：38 - 44.

［96］惠娟，谭清美．军民科研协同体系应急成果转化机制［J］．科学管理研究，2022，40（4）：69 - 76.

［97］贾生华，疏礼兵．知识特性及其引致的知识管理难题［J］．情报科学，2004（11）：1323 - 1326.

[98] 简兆权，令狐克睿，李雷．价值共创研究的演进与展望——从"顾客体验"到"服务生态系统"视角 [J]．外国经济与管理，2016，38（9）：3 - 20.

[99] 姜梁，张庆普．微观视角下无人机产业军民融合水平评价研究 [J]．科研管理，2018，39（8）：110 - 119.

[100] 姜尚荣，乔晗，张思，等．价值共创研究前沿：生态系统和商业模式创新 [J]．管理评论，2020，32（2）：3 - 17.

[101] 姜旭，郭祺昌，姜西雅，等．基于政府主导下 BCM 应急供应链体系研究——以我国新冠肺炎疫情下应急供应链为例 [J]．中国软科学，2020（11）：1 - 12.

[102] 姜玉宏，姜大立，颜华．基于 Multi-Agent 的应急物流军民协同管理研究 [J]．物流技术，2012，31（5）：139 - 141.

[103] 金瑞，刘伟华，王思宇，等．智慧物流的发展路径与发展模式 [J]．物流技术，2020，39（4）：5 - 11 + 15.

[104] 金卫健，黄传峰，仇冬芳，等．基于混合型决策的应急物资保障能力关键因素识别研究 [J]．运筹与管理，2020，29（11）：78 - 83.

[105] 金卫健，黄传峰，田华．应急管理关键因素的混合型识别方法研究 [J]．运筹与管理，2019，28（2）：193 - 199.

[106] 匡丽花，叶英聪，赵小敏，等．基于改进 TOPSIS 方法的耕地系统安全评价及障碍因子诊断 [J]．自然资源学报，2018，33（9）：1627 - 1641.

[107] 蓝定香，吴有锋．复杂系统视角下军民融合示范区体制机制创新策略研究——兼论中国（绵阳）科技城创建军民融合示范区 [J]．理论与改革，2018（4）：79 - 91.

[108] 雷晓康，周文光．基于网络平台的应急物资市场化机制构建研究 [J]．四川大学学报（哲学社会科学版），2019（2）：103 - 111.

[109] 李昌林，胡炳清．我国突发环境事件应急体系及完善建议 [J]．环境保护，2020，48（24）：34 - 39.

[110] 李桂华，林思妍．基于社会诉求数据的智慧应急体系研究 [J]．情报理论与实践，2022，45（5）：123 - 132.

[111] 李宏，邓芳杰，唐新．论新时代政府应急管理的四大核心能力

[J]. 中国人民公安大学学报（社会科学版），2020，36（3）：85 - 89.

[112] 李宏. 中国的政府应急管理效能：演化与提升 [J]. 中国人民公安大学学报（社会科学版），2021，37（6）：117 - 129.

[113] 李季. 健全国家应急管理体系 防范化解重大风险 [J]. 行政管理改革，2020（3）：4 - 9.

[114] 李继伟，徐丽君，王爽. 加快完善我国公共卫生应急管理体系 [J]. 宏观经济管理，2021（1）：44 - 48 + 64.

[115] 李继中，张爱忠，刘怡，等. 基于大数据平台的军民两用基地化应急物流信息系统建设 [J]. 军事交通学院学报，2020，22（11）：53 - 57.

[116] 李佳. 基于大数据云计算的智慧物流模式重构 [J]. 中国流通经济，2019，33（2）：20 - 29.

[117] 李利民，戴媛，张晶，等. 基于 ODAE 环的跨部门协同社会管理信息化平台架构模型研究 [J]. 中国电子科学研究院学报，2022，17（7）：678 - 683.

[118] 李梅芳，阮迪，齐海花. 知识技能型共享经济双边参与影响因素研究 [J]. 中国地质大学学报（社会科学版），2020，20（6）：105 - 120.

[119] 李明. 应急管理多元主体合作治理 [M]. 成都：四川大学出版社，2021.

[120] 李攀，周兆军，刘庆杰. 基于多维大数据预测的应急灾备统筹救助系统研究 [J]. 计算机应用与软件，2023，40（3）：122 - 129.

[121] 李瑞昌，唐雲. 数字孪生体牵引应急管理过程整合：行进中的探索 [J]. 中国行政管理，2022（10）：30 - 38.

[122] 李潭. 军民融合企业知识产权协同管理结构研究 [J]. 科技进步与对策，2016，33（12）：119 - 24.

[123] 李卫海，刘瑞强. 应急管理与国民经济动员的军民融合式发展——以立法为视角 [J]. 法学杂志，2019，40（7）：54 - 64.

[124] 李翔龙，王庆金，王焕良，等. 军民融合社会关系网络对军民融合新创企业成长的影响 [J]. 科技进步与对策，2021，38（16）：125 - 34.

[125] 李晓华. 军民深度融合发展的经济学解释 [J]. 人民论坛·学术前沿，2017，（17）：21 - 8.

[126] 李信仰，杨腾驰，张小明．开展军民融合式应急物流联合训练的思考 [J]．中国物流与采购，2011（13）：54 – 55．

[127] 李旭东，王耀球，王芳．突发公共卫生事件下基于区块链应用的应急物流完善研究 [J]．当代经济管理，2020，42（4）：57 – 63．

[128] 李阳，孙建军．复杂情境下应急管理情报工程服务机制构建及场景化应用 [J]．情报学报，2022，41（2）：107 – 117．

[129] 李晔，刘兴华，何青．面向防疫的城市交通系统韧性特征及提升策略 [J]．城市交通，2020，18（3）：80 – 87 + 10．

[130] 李沂蔓，司俊鸿，王永建，等．基于SEM的城市突发事件现场应急指挥能力影响因素分析 [J]．中国安全生产科学技术，2021，17（6）：167 – 172．

[131] 李珍．百度热力图和多层感知器神经网络协同下洪涝应急物资需求量估算研究 [D]．武汉：武汉理工大学，2019．

[132] 廖楚晖．基于资源信息集成的突发公共事件跨部门协同治理研究 [J]．软科学，2020，34（9）：16 – 23．

[133] 林启湘，战仁军，吴虎胜．军民融合深度发展视角下的装备科技创新研究 [J]．科学管理研究，2018，36（6）：10 – 3．

[134] 林雪．应急响应中的"决策失灵" [J]．南京社会科学，2020（11）：78 – 84．

[135] 刘长石，寇纲．震后应急物流系统中的定位—路径问题 [J]．系统工程，2015，33（9）：63 – 67．

[136] 刘纪达，麦强，王健．基于扎根理论和PMC模型的军民科技政策评价研究 [J]．科技管理研究，2020，40（23）：38 – 47．

[137] 刘纪达，麦强．自然灾害应急协同：以议事协调机构设立为视角的网络分析 [J]．公共管理与政策评论，2021，10（3）：54 – 64．

[138] 刘军，杨渊鋆，张三峰．中国数字经济测度与驱动因素研究 [J]．上海经济研究，2020，32（6）：81 – 96．

[139] 刘俊，董千里，李毅斌，等．军事应急物流军民融合层次划分 [J]．包装工程，2013，34（11）：117 – 120．

[140] 刘明，曹杰，章定．数据驱动的疫情应急物流网络动态调整优化

[J]．系统工程理论与实践，2020a，40（2）：437－448．

[141] 刘明，李颖祖，曹杰，等．突发疫情环境下基于服务水平的应急物流网络优化设计 [J]．中国管理科学，2020b，28（3）：11－20．

[142] 刘向东，刘雨诗，陈成漳．数字经济时代连锁零售商的空间扩张与竞争机制创新 [J]．中国工业经济，2019，37（5）：80－98．

[143] 刘小元，林嵩．地方政府行为对创业企业技术创新的影响——基于技术创新资源配置与创新产出的双重视角 [J]．研究与发展管理，2013，25（5）：12－25．

[144] 刘晓梅，曹鸣远，李歆，等．党的十八大以来我国社会保障事业的成就与经验 [J]．管理世界，2022，38（7）：37－49．

[145] 刘效广，杨乃定．军民融合视角下国防科技工业自主创新路径研究 [J]．科学学与科学技术管理，2011，32（9）：59－64．

[146] 刘岩．高等教育国际化能力内涵剖析——基于耗散结构理论的分析框架 [J]．现代教育管理，2017（10）：50－55．

[147] 刘源，李雪灵．数字经济背景下平台型组织的价值共创 [J]．人民论坛，2020（17）：84－85．

[148] 龙云安，冯果．自贸试验区军民协同创新体系研究 [J]．科学管理研究，2019，37（2）：78－83．

[149] 楼振凯．应急物流系统LRP的双层规划模型及算法 [J]．中国管理科学，2017，25（11）：151－157．

[150] 卢冰原，吴义生，黄传峰．物联网环境下的城市逆向应急物流联合体协作平台研究 [J]．科技管理研究，2013，33（17）：220－226．

[151] 卢丙杰，朱立龙．突发公共卫生事件下政府应急管理监管策略研究 [J]．软科学，2020，34（12）：33－40．

[152] 路红艳．基于跨界融合视角的流通业创新发展模式 [J]．中国流通经济，2017，31（4）：3－9．

[153] 吕婧，张衍晗，庄玉良．公共卫生危机下基于智慧物流的应急物流能力优化研究 [J]．中国软科学，2020（S1）：16－22．

[154] 麻宝斌，王郅强，等．政府危机管理理论与对策研究 [M]．长春：吉林大学出版社．2008：111－112．

[155] 马海群，张铭志．军民融合视角下的情报共享研究［J］．现代情报，2020，40（1）：14－23．

[156] 马骥，汤小银．产业集群网络、结构演化与协同发展——以叶集木竹产业为例［J］．安徽师范大学学报（人文社会科学版），2019，47（4）：111－121．

[157] 马浚洋，蒋培，雷家骕．军民融合"隐形冠军"企业创新：特征、做法与建议［J］．情报杂志，2019，38（5）：201－7．

[158] 马晓东．政府、市场与社会合作视角下的灾害协同治理研究［J］．经济问题，2021（1）：18－22．

[159] 马祖军，郑斌，李双琳．应急物资配送中带中转设施的选址－联运问题［J］．管理评论，2013，25（10）：166－176．

[160] 孟韬，李佳雷．共享经济组织：数字化时代的新组织性质与成长动因［J］．经济管理，2021，43（4）：191－208．

[161] 米俊，杜泽民．以价值共创为中介的集群发展对军民融合产业园区内企业绩效影响及发展路径研究——基于山西省长治市军民融合园区样本的调查［J］．商业研究，2019（5）：69－75．

[162] 米俊，张琪，曲国华．军民融合产业集群创新效能测度研究——基于价值共创视角［J］．经济问题，2021（9）：64－73．

[163] 民政部，财政部．关于建立中央级救灾物资储备制度的通知［Z］．1998．

[164] 南锐．精细化视角下省域社会治理绩效的组合评价——基于29个省域的实证研究［J］．北京交通大学学报（社会科学版），2017，16（4）：124－134．

[165] 欧爱民，向嘉晨．应急领域强化党的领导的法治路径——以党规与国法的统筹推进为视角［J］．学习与实践，2020（9）：23－31．

[166] 彭本红，王雪娇．网络嵌入、架构创新与军民融合协同创新绩效［J］．科研管理，2021，42（7）：116－25．

[167] 彭琪．大型洪涝灾害下应急物资需求预测和分配问题研究［D］．北京：北京交通大学，2022．

[168] 彭小兵，涂君如，吴莹婵．社会工作介入地震灾区的社会秩序重

建研究——基于社会资本积累的视角 [J]. 社会工作, 2015 (3): 58 - 66 + 126.

[169] 平洋. 军民融合视角下军用标准化改革与国防工业发展 [J]. 科技进步与对策, 2014, 31 (5): 107 - 12.

[170] 朴君峰. 提升基层应急管理能力应做到"四个必须" [J]. 中国党政干部论坛, 2021 (11): 92 - 93.

[171] 浦天龙. 社会力量参与应急管理: 角色, 功能与路径 [J]. 江淮论坛, 2020 (4): 28 - 33.

[172] 钱春丽, 等. 基于知识博弈链的军民两用高新技术产业集群协同创新机理研究 [M]. 北京: 科学出版社, 2007: 341 - 348.

[173] 钱慧敏, 何江, 关娇. 物流企业"智慧+共享"模式的理论模型及机制分析 [J]. 产经评论, 2020, 11 (3): 64 - 77.

[174] 乔玉婷, 李林, 曾立. 长江经济带军民结合产业基地协同发展研究 [J]. 华东经济管理, 2018, 32 (4): 48 - 54.

[175] 仇保兴, 姚永玲, 刘治彦, 等. 构建面向未来的韧性城市 [J]. 区域经济评论, 2020 (6): 1 - 11.

[176] 曲国华, 刘雪, 李月娇, 等. 政府监管与企业加入第三方国际环境审计的模糊博弈分析 [J]. 中国管理科学, 2020, 28 (1): 113 - 121.

[177] 曲国华, 刘雪, 曲卫华, 等. 公众参与下政府与游戏企业发展策略的演化博弈分析 [J]. 中国管理科学, 2020, 28 (4): 207 - 219.

[178] 曲国华, 杨柳, 曲卫华, 等. 第三方国际环境审计下考虑政府监管与公众监督策略选择的演化博弈研究 [J]. 中国管理科学, 2021, 29 (4): 225 - 236.

[179] 任鸽, 陈伟宏, 钟熙. 高管国际经验、环境不确定性与企业国际化进程 [J]. 外国经济与管理, 2019, 41 (9): 109 - 121.

[180] 任志涛, 郭亚, 孙彦武. 环境治理公私合作项目多方主体价值共创演化博弈研究 [J]. 软科学, 2022, 36 (4): 132 - 137.

[181] 山少男, 段霞. 复杂性视角下公共危机多元主体协同治理行为的影响因素与行动路径——基于元分析与模糊集 QCA 的双重分析 [J]. 公共管理与政策评论, 2022, 11 (1): 104 - 119.

［182］单珊．党的十八大以来我国突发公共卫生事件应急管理体系建设的重大成就和重要经验［J］．管理世界，2022，38（10）：70－78．

［183］商淑秀，张再生．虚拟企业知识共享演化博弈分析［J］．中国软科学，2015（3）：150－157．

［184］邵景均．深化党和国家机构改革把保障和改善民生的重大决策落到实处［J］．中国行政管理，2022（3）：1－2．

［185］邵亦文，徐江．城市韧性：基于国际文献综述的概念解析［J］．国际城市规划，2015，30（2）：48－54．

［186］申洪源，郑雪平．军民融合视角下科技创新能力评价体系建立及实证研究［J］．经济体制改革，2019（1）：140－146．

［187］施炳展．互联网与国际贸易——基于双边双向网址链接数据的经验分析［J］．经济研究，2016，51（5）：172－187．

［188］史良，曾立，孟斌斌，等．新兴领域知识、技术、产业军民融合发展机理研究［J］．公共管理学报，2020，17（1）：121－131＋174．

［189］司增绰．需求供给结构、产业链构成与传统流通业创新——以我国批发和零售业为例［J］．经济管理，2015，37（2）：20－30．

［190］四川省委办公厅，四川省政府办公厅．从悲壮走向豪迈——抗击汶川特大地震灾害的四川实践．抗震救灾篇［M］．成都：四川人民出版社，2011：23．

［191］宋芳，张再生．压力、补偿机制与知识分享：基于演化博弈的分析［J］．运筹与管理，2022，31（8）：15－21．

［192］宋劲松，夏霆．大数据对公共卫生安全风险治理的赋能机理研究——以新冠肺炎疫情防控为例［J］．行政管理改革，2022（4）：21－29．

［193］宋宗宇，李南枢．重大公共卫生事件中政府应急征用的法制构造——兼评我国《突发事件应对法》第12条［J］．广东社会科学，2022（2）：252－263．

［194］孙德梅，吴丰，唐月，等．军民融合背景下国防科技工业科技安全评价研究——以电子工业为例［J］．情报杂志，2017，36（11）：28－33．

［195］孙金云，李涛．创业生态圈研究：基于共演理论和组织生态理论的视角［J］．外国经济与管理，2016，38（12）：32－45．

［196］孙俐丽，巫超．突发重大事件中公众风险信息感知的影响因素研究——以新型冠状病毒肺炎疫情为例［J］．情报理论与实践，2020，43（8）：38－43，28．

［197］孙娜，王君．创新驱动产业发展的案例研究［J］．经济纵横，2017（9）：62－68．

［198］孙新波，苏钟海，钱雨，等．数据赋能研究现状及未来展望［J］．研究与发展管理，2020，32（2）：155－166．

［199］孙新波，苏钟海．数据赋能驱动制造业企业实现敏捷制造案例研究［J］．管理科学，2018，31（5）：117－130．

［200］孙研，王绍玉．基于自然和社会属性的堰塞湖风险评估［J］．四川大学学报（工程科学版），2011，43（S1）：24－28．

［201］孙振杰．信息披露与非理性抢购行为：基于COVID－19疫情分析［J］．科研管理，2020，41（6）：149－156．

［202］索超．基于云模型的军民融合企业科技协同创新机制评价研究［J］．科技管理研究，2018，38（9）：1－8．

［203］谭海波，范梓腾，杜运周．技术管理能力、注意力分配与地方政府网站建设——一项基于TOE框架的组态分析［J］．管理世界，2019，35（9）：81－94．

［204］谭华霖，贾明顺．推进国防特色高校知识产权转化的对策［J］．中国高校科技，2019（4）：43－5．

［205］谭清美，马俊华，NG J C Y．基于"三条链"的无人机产业军民融合发展途径与策略［J］．科技进步与对策，2019，36（14）：122－30．

［206］谭清美，武翠，SONG Z．军民深度融合中民企"参军"的路径优化——基于交易费用经济学视阈［J］．科学管理研究，2019，37（3）：97－102．

［207］汤薪玉，黄朝峰，马浚洋．军民融合"隐形冠军"企业创新特征研究［J］．科技进步与对策，2019，36（5）：123－129．

［208］唐皇凤，杨婧．中国特色政党主导型城市应急管理体系：运行机制与优化路径［J］．学海，2021（5）：54－63．

［209］唐欣，许永斌．四链互动视角下军民融合产业协调发展评价［J］．

科技管理研究，2020，40（2）：93 - 99.

[210] 陶克涛，张术丹，赵云辉．什么决定了政府公共卫生治理绩效？——基于 QCA 方法的联动效应研究 [J].管理世界，2021，37（5）：128 - 138 + 156 + 10.

[211] 陶鹏，童星．灾害概念的再认识——兼论灾害社会科学研究流派及整合趋势 [J].浙江大学学报（人文社会科学版），2012，42（2）：108 - 120.

[212] 汪鸣，陆成云，刘文华．"十四五"物流发展新要求新格局 [J].北京交通大学学报（社会科学版），2022，21（1）：11 - 17.

[213] 汪旭晖，张其林．平台型电商声誉的构建：平台企业和平台卖家价值共创视角 [J].中国工业经济，2017（11）：174 - 192.

[214] 王成，周明茗，李颢颖，等．基于耗散结构系统熵模型的乡村生产空间系统有序性研究 [J].地理研究，2019，38（3）：619 - 631.

[215] 王丛虎．构建和完善服务需求导向的应急物资保障 [J].人民论坛，2022（9）：58 - 61.

[216] 王发明，朱美娟．创新生态系统价值共创行为协调机制研究 [J].科研管理，2019，40（5）：71 - 9.

[217] 王海军，杜丽敬，马士华．震后应急物流系统中双目标开放式选址：路径问题模型与算法研究 [J].管理工程学报，2016，30（2）：108 - 115.

[218] 王宏伟．新发展格局下应急管理的新机遇新挑战 [J].中国安全生产，2021，16（1）：32 - 33.

[219] 王宏伟．应急管理新论 [M].北京：中国人民大学出版社，2021.

[220] 王宏伟．在中国式现代化进程中谱写应急管理新篇章 [J].中国安全生产，2022，17（11）：6 - 9.

[221] 王宏伟．中美军队参与应急管理的比较分析 [J].北京行政学院学报，2019（3）：32 - 42.

[222] 王继祥．智慧物流发展路径：从数字化到智能化 [J].中国远洋海运，2018（6）：36 - 39.

[223] 王俊秀，应小萍．认知、情绪与行动：疫情应急响应下的社会心

态 [J]. 探索与争鸣, 2020, 366 (4): 232 – 243 + 291 – 292.

[224] 王路昊, 赵帅. 区域军民融合创新体系中的边界渗透 [J]. 北京理工大学学报 (社会科学版), 2020, 22 (6): 107 – 114.

[225] 王梦洁, 方卫华. 军民深度融合创新发展: 历史逻辑与作用机制 [J]. 科技进步与对策, 2018, 35 (1): 136 – 41.

[226] 王萍萍, 陈波. 军民融合企业技术效率及其影响因素研究 [J]. 管理评论, 2019, 31 (4): 70 – 82.

[227] 王其藩. 系统动力学 [M]. 北京: 清华大学出版社: 1994.

[228] 王术峰. "第五方物流" 理论在应急物流领域的应用——基于供应链管理思想的军地物流一体化探讨 [J]. 中国流通经济, 2014, 28 (2): 41 – 45.

[229] 王思斌. 发挥社会工作在灾后重建中的作用 [J]. 中国党政干部论坛, 2008 (6): 11 – 13.

[230] 王玮强, 张春民, 朱昌锋, 等. 基于累积前景理论的应急物流路径选择方法 [J]. 中国安全科学学报, 2017, 27 (3): 169 – 174.

[231] 王文亮. 应急物流中的信息系统建设 [J]. 中国物流与采购, 2003 (23): 30.

[232] 王曦影. 灾难社会工作的角色评估: "三个阶段" 的理论维度与实践展望 [J]. 北京师范大学学报 (社会科学版), 2010 (4): 129 – 137.

[233] 王小绪. 江苏国防科技工业与区域经济军民融合式发展的创新模式研究 [J]. 科技与经济, 2013, 26 (6): 11 – 15.

[234] 王旭坪, 傅克俊, 胡祥培. 应急物流系统及其快速反应机制研究 [J]. 中国软科学, 2005 (6): 127 – 131.

[235] 王亚玲. 西部高端装备制造业军民产学研协同创新研究——以陕西省为例 [J]. 西安交通大学学报 (社会科学版), 2017, 37 (2): 38 – 43.

[236] 王砚羽, 苏欣, 谢伟. 商业模式采纳与融合: "人工智能 +" 赋能下的零售企业多案例研究 [J]. 管理评论, 2019, 31 (7): 186 – 198.

[237] 王燕青, 陈红. 应急管理理论与实践演进: 困局与展望 [J]. 管理评论, 2022, 34 (5): 290 – 303.

[238] 王赢. 基于区块链技术的突发事件预警信息系统构建研究 [J].

情报杂志，2022，41（7）：145－150.

[239] 王永健，谢卫红，王田绘，等.强弱关系与突破式创新关系研究——吸收能力的中介作用和环境动态性的调节效应［J］.管理评论，2016，28（10）：111－122.

[240] 王永明，郑姗姗.地方政府应急管理效能提升的多重困境与优化路径——基于"河南郑州'7·20'特大暴雨灾害"的案例分析［J］.管理世界，2023，39（3）：83－96.

[241] 王之泰.城镇化需要"智慧物流"［J］.中国流通经济，2014，28（3）：4－8.

[242] 王郅强，彭睿.我国应急管理体系建设的演进逻辑：溯源与优化［J］.江淮论坛，2020（2）：12－18.

[243] 王宗喜.加强应急物流与军事物流研究刻不容缓［J］.中国物流与采购，2003（23）：20.

[244] 韦克难，陈晶环.灾后重建社会工作嵌入性发展的机制与经验研究—以汶川地震灾后三地社会工作发展为例［J］.社会科学研究，2019（1）：105－113.

[245] 韦克难，冯华，张琼文.NGO介入汶川地震灾后重建的概况调查——基于社会工作视角［J］.中国非营利评论，2010，6（2）：222－258.

[246] 魏琼琼，罗公利.基于超网络的企业价值共创体系结构模型与仿真［J］.统计与决策，2020，36（6）：169－173.

[247] 魏宇琪，杨敏，梁樑.基于需求预测和模块化的应急物资库库联动方法研究［J］.中国管理科学，2019，27（6）：123－135.

[248] 温志强，李永俊.从"板块整合"到"有机融合"：中国特色应急管理体系优化路径研究［J］.中国行政管理，2022（5）：155－157.

[249] 温志强.以新发展理念建构应急管理发展战略［J］.中国应急管理，2022（12）：28－39.

[250] 吴浩，常春慧，昝军等.基于百度大数据的城市洪涝应急物资需求估算方法及应用［J］.安全与环境学报，2020，20（5）：1829－1835.

[251] 吴朋，董会忠，邱士雷，等.山东半岛城市群城市综合竞争力评价研究——基于改进的灰色TOPSIS法［J］.华东经济管理，2017，31（2）：

27 – 35.

[252] 吴琴, 张骁, 王乾, 等. 创业导向、战略柔性及国际化程度影响企业绩效的组态分析 [J]. 管理学报, 2019, 16 (11): 1632 – 1639.

[253] 吴少华, 焦沈祥. "民参军"中基于三方主体的信息共享机制博弈研究 [J]. 科技进步与对策, 2019, 36 (15): 146 – 152.

[254] 吴瑶, 肖静华, 谢康, 等. 从价值提供到价值共创的营销转型——企业与消费者协同演化视角的双案例研究 [J]. 管理世界, 2017 (4): 138 – 157.

[255] 吴颖, 车林杰. 耗散结构理论视角下的协同创新系统耗散结构判定研究 [J]. 科技管理研究, 2016, 36 (10): 186 – 190.

[256] 习近平. 在统筹推进新冠肺炎疫情防控和经济社会发展工作部署会议上的讲话 [EB/OL]. 中国政府网, https: //www. gov. cn/gongbao/content _5488908. htm? ivk_sa = 1023197a, 2020 – 2 – 23.

[257] 习近平. 构建起强大的公共卫生体系 为维护人民健康提供有力保障 [J]. 求是, 2020 (18): 4 – 7.

[258] 肖国芳, 彭术连, 朱申敏. 组织生态学视角下我国高等教育第三方评估组织发展的困境及超越 [J]. 高教探索, 2021, (1): 5 – 10.

[259] 解学梅, 王宏伟. 开放式创新生态系统价值共创模式与机制研究 [J]. 科学学研究, 2020, 38 (5): 912 – 24.

[260] 谢康, 吴清津, 肖静华. 企业知识分享学习曲线与国家知识优势 [J]. 管理科学学报, 2002 (2): 14 – 21.

[261] 谢泗薪, 贺明娟. 航空物流发展韧性的提升路径与策略设计——基于后疫情时代双循环格局 [J]. 价格月刊, 2021 (8): 77 – 89.

[262] 徐建华, 孙虎, 董炳艳. 我国应急产业培育模式研究——论打造两大应急产业生态体系 [J]. 中国软科学, 2020 (6): 22 – 29.

[263] 徐建中, 孙颖, 孙晓光. 基于演化博弈的军民融合产业合作创新行为及稳定性分析 [J]. 工业工程与管理, 2021, 26 (1): 139 – 147.

[264] 徐建中, 朱晓亚, 贾君. 基于演化博弈的制造企业研发团队知识转移网络演化 [J]. 系统工程学报, 2018, 33 (2): 145 – 156.

[265] 徐君翔, 张锦. 基于累积前景理论的应急物流路径选择模型与案

例 [J/OL]．安全与环境学报：1 - 12 [2021 - 10 - 04]．https：//doi. org/
10. 13637/j. issn. 1009 - 6094. 2021. 0383.

[266] 徐珺．突发公共卫生事件下城市公共交通韧性治理 [J]．城市交通，2020，18 (5)：9 + 98 - 101.

[267] 徐文强，刘春年，周涛．大数据环境下应急信息质量评估体系研究 [J]．图书情报工作，2020，64 (2)：50 - 8.

[268] 徐文艳，沙卫，高建秀．"社区为本"的综合社会服务：灾后重建中的社会工作实务 [J]．西北师大学报 (社会科学版)，2009，46 (3)：56 - 62.

[269] 徐选华，余紫昕．社会网络环境下基于公众行为大数据属性挖掘的大群体应急决策方法及应用 [J]．控制与决策，2022，37 (1)：175 - 184.

[270] 徐一帆．后疫情时代下推进双循环的发展研究——以物流行业为例 [J]．商场现代化，2021 (13)：42 - 44.

[271] 许丽媛，李会明，贾江辉．科技赋能风险防控 智能守护城市安全 [J]．城市管理与科技，2021，22 (4)：65 - 67.

[272] 许梅芳．绵阳市军民融合创新发展研究 [D]．成都：电子科技大学，2019.

[273] 薛澜，张强．SARS 事件与中国应急管理体系建设 [J]．清华大学学报 (哲学社会科学)，2003 (4)：1 - 6 + 18.

[274] 薛澜．科学在公共决策中的作用——聚焦公共卫生事件中的风险研判机制 [J]．科学学研究，2020，38 (3)：385 - 387.

[275] 薛潇雅．"双循环"新发展格局下郑州航空港航空物流发展路径研究 [J]．中国集体经济，2022 (36)：70 - 72.

[276] 薛星群，王旭坪，韩涛，等．考虑通行约束和运力限制的灾后应急物资联合调度优化研究 [J]．中国管理科学，2020，28 (3)：21 - 30.

[277] 闫佳祺，罗瑾琏，贾建锋，等．军民融合企业突破性创新的实现路径：基于上海天安的案例研究 [J]．南开管理评论，2022，25 (1)：145 - 156 + 201.

[278] 阎婧，刘志迎，郑晓峰．环境动态性调节作用下的变革型领导、商业模式创新与企业绩效 [J]．管理学报，2016，13 (8)：1208 - 1214.

[279] 杨国立. 基于自组织理论的军民情报学融合机理分析 [J]. 情报学报, 2021, 40 (1): 30 - 42.

[280] 杨静文. 省域军民融合度估计与评价研究——基于 2010 - 2016 年中国省际面板数据的经验分析 [J]. 科技进步与对策, 2018, 35 (19): 96 - 102.

[281] 杨联, 曹惠民. 以系统整合提升公共安全风险治理绩效 [J]. 理论探索, 2021 (2): 68 - 73.

[282] 杨林. 新发展格局下构建物资储备体系研究 [J]. 中国粮食经济, 2022 (8): 57 - 60.

[283] 杨学成, 陶晓波. 社会化商务背景下的价值共创研究——柔性价值网的视角 [J]. 管理世界, 2015 (8): 170 - 171.

[284] 杨渝南, 张勇. 军民融合产业资源优化配置研究综述 [J]. 科技进步与对策, 2012, 29 (15): 157 - 60.

[285] 叶宝娟, 温忠麟. 有中介的调节模型检验方法: 甄别和整合 [J]. 心理学报, 2013, 45 (9): 1050 - 1060.

[286] 叶必丰. 跨行政区联合应急制度的实施状况分析 [J]. 行政法学研究, 2022 (1): 33 - 49.

[287] 游光荣. 中国军民融合发展 40 年 [J]. 科学学研究, 2018, 36 (12): 2144 - 2147.

[288] 余海燕, 郑钛. 新发展格局下应急产业的生成逻辑、市场化悖论与常态化发展 [J]. 经济体制改革, 2023 (2): 130 - 138.

[289] 余华茂. 基于 Windows DEA 模型的我国自然灾害应急公共投入绩效研究 [J]. 中国安全生产科学技术, 2019, 15 (7): 39 - 45.

[290] 余维新, 熊文明. 关键核心技术军民融合协同创新机理及协同机制研究——基于创新链视角 [J]. 技术经济与管理研究, 2020 (12): 34 - 39.

[291] 俞彤晖, 陈斐. 数字经济时代的流通智慧化转型: 特征、动力与实现路径 [J]. 中国流通经济, 2020, 34 (11): 33 - 43.

[292] 郁建兴, 陈韶晖. 从技术赋能到系统重塑: 数字时代的应急管理体制机制创新 [J]. 浙江社会科学, 2022 (5): 66 - 75, 157.

[293] 袁超越. 新时代军民融合深度发展的内在需求与实现路径 [J]. 学习与实践, 2021 (1): 63 - 72.

[294] 曾立, 胡宇萱. "委托—代理" 视角下建立军民融合管理机构的思考 [J]. 湖南大学学报 (社会科学版), 2017, 31 (1): 82 - 5.

[295] 翟羽佳, 许佳, 赵玥. 突发公共卫生事件风险研判信息语义聚合模式研究 [J]. 图书与情报, 2021 (5): 21 - 30.

[296] 詹承豫. 中国应急管理体系完善的理论与方法研究——基于 "情景—冲击—脆弱性" 的分析框架 [J]. 政治学研究, 2009 (5): 92 - 98.

[297] 张超, 陈凯华, 穆荣平. 数字创新生态系统: 理论构建与未来研究 [J]. 科研管理, 2021, 42 (3): 1 - 11.

[298] 张翠芳, 陈海涛, 涂海燕. 战略性新兴产业军民技术融合研究 [J]. 科技进步与对策, 2015, 32 (11): 93 - 7.

[299] 张芳, 蔡建峰. 基于政府支持的军民合作技术创新演化博弈研究 [J]. 运筹与管理, 2021, 30 (2): 8 - 15.

[300] 张桂蓉, 雷雨, 冯伟, 等. 大数据驱动下应急信息协同机制研究 [J]. 情报杂志, 2022, 41 (4): 181 - 185 + 201.

[301] 张海波, 童星. 中国应急管理效能的生成机制 [J]. 中国社会科学, 2022 (4): 64 - 82, 205.

[302] 张海波, 尹铭磊. 应急响应中的突生组织网络——"鲁甸地震" 案例研究 [J]. 公共管理学报, 2016, 13 (2): 84 - 96 + 156 - 157.

[303] 张海波. 中国第四代应急管理体系: 逻辑与框架 [J]. 中国行政管理, 2022 (4): 112 - 122.

[304] 张华. 合作稳定性、参与动机与创新生态系统自组织进化 [J]. 外国经济与管理, 2016, 38 (12): 59 - 73 + 128.

[305] 张华. 协同创新、知识溢出的演化博弈机制研究 [J]. 中国管理科学, 2016, 24 (2): 92 - 99.

[306] 张纪海, 乔静杰. 军民融合深度发展模式研究 [J]. 北京理工大学学报 (社会科学版), 2016, 18 (5): 111 - 116.

[307] 张姣芳, 陈晓和. 我国军民融合应急物流体系建设研究 [J]. 中国流通经济, 2011, 25 (5): 43 - 47.

[308] 张美莲，佘廉. 国外突发事件应急响应研究综述 [J]. 国外社会科学，2015，307 (1)：100 – 112.

[309] 张同建，王华，王邦兆. 个体层面知识转化、知识转移和知识共享辨析 [J]. 情报理论与实践，2014，37 (9)：44 – 47.

[310] 张伟东，高智杰，王超贤. 应急管理体系数字化转型的技术框架和政策路径 [J]. 中国工程科学，2021，23 (4)：107 – 116.

[311] 张伟静，周密. 突发公共卫生事件的应急管理研究——基于中央和地方政策的比较分析 [J]. 经济社会体制比较，2022 (1)：127 – 138.

[312] 张新，林晖，王劲峰，等. 中国数字化公共卫生应急管理体系建设的科技策略建议 [J]. 武汉大学学报（信息科学版），2020，45 (5)：633 – 639.

[313] 张永领，刘梦园. 基于应急资源保障度的应急管理绩效评价模型研究 [J]. 灾害学，2020，35 (4)：157 – 162.

[314] 张勇，骆付婷，贾芳. 知识创造视角下军民融合深度发展技术融合模式及选择研究 [J]. 科技进步与对策，2016，33 (14)：111 – 7.

[315] 张于喆，周振，石昱馨. 军民融合产业发展形势和政策建议 [J]. 宏观经济管理，2018，(9)：37 – 42 + 54.

[316] 张于喆. 新时期推进军工行业加强军民融合发展的对策建议 [J]. 宏观经济研究，2017 (9)：56 – 69.

[317] 张铮，李政华. 中国特色应急管理制度体系构建：现实基础、存在问题与发展策略 [J]. 管理世界，2022，38 (1)：138 – 144.

[318] 张作凤. 知识共享的可能性：一个博弈分析 [J]. 图书情报工作，2004 (2)：54 – 56.

[319] 赵黎明，孙健慧，张海波. 基于微分博弈的军民融合协同创新体系技术共享行为研究 [J]. 管理工程学报，2017，31 (3)：183 – 191.

[320] 赵瑞东，方创琳，刘海猛. 城市韧性研究进展与展望 [J]. 地理科学进展，2020，39 (10)：1717 – 1731.

[321] 赵娴，冯宁，邢光乐. 现代流通体系构建中的供应链转型与创新：内在逻辑与现实路径 [J]. 供应链管理，2021，2 (8)：69 – 79.

[322] 赵新光，龚卫锋，张燕. 应急物流的保障机制 [J]. 中国物流与

采购，2003（23）：24.

［323］赵祚翔，胡贝贝．应急管理体系数字化转型的思路与对策［J］．科技管理研究，2021，41（4）：183－190.

［324］郑艳，王文军，潘家华．低碳韧性城市：理念、途径与政策选择［J］．城市发展研究，2013，20（3）：10－14.

［325］中华人民共和国中央政府网．全国防治非典工作会在京举行［Z］．2003.

［326］钟开斌，薛澜．以理念现代化引领体系和能力现代化：对党的十八大以来中国应急管理事业发展的一个理论阐释［J］．管理世界，2022，38（8）：11－25＋66＋26.

［327］钟开斌．国家应急管理体系：框架构建、演进历程与完善策略［J］．改革，2020（6）：5－18.

［328］钟开斌．国家应急指挥体制的"变"与"不变"——基于"非典"、甲流感、新冠肺炎疫情的案例比较研究［J］．行政法学研究，2020（3）：11－23.

［329］钟开斌．回顾与前瞻：中国应急管理体系建设［J］．政治学研究，2009（1）：78－88.

［330］钟开斌．中国拥挤管理的演进与转换：从体系建构到能力提升［J］．理论探讨，2014（2）：17－21.

［331］钟爽，张书维．多重灾害风险情境对我国应急体系的挑战及对策分析［J］．人民论坛·学术前沿，2020（14）：80－84.

［332］周芳检，何振．大数据时代城市公共安全应急管理面临的挑战与应对［J］．云南民族大学学报（哲学社会科学版），2018，35（1）：117－123.

［333］周芳检．"数据－智慧"决策模型：大数据赋能的城市公共危机决策创新［J］．图书与情报，2021（1）：108－115.

［334］周芳检．大数据时代城市公共危机跨部门协同治理研究［D］．湘潭：湘潭大学，2018.

［335］周利敏，罗运泽．数智赋能：智慧城市时代的应急管理［J］．理论探讨，2023（2）：69－78.

[336] 周利敏. 社会建构主义与灾害治理：一项自然灾害的社会学研究 [J]. 武汉大学学报（哲学社会科学版），2015，68（2）：24-37.

[337] 周利敏. 灾害管理：国际前沿及理论综述 [J]. 云南社会科学，2018（5）：17-26+185.

[338] 周素红，廖伊彤，郑重."时—空—人"交互视角下的国土空间公共安全规划体系构建 [J]. 自然资源学报，2021，36（9）：2248-2263.

[339] 周文辉，杨苗，王鹏程，等. 赋能、价值共创与战略创业：基于韩都与芬尼的纵向案例研究 [J]. 管理评论，2017，29（7）：258-272.

[340] 周阳，周冬梅，丁奕文，等. 军民融合技术转移的路径演化及其驱动因素研究——"中物技术"2004—2017案例研究 [J]. 管理评论，2020，32（6）：323-336.

[341] 周志忍，蒋敏娟. 中国政府跨部门协同机制探析——一个叙事与诊断框架 [J]. 公共行政评论，2013，6（1）：91-117+170.

[342] 朱桂龙，蔡朝林，许治. 网络环境下产业集群创新生态系统竞争优势形成与演化：基于生态租金视角 [J]. 研究与发展管理，2018，30（4）：2-13.

[343] 朱荟，陆杰华. 中国特色公共卫生应急联动体系的支撑条件与实践路径 [J]. 上海行政学院学报，2021，22（2）：4-14.

[344] 朱莉，郭豆，顾珺，等. 面向重大传染病疫情的应急物资跨区域协同调配动力学研究——以长三角联防联控抗甲型H1N1流感疫情为例 [J]. 系统工程，2017，35（6）：105-112.

[345] 朱晓鑫，张广海，孙佰清，等. 人工智能时代我国政府开放应急管理数据的应用研究 [J]. 图书馆理论与实践，2019（6）：61-67.

[346] 朱云龙，方正起. 军民融合产业集群创新发展水平动态测度 [J]. 武汉理工大学学报（信息与管理工程版），2019，41（4）：416-421.

[347] 朱正威，刘莹莹，杨洋. 韧性治理：中国韧性城市建设的实践与探索 [J]. 公共管理与政策评论，2021，10（3）：22-31.

[348] 祝合良. 双循环新格局下"十四五"我国现代流通体系高质量发展 [J]. 中国流通经济，2022，36（2）：3-10.

[349] 庄国波，景步阳. 人工智能时代城市的"韧性"与应急管理 [J].

南京邮电大学学报（社会科学版），2019，21（4）：20 - 30.

　　［350］Aarikka-Stenroos L，Jaakkola E. Value co-creation in knowledge inten-sive business services：A dyadic perspective on the joint problem solving process ［J］. Industrial Marketing Management，2012，41（1）：15 - 26.

　　［351］Arafah Y，Winarso H，Suroso D S A. Towards smart and resilient city：A conceptual model ［C］//IOP Conference Series：Earth and Environmental Sci-ence. IOP Publishing，2018，158（1）：012045.

　　［352］Barney B，Ketchenj，Wrightm. The future of resource-based theory：Revitalization or decline? ［J］. Journal of Management，2011.

　　［353］Bernard M. After Sendai：Africa bouncing back or bouncing forward from disasters? ［J］. International Journal of Disaster Risk Science，2016，7（1）：41 - 53.

　　［354］Botharaj，Ingham J，Dizhyr D. Intergrating disaster science and man-agement ［M］. Amsterdam：Elsevier Press，2018：177 - 203.

　　［355］Chen Y，Chen Y，Guo Y，et al. . Research on the coordination mecha-nism of value cocreation of innovation ecosystems：Evidence from a Chinese artificial intelligence enterprise ［J］. Complexity，2021，20（2）：12 - 16.

　　［356］Choi M，Rabinovich E，Richards T J. Supply chain contracts and in-ventory shrinkage：an empirical analysis in the grocery retailing industry ［J］. Deci-sion Sciences，2019，50（4）：694 - 725.

　　［357］Dubeyr，Gunasekaran A，Bryde D J，et al. . Blockchain technology for enhancing swift-trust，collaboration and resilience within a humanitarian supply chain setting ［J］. International Journal of Production Research，2020，58.

　　［358］Duncan R B. Characteristics of organizational environments and per-ceived environmental uncertainty ［J］. Administrative Science Quarterly，1972，17（3）：313 - 327.

　　［359］Evslin，J. Research on the production efficiency of china civilian mili-tary listed companies ［J］. Journal of Scientific and Industrial Research，2018，77（3）：153 - 155.

　　［360］Feng B，Ye Q. Operations management of smart logistics：A literature review and future research [J]. Frontiers of Engineering Management, 2021: 1 - 12.

[361] Friedman D. Evolutionary games in economics [J]. Econometrica, 1991, 59 (3): 637 - 666.

[362] Fu D, Hu S, Zhang L, et al.. An intelligent cloud computing of trunk logistics alliance based on blockchain and big data [J]. The Journal of Supercomputing, 2021, 77 (12): 13863 - 13878.

[363] Fu H. Factors influencing user usage intention on intelligent logistics information platform [J]. Journal of Intelligent and Fuzzy Systems, 2018, 35 (3): 2711 - 2720.

[364] Godschalk D. R. Urbanhazardmitigation: creating resilient cities [J]. Nature Hazards Review, 2003, 4 (3): 136 - 143.

[365] Grimmelikhuijsen, Stephan, G, Feeney K. Developing and testing an integrative framework for open government adoption in local governments [J]. Public Administration Review, 2017.

[366] Holling C. Resilience and stability of ecological systems [J]. Annual Review of Ecology and Systematics, 1973 (4): 1 - 23.

[367] Jabareen Y. Planning the resilient city: Concepts and strategies for coping with climate change and environmental risk [J]. Cities, 2013, 31: 220 - 229.

[368] Jennifer Spinks, Charles Zika. Disaster, Death and the Emotions in the Shadow of the Apocalypse, 1400 - 1700 [M]. Palgrave Macmillan, 2016: 150 - 162.

[369] Jiang J C, Chen J S, Wang C S. Multi granularity hybrid parallel network simplex algorithm for minimum cost flow problems [J]. The Journal of Super Computing, 2020, 76 (12): 9800 - 9826.

[370] Kissan Joseph, Alex Thevaranjan. Monitoring and incentives in sales organizations: An agency-theoretic perspective [J]. Marketing Science, 1998, 17 (2): 107 - 123.

[371] Koot M. Towards a framework for smart resilient logistics [C] //2019

IEEE 23rd International Enterprise Distributed Object Computing Workshop (EDOCW). IEEE, 2019: 202 – 207.

[372] Krisjanous J, Maude R. Customer value co-creation within partnership models of health care: An examination of the New Zealand Midwifery Partnership Model [J]. Australasian Marketing Journal (AMJ), 2014, 22 (3): 230 – 237.

[373] Lee S, Kang Y, Prabhu V V. Smart logistics: Distributed control of green crowd sourced parcel services [J]. International Journal of Production Research, 2016, 54 (23 – 24): 1 – 13.

[374] Li B, Yang R, Hu Y. An experimental study for intelligent logistics: A middleware approach [J]. Chinese Journal of Electronics, 2016, 25 (3): 561 – 569.

[375] Li C, Guo L, Li Z. Design of decision-making system of emergency logistics information system based on data mining [J]. Journal of Digital Information Management, 2014, 12 (6): 383 – 386.

[376] Libby Robin. Natural disasters, cultural responses: Case studies toward a global environmental history [J]. Environmental History, 2010, 15 (3): 552 – 554.

[377] Liu W, Wang D, Jin R, et al.. The ecologicalchain oriented design model of intelligent logistics architecture [J]. International Journal of Modelling in Operations Management, 2020, 8 (2): 183 – 205.

[378] Massimo G. Colombo, Evila Piva, Cristina Rossi-Lamastra. Authorising employees to collaborate with communities during working hours: When is it valuable for firms? [J]. Long Range Planning, 2013, 46 (3): 236 – 257.

[379] Michael E. Porter. The competitive advantage of nations [M]. Beijing: Huaxia Publishing House, 2002.

[380] Miles M P, Covin J G, Heeley M B. The relationship between environmental dynamism and small firm structure, strategy, and performance [J]. Journal of Marketing Theory & Practice, 2000, 8 (2): 63 – 78.

[381] Nonaka, Takeuchi. The knowledge-creating company [M]. Oxford: Oxford University Press, 1995.

［382］ Oliveirat, Martins M F. Literature review of information technology a-doption models at firm level ［J］. Electronic Journal of Information Systems Evaluation, 2011, 1 (2): 312 – 323.

［383］ Payne A F, Storbacka K, Frow P. Managing the co-creation of value ［J］. Journal of the Academy of Marketing Science, 2008, 36 (1): 83 – 96.

［384］ Pinto F S, Sirnoes P, Marques R C. Raising the bar: The role of governance in performance assessments ［J］. Utilities Policy, 2017, 49 (dec.): 38 – 47.

［385］ Prahalad C K, Ramaswamy V. Co-opting customer competence ［J］. Harvard Business Review, 2000, 78 (1): 79 – 90.

［386］ Prahalad C K, Ramaswamy V. Co-creation experiences: The next practice in value creation ［J］. Journal of Interactive Marketing, 2004, 18 (3): 5 – 14.

［387］ Prahalad, C K, Ramaswamy, V. Co-creating Unique Value with Customers ［J］. Strategy & Leadership, 2004, 32 (3): 4 – 9.

［388］ Ragin C C. Redesigning social inquiry: Fuzzy sets and beyond ［M］. Chicago: University of Chicago Press, 2008.

［389］ Salman F S, E Yücel. Emergency facility location under random network damage: Insights from the Istanbul case ［J］. Computers & Operations Research, 2015, 2015 (62): 266 – 281.

［390］ Schneider, C Q, Wagemann, C. Set-theoretic methods for the social sciences: A guide to qualitative comparative analysis ［M］. Cambridge: Cambridge University Press.

［391］ Shelton T, Poorthuis A, Graham M, et al.. Mapping the data shadows of Hurricane Sandy: Uncovering the sociospatial dimensions of 'big data' ［J］. Geoforum, 2014, 52 (mar.): 167 – 179.

［392］ Sirmon D G, Hitt M A, Ireland R D. Managing firm resources in dynamic environments to create value: Looking inside the black box ［J］. Academy of Management Review, 2007, 32 (1): 273 – 292.

［393］ Teece D J, Pisano G, Shuen A. Dynamic capabilities and strategic management [J]. Strategic Management Journal, 1997, 18 (7): 509 −533.

[394] Vincenzo Bove, Roberto Nisticò. Military in politics and budgetary allocations [J]. Journal of Comparative Economics, 2014, 42 (4): 1065 −1078.

[395] W GüNther, Mehrizi M R, Huysman M, et al.. Mind your data: An empirical analysis of how data influence value realization [J]. Academy of Management Annual Meeting Proceedings, 2018.

[396] Walker R M. Internal and external antecedents of process innovation: a review and extension [J]. Public Management Review, 2014.

[397] Wang Y, Chen H. Blockchain: A potential technology to improve the performance of collaborative emergency management with multi-agent participation [J]. International Journal of Disaster Risk Reduction, 2022, 72: 102867.

[398] Xu J, Zhang S. An evaluation study of the capabilities of civilian manufacturing enterprises entering the military products market under the background of China's civil-military integration [J]. Sustainability, 2020, 12 (6), 2071 − 1050.

[399] Xu X H, Yang X, Chen X, et al.. Large group two-stage risk emergency decision-making method based on big data analysis of social media [J]. Journal of Intelligent and Fuzzy Systems, 2019, 36 (3): 2645 −2659.

[400] Yang X, Liao S, Li R. The evolution of new ventures' behavioral strategies and the role played by governments in the green entrepreneurship context: An evolutionary game theory perspective [J]. Environmental Science and Pollution Research International, 2021, 28 (24): 31479 −31496.

[401] Zhang J, Dong M, Chen F F. A bottleneck Steiner tree based multi-objective location model and intelligent optimization of emergency logistics systems [J]. Robotics and Computer-Integrated Manufacturing, 2013, 29 (3): 48 −55.